天下文化
BELIEVE IN READING

可避免的戰爭

美國與習近平治理下的中國

THE AVOIDABLE WAR

THE DANGERS OF A CATASTROPHIC CONFLICT BETWEEN THE US AND XI JINPING'S CHINA

Kevin Rudd
陸克文——著
江威儀、黃富琪——譯

獻給我們的三個小孫子女約瑟芬、麥克與史嘉蕾，
以及全世界的寶貝孫子女們，
因為我們這一輩正在思考的
將會決定這些小小人兒們未來是生活於貧困、恐懼與戰爭
——或繁榮、自由以及和平之中。

目錄

—出版者的話—

澳前總理的論述：如何避免中美二國「必須一戰」

高希均

（一）出版「翻譯本」的初心

在選擇英文或其他外文，翻譯成繁體字中文版時，我們希望每一本書，都能達到信、達、雅的境界。

譯著的範圍涉及經濟、政治、軍事、科技、國際關係等主題時，外國作者有他（她）們的價值判斷，我們出版的態度一如中文版：就這些作者撰述的，我們尊重；如果因此引起的爭論，我們同樣尊重。我們的出版以專業水準檢驗內容，不以自己的主觀價值來評論對錯。

我們希望透過博學多才外籍作者的書，為國內讀者開啟一扇全球化潮流中的知識之窗，卓越的要吸收，偏執的要了解，減少井底之蛙的傲慢與閉塞。

「五四百年」剛過，「民主」與「科學」在大陸與台灣猶待生根；我們所重視的「經濟」與「教育」，所嚮往的「文化」與「文明」，也還有很長的路要走。

出版優秀的中譯本，希望它具有催化加速的功能。

（二）和平，是全人類共同的企盼

二〇二二年八月四日，在美國眾議院議長裴洛西（Nancy Pelosi）訪台後一天，中國軍方於環繞台灣的六個海域進行了有史以來最大規模的實彈軍事演習，範圍深入領海基線內，顯示出前所未有的威脅情勢，也將台海間的緊張關係提升至近三十年以來的最高點。

值此山雨欲來之時，澳洲前總理陸克文新書《可避免的戰爭》（*The Avoidable War*）的出版，顯得格外具有意義。

這本於美國上市後不久即引發熱烈討論的著作，共計有十七個篇章。在前兩章中，作者對中美兩國衝突的文化、歷史和意識型態根源進行了詳盡的描述；自第三章起，本書主要的組織框架構成了其後十個章節的內容，該框架採用十個「利益同心圓」形式，將其作為一只稜鏡，向讀者解釋中國領導人習近平由黨中央地位依次往外延伸的世界觀；在本書的最後，陸克文分析出十種情況下的中美關係，提出以「管控的戰略競爭」（Managed Strategic Competition）為根據的中美兩國關係，有望如何避免戰爭的爆發。

對照六月十六日美國駐中大使伯恩斯（Nicholas Burns）曾對外表示，中美關係之所以處於五十年來的低點，主因是北京的行徑引發，陸克文則於本書中展現另一西方視角的觀察。他認為，基於眾多原因，在美國戰略圈中有許多人對中國的和平崛起抱持著懷疑不安的態度；逐漸形成了他們深信美國必然與中國發生某種形式的武裝衝突。我們目擊兩國近年來的博弈行為，包括中國在印度洋建造海軍基地，以及美國對中國的貿易戰和增加對台軍售，都可能擴大為二十一世紀的「冷戰 2.0」，除非超級大國之間形成一套適合新情勢的戰略規範。

在兩岸局勢持續緊張的此刻，我們遠見．天下文化事業群總是不斷地向台灣以及整個華人世界鼓吹開放、文明、進步與和平的重要。

曾兩次出任澳洲總理的陸克文，是西方世界少數能說一口流利中文的前國家元首。他「從十八歲起，就是一名從事『中國研究』的學生」，並自承「仰慕中國的古典文明，包括其卓越的哲學、文學與藝術傳統，以及其在後毛澤東時代使四分之一的人民脫離貧困的經濟成就。」

本書作者呈顯了他對國際關係的寬闊視野與豐富的外交專業，並且針對中美兩國潛在的緊張關係，提出了極具啟發性的觀點；是此一重要時刻大家亟需細讀的一本重要著作。

我們也特別邀請了對兩岸和平做出貢獻的前總統馬英九博士對本書做了精闢的評述。在他卸任前半年，於二〇一五年十一月七日在新加坡舉行了受到全球重視的「馬習會」。現場有中外媒體六百餘位，捕捉到兩岸分治六十六年後，長達八十一秒兩岸領導人馬英九與習近平的握手鏡頭。分手時，習先生以「後會有期」向馬先生話別。

「會」可以順利，各有收穫；「會」可以僵持，不歡而散。中美之間，兩岸之間，在未來的日子，終必要設法透過「高峰會」，才能減少「終必一戰」的災難。

本文作者為威斯康辛大學經濟系榮譽教授
遠見・天下文化事業群創辦人

推薦序

戰爭應可避，和平猶可期

馬英九

澳洲前總理陸克文一九八〇年曾來台在台灣師範大學學過中文，對中國語文、歷史、文化下過苦功，中文說、寫均流利，曾任澳洲派駐北京的外交官，二〇〇七年至二〇一〇年以及二〇一三年兩度出任澳洲總理，其間曾任澳洲外長，是西方國家極少數能用流利華語直接溝通交涉的政治人物與中國問題專家。

本書名稱是「可避免的戰爭」，副題直譯為「美國與習近平統治的中國發生災難性衝突的危險」（The Dangers of a Catastrophic Conflict between the U.S. and Xi Jinping's China.）。他在本書中專就美中是否難免一戰，以及應如何避免這一戰，提出詳細研判、分析、假設以及預防策略。由於陸克文熟稔中文與中國歷史，他的分析比起一般外國著作更為細膩與傳神。

陸克文好學深思，也因為出身外交官，非常務實，他的觀察與建議頗有參考價值。本書還有一個特色，就是他提出「管控的戰略競爭」（managed strategic competition, MSC）的概念，並具體分析美國與中共發生戰爭的十種假設情境（scenario），逐一探討。其中若干情境，以當代相似的歷史事件命名，頗有見地。

整體來說，對於研究國際政治與亞洲研究的學者與學生，這是一本值得細讀並擺在案頭的參考書，因為讀完後，對美國、中共與全球各國之間的歷史、經濟、軍事與外交的複雜脈絡，將可獲得基本的了解。

但對台灣的讀者而言，本書較少分析台灣與大陸發生區域性戰爭時，台灣可以選擇的其他路徑，包括雙方單獨謀和的情境。書中並未提及二〇〇八年至二〇一六年間，台灣單獨與大陸謀和避戰的歷史經驗與對美中關係的可能影響。由於這段期間是我執政，我想我必須就此提出看法與建議，希冀能為讀者略作補充。

二〇一五年五月，美國國務院亞太事務助卿董雲裳（Susan Thornton）曾在華府布魯金斯研究院（Brookings Institutions）公開演講中指出，近年美國跟台灣非官方關係的提升，是歷來最好（best-ever）的，主要因素就是台灣能夠穩健處理兩岸關係。台灣問題與其對美中關係的影響，可見一斑，不應忽略。這是一個重要卻常被忽略的觀點。

事實上，在我執政時期（二〇〇八至二〇一六年）的台灣，兩岸交流互動急速發展，在「九二共識，一中各表」的共同政治基礎上，兩岸在二〇〇八年七月開始實施三通（通郵、通商、通航），每年互訪人數陡增到五百萬人，成長至少五倍；大陸來台留學生從八百人增加到四萬二千人，增加五十倍；台灣去大陸留學的青年也大為增加，數字都是歷史新高。雙方政府部門互動頻繁，八年簽訂二十三項協議，涵蓋大部分人民日常生活的必須，包括交通、貿易、投資、金融監理、食品安全、醫藥衛生、智慧財產權保障、氣象、地震監測、農漁產檢驗檢疫、漁船船員勞務雇用、司法互助、共打犯罪、核能事故通報等等。

其中二〇一〇年的「海峽兩岸經濟合作架構協議」（ECFA），就是一個大型的自由貿易協定（FTA），近年為台灣帶來大量關稅的節省與貿易的順差。更重要的是，兩岸能在彼此「主權互不承認、治權互不否認」的情況下，拓展台灣的國際空間，例如從二〇〇九年開始派衛生署長葉金川以觀察員身分，中華台北（Chinese Taipei）的名義，到日內瓦參加我國已失去代表權的「世界衛生大會」（WHA），這是三十八年來第一次，並持續了八年。二〇一三年我國也派民航局長沈啟到加拿大蒙特婁參加了「國際民航組織」（ICAO）年會，那更是四十二年來第一次。

最後是二〇一五年十一月七日，我與大陸領導人習近平先生在新加坡舉行高峰會，是兩岸隔海分治六十六年來第一次，在場各國記者超過六百人。當天雙方都有共識，願意在台灣海峽搭建一座跨海的和平大橋，未來以和平方式解決爭端。會後，美國政府與國會六個部門，以及歐洲、日本等國家，公開表達肯定馬習會為區域和平穩定帶來的正面意義，這也是前所未有的現象。

馬習會舉行時，全球無人認為兩岸會走向戰爭，對未來充滿和平繁榮的期待。當時英國《經濟學人週刊》（*The Economist*）社論認為這是一九八〇年代以來，在主權議題上，北京對台灣所做最大的讓步。但是六年後的五月，在民進黨執政下的台灣，兩岸關係卻急遽惡化。同一個週刊二〇二一年五月初封面標題就是「台灣是地表最危險的地方」（Taiwan is the most dangerous place on earth），認為戰爭恐難避免。這六年的差異，就在於台灣主政者政策的改變，是台灣情勢由安轉危的關鍵。

本書重點是研究美國與中共是否不免一戰，以及如何化解。也因此在推薦之餘，我也願意貢獻自己執政時的經驗，尤其是台灣在美國與中國大陸兩強對峙時，能夠以及應該扮演何種角色。這也是陸克文所提出「管控的戰略競爭」中，應該必須優先考量的重要思維。

我的建議是台灣應該主動改善兩岸關係，兩岸重新回到二〇〇八至二〇一六年共同的政治基礎「九二共識」。如果兩岸關係改善，就算不能左右美國是否與中共走向戰爭，但至少可以減少戰爭發生的機會，也可以使台灣不會變成第二個烏克蘭，後者尤其重要。畢竟，避免戰爭，迎向和平，才是真正符合台灣百姓的利益與期待。

本文作者為中華民國第十二、十三任總統

—台灣版序—

守護和平，刻不容緩

陸克文（Kevin Rudd）

自從我在二〇二一年寫完英文版的《可避免的戰爭》之後，諸多事件進一步證明，美中關係正面臨惡化至衝突的嚴重風險。

一年前，許多人尚不相信我們所處的時代會再發生大型戰爭。俄羅斯對烏克蘭發動的攻擊改變了這觀點。這件事再加上台灣情勢的最近發展告訴我們：不能再忽視美中大戰的可能性。美國與中國之間的戰爭，不論是被南海、台灣海峽、東海，或其他軍事熱點觸發，都會擴大成為影響各層面的大規模軍事衝突，遍及諸多海域與空間。且這場戰爭可能會牽涉世界上其他國家。

在烏克蘭戰爭中，中國特別關注其「無上限」（no limits）夥伴俄羅斯所承受的苦果——特別是美國及其盟友祭出的嚴峻經濟制裁。歐洲各國一致反對俄羅斯的進攻，且因北京支持莫斯科而疏遠中國，這強化了中國當局的一種觀點：接下來十年將是一場對抗美國及其盟友的戰略與意識型態鬥爭。這些盟友也開始採取令北京當局有所警覺的行動。日本實施了新的國防政策，增加國防經費，且開始接受自己需要為防禦台灣出一份力。中國注意到，南韓在尹錫悅總統（他在競選活動中承諾加入四方安全對話〔Quad〕並將其轉化成五方安全對話）治下的最新戰略與外交政策，其姿態表達了類似的憂慮。而澳洲也開始了在澳英美安全夥伴關係（AUKUS）名義之下建造核子動力潛艇的計畫。

美國與台灣最近的官方互動已進一步激化美、中之間的敵對關係。台灣仍是最可能點燃中美軍事衝突的火花。的確，我在本書第十六章描繪了十種情境，其擘劃的未來相處之道（不論和平與否）都是以台灣為中心。

同時間，即便外在環境對中國領導人習近平來說愈來愈複雜，他還得面對升溫的國內挑戰。本書特別關注中國疲弱的經濟成長及其導致的政治後果。第六章特別論及經濟成長與穩定性對中共政權與習近平個人政治地位的重要性。這是因為，比起其他挑戰，經濟更可能成為習的阿基里斯腱。

中國的經濟在幾年前開始慢下來，導致私有部門信心下跌、私人投資減少、生產力萎縮，以及成長減緩。北京當局針對新冠肺炎在中國各大城市施行嚴苛封城，壓抑了消費者需求、擾亂了國內與全球供應鏈，且進一步損傷了中國的房地產（通常占中國國內生產毛額的百分之二十九），這些後果惡化了上述的深層經濟問題。這些因素開始對中國極具野心的成長目標構成挑戰。

然而，最重要的是，習近平持續打擊中國的私有部門，以及隨之而來的經濟動力與生產力成長。中國的長期成長數字出現了恐慌的跡象，這不只是因為失業率上升的政治影響，還因為更深一層的擔憂——習近平企圖重構傳統中國經濟模式的意識型態，而這可能會重挫中國取代美國成為世界最大經濟體的野心。若無法在此領域勝過美國，可能會對中國領導人構成全新的經濟與政治考驗，並危及國際形象，畢竟各國長期以來預設中國的國內生產毛額（以市場匯率計算）比美國多出好幾倍。

然而，習近平的地位並無迫切的危險，事實上，他作為中共領導者的地位在二〇二二年十月的第二十屆全國代表大會中得到進一步強化。二〇二二年七月，中央委員會黨史和文獻研究院院長曲青山（他也是二〇二一年創黨百年慶祝文章的作者）在重要黨內期刊上花了將近整篇文章的篇幅，為支持習近平繼續掌權提供了一個新的理由，也就是指出國際情勢變得更具挑戰性。「以美國為首的西方國家不願意看到一個強大中國的出現，更不願意看到一個強大的社會主義中國的出現。」他寫道，並補充：

「我國面臨的國際環境錯綜複雜。兩種社會制度、兩種意識型態的鬥爭也將是長期的、複雜的、艱巨的、嚴峻的。」換言之，中國面臨的外部威脅（包括美中關係與台灣）現已成為擁護習近平持續擔任黨的核心領導者的主要理由，進而鞏固其國內地位。

整體而言，過去兩年發生的事件凸顯了目前美中關係中競爭的危險程度。雖然這問題相當困難，本書卻認為，仍有前進之道。我提供了一種名為「管控的戰略競爭」（Managed Strategic Competition）的框架，企圖建立一套具有穩定功能的、雙方認可的限制。這需要兩國政府理解（而非公開支持）對方在關鍵問題上的紅線，例如台灣、南海與東海、朝鮮半島、網路空間與實際空間。在此之上，必須有務實的護欄，為關係奠定「交通法則」，好比當年美國與蘇聯在一九六二年古巴飛彈危機後所奠定的規範。若能建立護欄，兩國就能在關係的其他面向展開激烈但不致命的戰略競爭，將戰略上的敵對關係轉化成一場以國際系統的前景為目標的競賽，強化雙方的經濟與科技實力、外交政策影響力、軍事能力，與意識型態競爭。這場受控的競爭將能容許兩國在某些國際挑戰上攜手合作，例如公共健康、防止核武擴散，與氣候變遷等若能解決對雙方都有好處的議題。最後，若有任何成功的機會，這種關係的劃分將需要一小撮雙方內閣層級的官員細心且持續的管控，不論國內或國際間發生何種動盪。

拜登任期的前半部已提供了一些管理戰略競爭的跡象，可作為廣泛接受的辦法。

二〇二一年七月，美國副國務卿溫蒂・謝爾曼（Wendy Sherman）在天津會見中國外交部長王毅，並強調兩國關係中「護欄」的迫切性。這也成為拜登與習近平關鍵的第一通電話的焦點，北京當局將其解讀為高度正向的訊號。二〇二一年十一月，兩國領導人參加了第一場虛擬高峰會，拜登公開呼籲「需要共同認可的護欄，確保兩國的競爭不會演化成衝突，並保持溝通管道暢通」。還有，當國務卿安東尼・布林肯（Antony Blinken）二〇二二年五月在華盛頓特區的亞洲協會提出拜登政府面對中國的策略時，他表示，雖然兩大強權的「激烈競爭」是不可避免的，這場「競爭未必要演變成衝突」。楊潔篪與美國國家安全顧問傑克・蘇利文（Jake Sullivan）在二〇二二年六月長達四小時的會面也表達了類似訊息，而根據白宮發布的消息，該場會面聚焦在「維持開放溝通管道，控管兩國的競爭」。在雙方重啟一度中斷的工作層面與高層次對話管道之後（包括軍事對談，甚至試探性地探索核戰略穩定性對話的可能），外交辭令或許能因此開始轉化為實際行動。

至於中國，他們仍持續拒絕直接表明戰略競爭的框架。這是個問題。中國與美國的雙邊關係將承認區域與全球主導權的實際戰略競爭正在發生的事實，而北京當局似乎不願意接受這種想法。雖然這實際上是客觀事實，卻無法與北京的「雙贏」合作官方論調相容，遑論其「人類命運共同體」的無害全球框架。各方人馬仍將繼續設法解決此「框架難題」。這很重要，因為在中國的系統中，包山包海的戰略概念若不是認可整個中國的外交與國防政策系統的政治與外交活力，那就是限制它。

美國與中國並不是非打一仗不可。但是，儘管有一些進步，美中關係仍持續惡化，他們的戰略性關係愈來愈分歧，且遭受不斷出現的全球危機重擊。若想避免一場災難性的衝突，虛應故事跟空想最佳結果是完全沒用的。為了避免懵然步入戰爭，兩國必須建構聯合戰略框架，守護和平——而且要快。

本書作者，亞洲協會全球會長兼 CEO。

導論

有關戰爭的危險

Introduction: On the Danger of War

我真希望自己不必書寫此書。我當時剛好大到足以記得小時候在我們的小小城鎮上，和我的爸爸，一位曾參與二戰的退伍軍人，一起參加我們的年度澳紐軍團日（ANZAC Day）——澳洲版的陣亡將士紀念日——遊行的情景。我也記得與身邊一群年約七十歲的男人們一起遊行，當時他們都有些許站不穩了，而他們都參與過一戰。我的父親偷偷告訴我，其中一位當時仍受彈震症所苦。

一九一四年到一九一八年發生的一戰並非無法避免。由於政治與軍事領導人在一九一四年七月與八月做下的錯誤決定，導致了這場死傷無數的大戰。那些決定使將近四千萬人喪生，其中包含十一萬七千名美國人與六萬名澳洲人。如何懲罰那場戰爭輸家的決定，更埋下了引發下一場全球大戰的導火線。那場戰爭是如此地可怕，以致於大戰結束時，多達八千五百萬人——將近百分之三世界人口——因此死去。

當我想到上個世紀的集體殺戮，我自承受到自身的心態與思維的強迫，竭盡所能地去做任何能力所及之事，以避免下一場如此大規模的全球殘殺再次發生。然而，在這麼做的過程中，我們不僅必須維護和平，還需要保護自啟蒙運動以來，由我們的前輩們歷經好幾個世紀努力爭取而來的國家與個人自由。我們必須永遠記住張伯倫在一九三八年將蘇台德地區拱手交給希特勒後的失敗宣告：他將「和平與榮耀」帶回倫敦，並建議英國的國民「回家安穩地好好睡上一覺」。而一個令人不舒服的真相是，和平絕不可能毫無代價。

這個觀念引領我們看到目前美中關係裡持續發生的危機。在兩大勢力間不斷改變的力量平衡下，二〇二〇年代隱約成為關鍵性的十年。美中雙方的戰略家都知道此事。對於北京（譯按：指中國）與華盛頓（譯按：指美國），以及其他首府的政策制定者而言，二〇二〇年代將會是一個危機四伏的十年。無論外交官與政客的公開發言怎麼說，檯面下的利害關係從未如此之高，競爭也從未如此尖銳。如果這兩大勢力能找到不背棄自己核心利益的方式共存——透過我所謂「管控的戰略競爭」——那麼世界肯定會因此受益。若他們失敗了，這條路的另一端則有著發生一場大戰的可能性，並將會以超乎我們能想像的方式，改寫這兩大國以及世界的未來。

一位鑽研中國與美國的學習者

我從十八歲起開始研究中國。我在澳洲國立大學取得學士學位，主修中文與中國歷史。透過擔任不同外館的駐外人員，我曾在北京、上海、香港和台北生活工作過，並在大中華區結交了許多朋友。過去四十年來，我曾無數次回到中國與台灣，包括在我擔任澳洲總理期間，多次會見習近平與其他中國高級領導人。我仰慕中國的古典文明，包括其卓越的哲學、文學與藝術傳統，以及其在後毛澤東時代使全人類的四分之一貧困人口脫貧的經濟成就。

與此同時，我強烈地批判毛澤東在一九五八年大躍進時期對中國的破壞，此政策導致約三千萬人死於饑荒；毛澤東更藉著文化大革命，發起史達林式的公開批鬥，清除自己的政治敵手，並造成數百萬人死亡，同時破壞了無數無價的文化遺產，以及持續至今的人權侵害行為。我在澳洲國立大學的學士畢業論文〈中國的人權——以魏京生案為例〉迫使我回溯整個中國古代與共產時期對於權利概念令人既難過又哀傷的歷史。這麼多年來，我已經讀過太多——也看過太多——以致於我無法禮貌性地對所有事情避而不談。一九八九年五月底聚集在天安門廣場內數千張的年輕臉龐至今仍在我心頭縈繞不去，當時我花了一週時間在他們之中走動，與他們交談——直到六月四日坦克駛入。這就是為什麼將近二十年後，當我以澳洲總理身分執行首次外訪重返北京時，我無法避免有關人權議題的提問。我在訪問的第一天就到北京大學用中文發表公開演說，講述我認為在中國傳統中，友誼的最佳典範（即為「諍友」的概念）代表朋友之間可以坦誠布公地與彼此對話，且不會因此破壞了友誼。在這樣的框架下，我在我的演說中提及發生於西藏的人權侵害問題。中國外交部就失去理智了。而澳洲政治圈、商業界與媒體界中比較軟弱的成員也是如此。他們的反應一如既往，問道：「你怎麼哪壺不開提哪壺，讓我們的東道主不高興呢？」這題的答案倒是相當直接：因為那正好是事實，而忽視這項事實，就是忽視任何國家與中華人民共和國之間關係所包含的複雜現實。

我也曾在美國生活過一段時日。我對美國的人民有著深切的喜愛，對美國的歷史有著濃厚的興趣，對這個國家非凡的創新文化有著深深的景仰。我非常清楚這兩個國家之間的不同，但我也見識到這兩個國家共享的偉大文化價值觀——對於家庭的愛、中國人與美國人同樣對於子女教育的重視，以及他們受抱負與努力驅使的活潑創業精神。任何了解美中關係的方法都無法擺脫來自知識與文化的偏見。儘管我的學術背景立基於中國歷史與思想，我仍會毫不避諱且無可掩飾地說，我是一個西方世界的產物。因此我遵循西方世界的哲學、宗教與文化傳統。我以總理與外交部長身分服務的國家，百年以來都是美國的盟友，並積極支持、維護著由美國從二戰餘燼之中建立起的自由國際秩序。然而同時，我從不認為身為美國的盟友，就必須自動全盤接受美國外交與安全政策的每項內容。面對來自華府的壓力，我所屬的澳洲工黨，仍反對越戰與入侵伊拉克。我想這兩件事實就證明了這一點。對於美國國內政治與其毫無節制的政治獻金問題、腐敗的選區重劃制度，以及選民壓制的政治手法，我亦未抱持過度樂觀的觀點；我也不會因為美國社會中逐漸高升的經濟不平等，以及對其助長的新一波民粹與極端主義感到沾沾自喜。

我對美中關係的評價同時反映出我對極端民族主義的厭惡，然而遺憾的是，這種思想似乎在中美兩國大眾生活中的許多方面漸成主流。對某些人來說，這可能帶來情感上的滿足，對另一群人而言，這樣的社會氛圍則或能為其在政治上帶來幫助，引起民眾對某一方案的廣泛支持，但對於這種氛圍所帶來的壞處，這些煽動者則一點興趣也沒有。最重要的是，歷史告訴我們民族主義在國際關係中是一個非常危險的東西。

一段互不信任的歷史

美中關係的現況來自一段漫長、複雜且充滿爭議的歷史。過去的一百五十年來，雙方都將關係的失敗歸咎於對方，使得本來就複雜的關係愈趨複雜。幾個世紀中反覆出現的主題，即為來自雙方的互不理解與強烈懷疑，接著伴隨一段對彼此過於誇大的希望與期待，最後因無視各自政治與戰略重點的根本性不同而崩盤。

在最狹義的概念中，現代的美中關係有賴共同的經濟利益維繫。在其他時候，這份關係則藉由抵禦共同敵人的戰略性結盟維持，從最初的蘇聯，到九一一之後，在更有限的程度上，則是激進的伊斯蘭主義。近來，全球金融市場的穩定與氣候變遷的影響也成為美中共同的擔憂。人權議題則總是這段關係中潛藏的摩擦點，在上半個世紀的外交互動中，其重要性時強時弱。儘管中國共產黨偶爾會端出一些不同形式的政治自由化，特別是在一九八〇年代，但雙方對彼此的政治體制充其量仍只能說是一種帶著惱怒的忍耐。縱觀美中現代關係的整體歷史，當這些不同的支柱（經濟、地緣戰略與多邊關係）被擺放在一起，它們持續以一種相對穩健的方式支持著這段關係。但在過去的十年內，每一個支柱都出現了裂縫，甚至到了二〇二〇年代，它們被自身的重量壓垮，分別耗盡了自身的交易效用。

大部分的美國人，包括受過教育的菁英，都很難理解中華人民共和國的內政性質與政策制定過程。由於兩國在語言、文化與哲學上的差異，這樣的不理解也是情有可原。這導致多數美國人對中國的基本認知——一股強烈的差異感、神祕感，且對於中國是什麼、會變成什麼，以及中國的轉變將對美國利益、美國價值和美國未來的全球領導地位有何影響，感到非常困惑。同樣地，這樣的認知與感受並不讓人驚訝。美國人被要求接受一個遠超過傳統美國參考架構所理解的人民、文化與政治體系。當我們一跨越達達尼爾海峽來到亞洲，無論近東、中東，或遠東，我們熟悉的歐式文化濾鏡便消失了。美國人對於理解這些古老的文明感到困難。這些文明對於過去，甚至未來的假設都與自己認知中的假設不同，而且還是集體文化遺產下的產物。特別是中國，美國人對於中國的文化典籍、中國的邏輯語言、中國的傳統道德概念，還有其現代共產黨領導的不熟悉，造成美國人對這個在全球領導地位爭奪戰中新出現的對手，感到深深的不確定與不信任。

這不信任的巨大鴻溝並非一夜形成。多年來，這股不信任被大量累積的政治與戰略認知餵養。雙方首府都深信各自對彼此的外交決策已不再可信，這些決策僅是一種虛構的外交政策，與現實世界中的戰略事實脫鉤，而現實世界正上演著與政策制定面中完全不同的現實。華府再也不相信中國自稱的「和平崛起」。特別是美國的國家安全機構，現在認為中國共產黨從未對欺騙其政治或戰略敵手感到良心不安。美方認為中國共產黨視這種話術為外交上的一種詐術，目的在解除政治上易於受騙者的武裝，同時將中國的影響力在軍事力量的支援下，擴散至整個地區和世界。中國共產黨的南海填海造陸計畫、在印度洋周邊部署的海軍基地，以及中國對美國政府的網路攻擊，也都被視為中國實現侵略的證據。

雙方都指責對方是有罪的一方。若華府抗議宣稱自己對「遏制」中國的崛起並無興趣，北京也不相信華府的說詞。作為證據，中國則指出儘管美國答應會依照一九七二年、一九七九年與一九八二年簽訂的三大聯合公報減少對台軍售，美國目前的對台軍售卻仍在上升；北京同時也視貿易戰為美方全力削弱其經濟的證據；並認定美國針對華為的抵制是阻礙中國科技發展的手段。北京認為華府堅持自己及其盟友在南海的航行自由是一種對中國南海主權的敵意與侵害行為。鑑於這種來自雙邊的深刻不信任感，戰略對話的效果實在很有限。諸如我們必須「重建戰略信任」這種不切實際的宣言，在雙方首府都受到了訕笑與譏諷。如同最近一位資深美國軍事將領告訴我的：「和中國打交道的時候，戰略信任完全是個被高估的概念。」而他的對應方——中國人民解放軍——對於美國的可信度也抱持著差不多的想法。

修昔底德陷阱（Thucydides's Trap）

如果說過去中國不願對美國動武的主要原因，是因為對自身的軍力強度沒有自信，那麼這個遲疑正隨著解放軍快速的現代化而消逝。我的一位好友，哈佛大學的格雷厄姆・艾利森（Graham Allison）形容美中權力關係的不穩定平衡，就是一種正在展現中的「修昔底德變化過程」。在修昔底德的《伯羅奔尼撒戰爭史》（*History of the Peloponnesian War*）中，這位古代史學家的結論是：「正是雅典的崛起與其帶給斯巴達的恐懼，使得這場戰爭無法避免。」艾利森解釋修昔底德陷阱是一個「當一個崛起中的力量威脅取代原本統御的強權時，自然且不可避免會出現的混亂」。依據修昔底德的邏輯，被取代的威脅會在雙方關係中造成結構性的壓力，使得衝突成為必然，而不是例外。根據艾利森依照無數歷史案例所建構的模型來看，戰爭是非常有可能發生的。艾利森的邏輯還預示在兩個強權關係之中，會存在一些確切且可注意到的轉捩點，這意味著政策制定者的問題是如何在這些臨界點到來之前先發制人或做出反應。

在現階段不斷開展的美中關係中，我們可以相對容易地想像會有一系列的事件使情勢演變成冷戰 2.0，而這又有可能演變成一場熱戰。在這個時代，這些早期階段的衝突可以完全在網路上發生。舉例來說，駭客可以癱瘓對方的基礎建設，從運輸管道與電網到空中交通管制系統，甚至帶來致命的結果。危險的是，到目前為止，兩國之間對於哪些網路目標受到攻擊就引發戰爭，或是在戰爭時有哪些網路目標應列為禁止攻擊項目，以確保平民的生命安全，都還沒有簽訂明確的國際甚至是雙邊協議。比較傳統的軍事衝突也有可能發生。美國有其發誓要保護的亞洲盟友；中國則是對這些盟友野心勃勃。從台灣到南海還有菲律賓，從東海到日本，中國持續試探美國對於其亞洲盟友的防禦承諾極限。

儘管北京的軍事現代化與軍隊擴張是為了未來的台灣突發事件做準備，中國不斷發展的陸軍、海軍、空軍以及情報能力，在美國眼中構成了對於美國在印太地區與其他區域的軍事主導地位更廣泛的挑戰。美國最關心的是中國海軍快速的現代化與擴張，及其與日俱增的潛艦實力，與中國在其歷史上首次發展出一支兵力投送能力可達沿海水域外的藍水海軍（blue-water fleet）。這使中國得以將其戰略範圍拓展至印度洋，而這一戰略版圖透過它的朋友與夥伴提供的一系列橫跨東南亞、南亞，並一路延伸到東非與紅海吉布地的港口得以加強。除此之外，還有與俄羅斯更廣泛的陸軍和海軍軍事合作，包括在俄羅斯遠東、地中海及北海的聯合陸海軍演。這些都使美國的軍事專家認定，中國的戰略家有遠超過台灣海峽的野心。中國在太空、網路以及人工智慧領域的科技進步也使華府中的某些人認為，不管中國聲明的政策是什麼，它的戰略野心都會延伸到區域與全球範圍。有關中國情報單位成功滲透美國的電腦系統，竊取敏感國防計畫與人員紀錄，還有偷取精密複雜的美國軍事科技的匯報，都加深了美方的擔憂。因此，從很多方面來看，修昔底德陷阱的許多因素都已經存在於現今的美中關係中。

習近平的崛起

客觀權力平衡中的改變是戰略方程式的其中一環。另一個環節則是中國領導人性格特質的改變。最近幾年出現了一個新的、更自信、更果敢，甚至更具侵略性的領導階層，他們不再接受中國過去在軍事與經濟上的從屬地位。在毛澤東時期過後的起初的幾十年，從一九八〇年代到二〇一二年當習近平成為領導人時，北京堅守著中國改革開放的總設計師鄧小平所提出的格言，將其作為中國在世界上的行動方針：「韜光養晦、善於守拙、絕不當頭。」習近平已經把這一格言拋諸腦後。在變得更強大後，中國正在摘下過去三十五年來，其領導人為自己細心打造出的謙虛與克制的面具。正如習近平在二〇二一年對著一班中央與省部級幹部講話時說到：「時與勢在我們一邊。」也因此，之前的退避已無必要。

雖然中國共產黨數十年來建立的意識型態框架仍是現今所有中國政策制定的鷹架，但從毛澤東以來，中國再也沒有一個像現在如此強大的領導人。習近平端坐在中國政治體系的頂點，他的影響力滲透到黨與國家的每個層面。他的奪權之路既是精明的政治運作，也是殘酷的手段操作。舉一個例子來說，他提倡的反腐敗運動協助他在黨內大舉「清理」了全國上下都有的貪腐陋習。這同時也帶給他額外的好處——即透過開除黨籍或判處無期徒刑，習近平得以「清除」幾乎所有威脅到他最高權威的政治對手與批評者。

對於理想化鄧小平——兩度榮獲《時代雜誌》年度風雲人物（*TIME* magazine's Man of the Year）——且想像中國已從社會主義的計畫經濟走向自由市場，終有一天會轉變為一個自由民主政體的美國人來說，中國的新領導階層徹底與此期望背道而馳。在華府眼中，習近平拋棄了所有將中國轉變為一個更開放、更容忍、更自由的民主政體的偽裝。他也採取了不太受市場機制驅使的威權資本主義模式，偏重國有企業而非私營企業。同時他更加強了黨對於整個企業界的控制。即使北京看似堅持要改寫國際秩序，美國也認為習近平以更加激化反美情緒的方式煽動著中國民族主義。美國認為習近平決心要改變西太平洋的戰略與領土現狀，並在東半球建立起中國的勢力範圍。

華府也歸結出習近平決定利用中國經濟帶來的全球引力，向其他發展中國家輸出自己的內政模式，以最大化中國的政治與外交政策影響力。最終的目標即是創造出一個更加包容中國國家利益與價值觀的國際體系。最後，與過去幾十年不同的是，美國認為中國官方世界觀的這些變化，是由一個在經濟、軍事和技術上強大的中國黨國支撐的，而這個黨國正自己選擇走上一條與美國碰撞的路。在戰略邏輯上，這也表示華府勢必得在屈服或遷就中國的利益，或是主動抵制，而且可能的話，擊敗中國的選項中做出選擇。

當然，中國對這一現實的戰略視角，是建立在一個截然不同的世界觀上的。習近平的觀點是，中國的政治經濟模式完全沒問題。雖然北京將這個模式提供給其他發展中國家仿效，但中國完全沒有將此模式「強加」於對方。相較之下，習近平指出西方民主政體在處理核心挑戰時面臨的巨大失敗，例如新冠肺炎疫情大流行、民粹與保護主義的抬頭，還有逐步高升的反全球化聲浪。習近平認為，中國完成了軍隊現代化的目標，得以確保其長久以來的領土主張，特別是台灣。而且他對於以中國經濟引力為手段，以增進全方面的中國國家利益一事絲毫不感到抱歉。他也不覺得使用他新獲得的全球力量改寫國際體系規則和支持該體系的多邊機構有什麼不妥之處，並認為這正是當初二戰結束後，獲勝的西方列強所做的事。

在習近平領導下的中國共產黨還有一個目標，即是在二〇三五年之前，將中國的人均國內生產毛額（per-capita GDP）提升至「其他中等發達國家」的水準。中國的經濟學家將這個標準大致定調在二萬美元和三萬美元之間，或是和南韓差不多的程度。要達成這個目標，中國的經濟規模需要翻兩倍或三倍。這樣的野心進一步證明了習近平政治生涯的延續，特別是在二〇一八年時，中國共產黨取消了其對擔任五年制國家主席，不得連任超過兩任的限制。這個限制當初被寫進一九八二年制定的《中華人民共和國憲法》之中。鄧小平提出這樣的限制是為了避免下一個如毛澤東般不斷煽動政治運動而造成大量死亡與痛苦的極權者出現。一般來說，在中國政治週期的這個階段，也就是領導人的第二任任期過半時，繼任者通常已經被提拔出來了。然而到目前為止，下一位繼任者都還沒出現。在二〇二二年習近平的第二任國家主席、黨的總書記與中央軍委主席任期屆滿時，他就將近七十歲了。在二〇三五年底甚至會到八十二歲。考量到他的家族有長壽的基因（他的父親於八十八歲去世，在書寫此書時，他的母親仍以高齡九十一歲之姿健在），我們可以謹慎地假設，習近平得以用某種政治形式，在二〇二〇年代繼續擔任中國的最高領導人，甚至持續到二〇三〇年代。因此無論如何計算，中國都非常有可能會在習近平掌權下成為世界上最大的經濟體，取代美國超過一個世紀以來的全球經濟主導地位。隨著全球權力平衡的改變，習近平有可能在接下來的十五年內，放膽追求其愈來愈多的全球野心——其中對他來說最重要的，就是看到台灣回歸北京的主權管轄範圍。

因此，本書大部分內容在闡明習近平的核心優先事項，這些項目很可能是中國未來幾十年政策制定的主要視角與方向。就我的觀點來看，理解這些優先事項最容易的方式，是使用十個利益同心圓的概念。從最重要的利益開始（毫不意外地，這些利益皆為最攸關己身的），由中國本身向外擴展到囊括更大、更廣的全球野心。對這十大利益的層層探索，將與其後的章節交織出一幅理解習近平的地圖，我希望藉此讓讀者更了解習近平從中南海的辦公桌後看出去的世界。如前述所提，中國的政治思想時常無法被西方充分理解。這就是為什麼本書大部分內容，會用來解釋習近平的世界觀——它是我們分析戰爭可能性及如何避免戰爭時的根本。

習近平眼中的美國

在中國領導階層的眼中，只有一個國家有能力從根本上擾亂習近平對國家及全世界的野心。那個國家就是美國。當然，中國內部仍有許多內政與經濟因素能阻擋習近平實現「中華民族偉大復興」的中國夢。但在所有中國無法控制的外力當中——雖然俄羅斯、日本，甚至印度都可能使中國的崛起之路更加複雜，甚至阻撓中國的崛起——卻只有美國握有足夠的戰略與經濟力量，可能使中國從崛起之路上脫軌。這就是為什麼美國持續在中國共產黨的戰略思考中占據中心位置。這個思考涵蓋了我們所謂中國的「大戰略」。但也包括了中國所有面向中的潛在弱點，包括軍事、外交、經濟、貿易、投資、科技、資本流動、貨幣風險、國際發展援助、其在人權與民主議題上的全球聲譽、法治，當然還有台灣。

習近平對於美國的理解並不是新手等級。他在早期政治生涯中訪問過美國：當他還是初級官員時，他曾在一九八〇年代於愛荷華州的偏鄉地區和當地的一家人共同生活；二十多年後，作為中國國家副主席，他受當時的美國副總統喬·拜登（Joe Biden）接待，在一週內拜訪了許多美國不同的城市與州。二〇一〇年，習近平將其獨生女送去哈佛大學大學部讀書。綜觀他的政治生涯，習近平也持續在北京與各省接待來訪的美國代表團。然而，儘管他的女兒說得一口流利的英文，習近平本人卻既不會說也不會閱讀英文——這表示他對美國的理解總是來自於中國官方翻譯，而這些翻譯並不是總能抓住言語中精確、巧妙與細微之處。由中國外交政策機構與情報單位產出的官方報告，則總是用一種傳統框架看待美國，且這個框架鮮少是正面良性的。此外，中國官員對於習近平的恐懼，還有想保住自己工作的欲望，使他們在撰寫報告時，傾向提供習近平想聽到的內容。儘管如此，習近平對美國的第一手經驗仍超過了任何美國領導人對中國的經驗，其中也包括喬・拜登。不曾有一位美國領導人會說或讀中文，而且他們全部都依賴經翻譯過後的間接資訊。身為一個中文使用者，我非常幸運能在擔任我國的外交部長與總理時，可以直接用他們的語言與中國官員交流對話。更多的西方政治領導人在未來都需要這麼做。

基於諸多原因，美國戰略圈中的許多人完全不相信所謂的中國和平崛起或和平發展。取而代之的是，許多人深信與北京發生某種形式的武裝衝突或對抗是必然的結果——當然，除非中國願意改變自己的戰略方向。然而在習近平的領導下，這樣的轉向看起來絕不可能發生。因此華府眼中，問題再也不是能否避免這樣的衝突，而是這樣的衝突會在何時，以及什麼樣的情況下發生。在很大的程度上，這也反映了北京對此事的立場。

管控的戰略競爭

因此，中國的朋友與美國的朋友皆有道德與實際的義務思考這個已經成為本世紀國際關係中最複雜的難題：如何在承認華盛頓與北京之間權力相對性不斷變化的事實下，維護我們在過去四分之三個世紀裡獲得的和平與繁榮。我們可以放任事情依照修昔底德的邏輯自然發展，最終讓事情演變為危機、衝突，甚至戰爭。或者我們可以找出可能的戰略出路，或至少建立一些雙邊關係中的防護欄，幫助兩強維護和平，同時也能維持住以規則為基礎的、自一九四五年起就成為穩定國際關係的國際秩序與系統的完整性。

因此，我要藉列寧（Lenin）提出的問題反問大家：「怎麼辦？」（What is to be done?）第一步，雙方都必須注意到自己的行為會如何被對方用各自長久累積下來的國家觀點所解讀——換句話說，當某一方採取某個特定行動時，會在對方的決策過程中引起什麼樣的反應與思考。就目前的情況來看，雙方對此都很不擅長，兩方的行為經常反映出一種篤定對彼此的不理解，這也是美中關係裡長久以來的一大特色。如果我們真心想要建構出一個能和平管理未來關係的共同戰略敘述，我們至少必須注意到戰略語言、行為和外交訊號在對方的政治文化、體系和菁英之間的轉譯情形。正是這層意識能幫助我們在一個穩定卻又帶著競爭意味的戰略框架中，在相互競爭的國家利益、價值和認知之間把握實踐中的複雜性。

然而，發展出新層級的共同戰略語言只是一個開始。接下來必須要做的事，即為在華盛頓與北京之間建構起一個聯合戰略框架，且這個框架必須達到下列三個互相有關聯的目標：

1. 針對彼此戰略底線的原則與程序達成共識。所謂戰略底線即若有不慎可能導致軍事衝突升級的紅線，例如台灣問題。
2. 相互確認彼此的非致命性國家安全政策領域——外交政策、經濟政策、科技發展（例如半導體）——與意識型態，並接受在這些領域中，全面性的戰略競爭會是常態。
3. 定義出哪些領域（例如氣候變遷）需要雙方持續的戰略合作，並認可與鼓勵這樣的合作。

當然，沒有一項目標可以靠單方面的努力達成。只有靠雙方領導人全面委任的資深談判人員針對整體關係進行雙邊對談，而非僅局限於討論關係中的個別部分。以美方來說，基於他們在整體政府部門裡扮演著跨部門的統籌協調角色，這個人選會是國家安全顧問。以中方來說，這個人選大概會是中央外事工作委員會辦公室主任或是中央軍委會副主席，或是兩者同時出任。這些人員也負責執行依上述管控的戰略競爭的核心原則所協商與同意得出的聯合戰略框架。就像所有這類的協議，魔鬼當然藏在細節，以及執行面裡。這樣的框架不會倚賴信任。它只會完全倚賴精細且已被各國使用的國家認證系統。換句話說，這些協議的完整性不會依靠羅納德．雷根（Ronald

Reagan）著名的「信任，但要查核」之做法維持——這是雷根堅持對蘇聯打交道的手法——而是完全仰賴「查核」的方式維持其完整性。

像這樣的聯合戰略框架不會避免危機、衝突或戰爭。但經過適當的協商、有效的執行，以及在有效威懾的強化下，它能夠減少上述危險的發生。當然，這個聯合戰略框架也沒辦法避免雙方針對彼此資產發起的預謀祕密攻擊，這樣的攻擊會被視為完全違反此框架的行為。事實上，這個框架的基礎有賴對方在可預見的未來裡，認同任一方發起這樣的單邊攻擊都不符合其利益。但聯合戰略框架可以發揮作用的地方，在於協助處理任何於海上、空中，或網路空間裡發生的意外事件所導致的衝突升級或緩和衝突。若發生任何違反框架附屬協議所規定的戰略紅線行為或事件（例如網路攻擊），則在採取任何升級措施前，該行為或事件應立即依照雙方講定的原則處理查明。

我沒有天真到相信任何在管控的戰略競爭的假設基礎下達成的聯合框架可以避免中國與美國繼續針對對方制定戰略，或盡其所能地部署自身的資產與國策，使自己能維持（或取得）長期的領導地位。但是，美國與蘇聯在歷經古巴飛彈危機帶來的瀕死經驗後，最終協調出一個政治與戰略框架，在不觸發相互保證毀滅的前提下，處理他們之間顛簸的關係。比起處於當時更具挑戰性的地緣政治環境，現今的美國與中國肯定也能做到當初美蘇兩國完成的事。管控的戰略競爭這一想法便是在希望中發展出來的。

不僅僅是亞洲，世上的其他國家，肯定會歡迎一個戰略熱度降溫的未來，在這個逐漸兩極化的世界中，不必被迫於北京與華盛頓之間做出二選一的選擇。這些國家更願意看到一個這樣的世界，其中的全球秩序能讓各國，不管是大國或小國，都有自信維持自己的領土完整性、政治主權，並有機會帶領國家走向繁榮的道路。他們也會希望看到一個由正常運作的國際體系支持的世界，這樣的世界是穩定的，而這個體系也有能力針對這個時代的巨大國際挑戰採取行動，因為這些挑戰無法由單一國家獨自處理。接下來在中國與美國之間會發生的事，將決定上述的願景能否成真。

民族主義的危險

我們已經沒有時間可以浪費。極端民族主義者在雙方的政治圈中都開始贏得支持。帶有對抗主義意圖，且自稱現實主義者的人，開始尋求方法影響各自的國安政策。而自由主義者，更不用說多邊主義者，通常被視為軟腳蝦。美國在經歷川普政權與現在的拜登政權後，已經正式認定在四十年之後，美中之間的戰略接觸將失去其作為一項戰略的作用。我們現在反而是進入了一段全新、從未探索過的時代，在這裡沒有任何新規則可循。而中國也得到了與美國類似的結論。因此在為時已晚前，是時候建立新的規則了。

這本書的目的不是為了向特定一方提供建議，幫助任何一方在某種最後的經濟、科技與軍事決鬥中勝出。已經有很多人在私下或公開場合這麼做了。他們高興地走向脫鉤、遏制、對抗的滑坡，甚至走向不可想像的事件本身。這本書的目的是提供一張共同的路線圖，幫助這兩個偉大的國家找出邁向共同未來的道路——不是透過一廂情願的想法，或是關於和平重要性的嚴厲道德說教，而是透過奠基於外交協商原則、情報查核與有效的威懾，更重要的是，互相尊重——建構出的全面性現實框架引導。

這本書不是當作課本使用，所以它沒有注解，也沒有參考書目。它更不是一本有關民粹主義者的激烈論戰，藉著熟悉到令人沮喪的排外情緒、民族主義與政治投機主義，吸引大眾的目光之書。這本書是針對理解能力強的一般大眾，這樣的讀者在中國與美國還是為數眾多，面對眼前複雜的問題，他們並不尋求簡單的答案。這本書反映了我對這段關係中正在發生的事的分析，有何因素驅使這段關係逐漸走向對峙的局面，以及我對於這段關係在為時已晚前可以採取什麼行動的看法。

就我來看，關於戰爭一事，沒有什麼事是不可避免的。若你否認以上說法，就是否定了領導人的作用，反而會使我們受到一股深層、充滿想像與無法反轉的歷史之力俘虜。如上述所提，艾利森引述修昔底德的觀察：「正是因為雅典的崛起與其帶給斯巴達的恐懼，使得這場戰爭無法避免。」但對於這篇古典希臘文本的分析，艾利森認為將「不可避免」譯為「可能」或許來得更好。艾利森對過去五百年內的崛起大國與既定強權間的十六次歷史互動做了分析，得出的結論是，四分之一的互動沒有演變為戰爭。換句話說，根據古典文本與更近代的例子來看，在目前這種形勢下，戰爭有可能發生——但絕非不可避免。我們應該永遠以歷史為借鏡，但不能讓它主導我們。

我們也有可能無法避免戰爭。我們的領導者可以做出這個選擇，因為選擇一戰從來不是強加於他們身上的決定。這本書的論點認為，我們避免戰爭最好的方式，就是更加理解對方的戰略思考，並構想出一個美國與中國皆能競爭性地共存的世界，甚至是在因相互威懾而升級的持續競爭狀態中共存。在這樣的世界中，政治領導人有能力主持競爭性的競賽，而不是訴諸於致命的實際武裝衝突。確實，若我們能在接下來的十年守護住和平，政治環境最終便有可能改變；面對一個全新、更廣的全球挑戰，戰略思維有可能會轉變；它也因此有機會讓領導者得出一種不同的思考方式（中國的用語是「思維」），在面對我們所有人都會面臨的生存性全球挑戰時，優先思考合作而非衝突。但要這麼做，我們首先必須在不摧毀對方的前提下，度過目前的十年。我們由沒有經歷過戰爭恐怖經驗的一代人所治理。他們應該要了解歷史教導我們有關戰爭的事實，即若戰爭爆發，我們的世界將再也無法回歸到我們熟悉的樣子。戰爭會以最具摧毀性與最無法想像的方式改變一切。這就是為什麼在未來的日子裡，我們需要竭盡我們的智識與創意維護和平。這是我們對未來世代，以及過去世代的責任，包括我的父親與和他一起步入戰爭的人們，那些我們曾向其發誓「下不為例」的人們。

01

美中關係簡史

A Short History of the US-China Relationship

中國領導人長久以來將理解美國視為要務，其付出的努力是其美國對手很少覺得有必要加以回應的。這是因為從一九二一年創黨以來，中國共產黨相信其生存與成功，取決於對世界上有能力摧毀自己的國家與力量有多了解，而這股力量中最主要的代表即為美國。相反地，甚至到今日，在美國的政治菁英圈中，除了一些極少數的例外，許多人仍不認為了解中國制定其國際政策的內部驅動力是當務之急。了解中國在某些美國人眼中可能對於美國國家利益來說是一件重要的事，卻非常少有人將其視為必要之事，更不用說視其為攸關生存的大事了。此外，由於美國在地緣政治上的足跡是如此寬廣，美中關係——長久以來看似有問題，但鮮具嚴重性——數十年來必須和其他問題爭奪鎂光燈的焦點：首先是蘇聯，接著是中東持續不斷的眾多危機。

雖然姍姍來遲，但最近這個現象可能要改變了。這是由於近幾年來一陣未經深思熟慮的戰略性恐慌，以及美國國內政治投機主義者毫無底線地互相競爭，看誰可以在選舉季中對中國展現最強硬的姿態。制定一個更具理性的美國方針，其中要包含對美中兩國長期轉變的政治、經濟與戰略情勢的分析，所需的政策風向與政治環境仍然有限。事實上，在美國的戰略機構眼中，大概自習近平於二〇一二年掌權中國後的幾年內，中國已從戰略夥伴的角色轉變為戰略競爭者——甚至對於大部分的美國菁英而言，已是戰略敵手。相反地，在中國共產黨統治下的中國，一直以來都有意識到與美國的戰略與經濟合作終有其限制，因此長期對美國抱著務實的戰略態度，特別是在馬克思列寧主義薰陶下的中國共產黨與中國更是如此。

當美利堅合眾國還處在獨立戰爭後的蹣跚學步期，中國正在經歷其歷史的高點，一個地球上最大、最富有，以及人口最鼎盛的盛世。清朝（一六四四～一九一一）將天朝的疆域擴張到自西元前二二一年起，中國成為一個統一的帝國後最大的版圖。在乾隆皇帝（一七三五～一七九六）的統治下，儘管中國的財富鮮少得自於對外貿易，中國的經濟占了全球國內生產毛額（Gross Domestic Product, GDP）的百分之四十。

然而之前的幾個朝代，包括漢朝（西元前二〇六～西元二二〇）、唐朝（西元六一八～九〇七）、宋朝（西元九六〇～一二七九）以及由蒙古人創立的元朝（一二七九～一三六八）和明代早期（一三六八～一六四四），都和中國自身以外的國家有著相當程度的經濟與政治互動。特別是當絲路在其最鼎盛的時期，以及中國繁盛的海上貿易路線讓中國的商人能與來自中亞、中東與歐洲的商人互動。但即使是這幾段中國對外貿易最熱絡的時期，歷史學家也推估，中國大概只有不到百分之二十五的國內生產毛額來自對外貿易。

由於歷史上中國定期必須面對「外族」的政治與軍事入侵，中國長久以來對於任何的「蠻族」都抱持懷疑態度。中國的官方文化對於自己有能力在外族入侵者到達後的一個世代內，透過中國強大的儒家官僚體系傳承下來的準則、習俗和程序，將入侵者漢化而感到自豪。

在許多情況下，來自外國的征服者，包含蒙古的元朝與滿族的清朝，對於如何吸納中國的實務與規範以統治廣大的中國版圖別無選擇，只能先採用中國的常規與準則，之後再試著在自己與中國的民族傳統間求取平衡。不管如何，因為歷史上許多的朝代都是由生活在中國邊境上的非漢族人入侵中原後所創立，這使中國的領導人更加意識到異國可能帶來的威脅。

一千年以來，中國也在沒有外界影響的情況下，發展出自己的一套哲學（儒家、道家與法家思想）與宗教傳統。這三種思想都在佛教從印度次大陸傳入漢朝（約西元前一五〇年）前就形成了，接續的中國朝代則花了數千年的時間嘗試吸納或毀滅佛教。最終他們只能採取僅次於漢化的做法，即讓佛教這個來自異國的教義服從於中國儒家傳統的政治需求。伊斯蘭教在唐朝（約七世紀中期）經由絲路傳入中國，但其影響大多局限在生活於中國西部邊界的少數族群與少部分地區，對於人數眾多的漢族群影響甚微。基督教則於七世紀由聶斯脫里派的教士首次傳入中國，在十七世紀時再度由耶穌會傳入，十九世紀時則由清教徒傳教士繼續布道。相比起來，基督教的普及率比起佛教與伊斯蘭教差得多，在晚清進入衰弱的最後幾十年之前，基督教幾乎沒有在中國留下什麼明顯的印記。

因此從國家歷史學的角度來看，中國可以說是個相對成功、自成一體的政治、經濟、哲學、文化與宗教體系。相較之下，外國人與外國文化則被懷疑，並受中國人紆尊降貴的眼光審視：他們是偶發的入侵者、文化上較低等；從更實際的角度來看，與中國的基本國家需求毫無關係。就是在這樣的思考框架下，到了十九世紀中葉，不管是西方各國或英國，更不用說美國，在中國的集體想像中都只占了很渺小的位置。

鴉片戰爭

然而，這孤立的現狀在第一次鴉片戰爭（一八三九～一八四二）後的幾十年內被顛覆了。英國迫使中國開港進行國際貿易，並將一系列的不平等條約加諸於清朝（包括給予在中國的外國人治外法權，讓其不受中國法律約束），且逐漸逼迫中國接受外國傳教士。儘管美國人在官方立場上對於其歐洲表親強行打開中國大門使用的殖民手段感到不舒服，他們很快地也在商業與傳基督教福音上向中國要求同樣的待遇。美國的商人絕對不比其他國家的商人來得高尚。波士頓的商人進行了相當可觀的鴉片交易，將鄂圖曼產的鴉片，經太平洋運至中國根據條約而新開通的港口。

十九世紀，美國在中國的貿易與投資利益持續上升。然而與日本相比，美中的經貿總值只占美國與日本經濟往來總值的一半。在美國的貿易與投資總額中，中國與日本的總和所占比例甚至小於歐洲，當時美國絕大部分的海外經濟利益來自歐洲。比起商業上微不足道的影響，美國的清教徒傳教士在接下來的一百年內成了中國基督教中的主流。除了拯救人類靈魂的基督教核心任務，美國傳教士也在清末與民國初年（一九一一年推翻清朝的革命後）帶頭建立西方醫院、學校與大學。成千上萬的中國年輕專業人士在美國於中國建立的慈善機構接受教育與訓練，也有愈來愈多人選擇在美國公立大學就讀。很快地，美國成了繼日本之外最受中國留學生青睞的留學地點。

對於以反殖民主義者自居的美國人而言（至少在他們的概念中是如此），美國人為中國帶來了不同於歐洲人的感受。儘管如此，雖然美國政府定期抗議在中國日益猖獗的西方殖民主義與其帶來的破壞，美國的外交使者仍持續堅持美國人民應享有與其他歐洲列強一樣的權利，確保美方利益不會因為政治純粹性而被犧牲。事實上，在一九〇〇年的義和團運動後（一場在清廷默許下攻擊外國使館的排外與反基督教武裝運動），美國派兵協助平息義和團對北京外國公使館的圍攻。連同其他七個帝國的軍隊，美國與這七國組成的八國聯軍攻進北京城，並從清廷那裡獲得了巨額的賠款，此金額相當於當時朝廷年收入的六倍，並要求在接下來的四十年內以白銀支付。

然而在反對賠款的美國傳教士的壓力之下，華府將一大部分的賠款歸還給中國政府，並將該筆款項用作資助中國學生到美國留學用的獎學金。但是美國退還部分賠款的舉動並沒有從根本上改善中國人對於美方在中國的半殖民行為的觀感，中國也沒有因此將美國視作比其他帝國主義列強更友好的存在。

在隨後可被稱為「美國世紀」（American Century）時期的開端，美國取代了英國成為中國與西方世界互動的主要代言人，美中兩國的關係因此有了根本上的變化。美國與其他三大列強成為剛轉變成共和政體的中國必須面對的主要勢力，即使中國本身仍不是一個穩定的政權，且長期必須處理各地軍閥帶來的威脅，但為了保衛自己的領土完整性，中國仍被迫與這些國家交流。同一時期，俄羅斯帝國成功利用一系列不平等條約，從清廷手上併吞超過一百萬平方公里的土地。在一八九四年至一八九五年的甲午戰爭後，日本帝國則取得了韓國與台灣實際上的統治權。當時韓國為中國的藩屬，日本接續在一九一〇年將其併吞。法國則取得了中國南方的藩屬國安南（越南）。相較於持續瓜分中國的其他歐洲列強，美國這時的官方立場支持維持「中華帝國的完整性」。但是美國也堅持採取門戶開放政策，如此一來美國即能確保自己的商人、投資者或傳教士不會被其他更明目張膽的帝國主義列強排擠出中國市場。

儘管如此，鑑於中國當時的內憂外患，晚清的改革派與民國初年的革命家逐漸將眼光看向美國，希望美方能協助中國抵禦進一步的領土瓜分，並改革其國家政治機構。

但美方的策略卻持續在更高的政治原則與基本商業本能中分歧。美國自由主義知識份子，例如約翰·杜威（John Dewey），協助甫成立的中華民國建立新的立法與行政機關。然而，儘管私底下有美國人願意向中國發出如上述般的好意，美國官方的態度在面對學步中的中國的需求時卻總是模稜兩可、冷淡，甚至採取徹底敵視的姿態。而美國對中國的政策也受到種族議題的影響。一八八二年由國會通過，並在一九〇二年無期限延長時效的《排華法案》（*Chinese Exclusion Act*），是一條明確帶有種族歧視的法律。它有效地禁止更多中國移民進入美國，理由是因為擔心中國移民會「威脅到白種男性的工作環境」。在《排華法案》出現後，其他針對中國移民的聯邦法案與州法案相繼出爐。為了抗議美國的《排華法案》與排華暴力事件，一九〇五年中國國內爆發了大規模的抵制美貨運動。

時間到了一九一七年，當美國終於加入一戰時，華府便說服了中國新成立的共和政府向德國宣戰。北京因此派出數十萬名中國勞工到西部前線挖壕溝、搭建野戰醫院、運送彈藥，甚至派人到法國工廠工作，以緩解盟軍的人力短缺問題。數千名中國勞工在這場戰爭中喪命。這一切的犧牲都是基於相信一旦贏得戰爭，德國將把當時山東省的領地歸還給中國。

德國戰敗後，美國總統伍德羅·威爾遜（Woodrow Wilson）在巴黎和會上宣布他的十四點原則（Fourteen Points），還有戰後應呈現的國際秩序與體系，其中包含民族自決的權利。因為他的行為，威爾遜被中國國內輿論評為中國的英雄。中國的愛國者也因此相信，他們有辦法收復青島與其他德國占領地區，當時在這些區域生活的中國人被視為二等公民。北京大學文學院院長陳獨秀，他後來在一九二一年成為中國共產黨的創黨人與第一任總書記，形容威爾遜是「世界上第一個好人」。據說中國的大學生還可以將威爾遜的十四點原則倒背如流。但當「三巨頭」（Big Three），威爾遜、英國首相大衛・勞合・喬治（David Lloyd George）與法國總理喬治・克里蒙梭（Georges Clemenceau）於凡爾賽宮會面時，他們否決了中國所有的關鍵要求——包含廢除不平等條約、有權控制自己的關稅收入，而非由締約國代表中國收稅，以及收回德國在山東的權益。美國的背叛在中國內部引起了一波廣大的幻滅、憤怒與抗議。而威爾遜將山東權益割讓給日本的決定更加深了這些怒火，中國也將此事視為奇恥大辱。當時威爾遜擔心若美國疏遠日本，日本可能就不會加入他十分重視的國際聯盟。（日本於一戰時加入協約國，並搶先占領了德國的租界區。）巴黎和會的決定立刻在中國內部激起大規模的抗議，並激化了中國的政治。在中國新興的政治階層眼中，美國的地位一夕之間從國家救星崩毀成毫無骨氣的偽君子。毛澤東（一八九三～一九七六）是最初受威爾遜對中國承諾而感受到激勵的許多年輕人之一，後來他則形容美國與其他西方國家為「一群憤世嫉俗地擁護民族自決的土匪」。

如果當初威爾遜在凡爾賽宮挺身反對日本，二十世紀的中國史可能就會非常不一樣了。

中國共產黨的出現

《凡爾賽條約》（*Versailles Treaty*）的主要政治受益者是莫斯科（譯按：指蘇俄）新興成立的布爾什維克政府。當時列寧拒絕參加巴黎和會或簽署和約。新成立的蘇俄政府還單方面地拒絕了俄羅斯帝國在中國的治外法權，此舉自動贏得所有中國新興政黨的讚賞。抗議巴黎和會的中國學生走上街，發起了五四運動——這場運動對於中國政治來說是一個關鍵的知識分水嶺，也隨後促成中國共產黨的創立。李大釗、毛澤東與陳獨秀成了中國共產黨的第一批創黨黨員，他們認為列寧、托洛斯基（Trotsky）與馬克思（Marx）贏得了一戰，而非威爾遜。一九二一年七月，當中國共產黨於上海成立時，兩位克里姆林宮的共產國際成員也出席了會議。當時共產國際正致力於在世界各地推廣共產主義。

然而，到了一九二二年，莫斯科的共產國際代表同時向執政的中國國民黨（國民黨）與中國共產黨提供財務與軍事援助。當時中國這個新成立的共和國正身處險境。

軍閥割據四方，在國內各地發展自己的勢力。莫斯科因此堅持中國國民黨必須在其控制的區域，將中國共產黨納入政府內部。蘇聯同時也協助建立軍官學校，訓練國共雙方的部隊，以便能共同擊敗軍閥，統一國家。

同一時間，中華民國第一任（臨時）總統孫中山於一九二一年向美國總統沃倫・哈定（Warren Harding）尋求協助，希望美國能在這個「中國存續最關鍵的時刻」幫助守護中國新生的共和體制。但孫中山卻沒有獲得美方任何的回應。美方反而給予一九二〇年代輪流控制北京的軍閥外交承認。孫中山在此之前曾支持以美國的民主制度作為中國未來政治發展的模式。但是現在，他發現除了莫斯科之外，自己毫無其他對象可以求援。孫中山決定指派自己的副手蔣介石，率領訪問團赴蘇聯考察，向莫斯科尋求戰略支持。華盛頓與莫斯科也因此開啟了長達一百年的爭取中國內政外交影響權的政治競爭。

在接下來的三十年，從《凡爾賽條約》到一九四九年成立中華人民共和國，中國的未來主要受日本、美國與蘇聯三大強權影響。日本於一九三一年至一九三七年對中國發動的侵略戰爭，使蔣介石率領的國民政府完全無法推動中國經濟現代化，也無法進行基本社會改革，或展開任何邁向更自由民主體制的變法。而在這個時期，蘇聯持續與國民黨和中國共產黨發展密切的政治與實務關係。但是在一九二七年後，蔣介石實施清黨，最終使莫斯科在隨後發生的國共內戰中停止對國民黨的支援。這導致美國被國民政府視為在對抗日本與對抗由蘇聯撐腰的中國共產黨之間，唯一能提供戰略平衡的對象。

然而，美國卻再度成為不可依靠的夥伴。一直到一九三一年日本併吞滿洲後，美國才終於答應以「民間代表團」的名義，派遣人員幫助中國訓練其新成立的空軍。但是當時的美國總統赫伯特．胡佛（Herbert Hoover）卻也提醒美國人：「日本於滿洲的行為沒有挑戰到我們的利益與價值。」即使到了一九三七年，面對日本對中國展開的全面侵略，美國仍舊只以非正式的方式給予中華民國援助——當時的飛虎隊即為一例。這是一支由陳納德（Claire Chennault）率領的空軍部隊。陳納德是一名退休的美國空軍上尉飛官，當時他擔任蔣介石的顧問。然而，美國的援助沒辦法滿足蔣介石面對日本侵略、軍閥割據與日益增加的共產黨動亂所需的軍事與財務需求。

到了最後，儘管美方同情中國的遭遇，但因為擔心與日本爆發全面戰爭，羅斯福（Roosevelt）政權決定不再向蔣介石提供官方軍事協助，事實上，直到一九四一年美國加入戰場前，中國百分之八十的外援都來自蘇聯。即使在珍珠港事變後，羅斯福仍奉行歐洲第一的政策，中國只是個次要戰區，因此沒必要派遣美軍駐守。在十四年的抗日戰爭中，中華民國以失去超過三百多萬名軍人與一千一百多萬名平民為代價，用空間換取時間，在廣大的中國領土上打消耗戰，困住絕大部分部署於亞洲戰場的日本軍隊。但面對中國的犧牲，美國仍不願意在中國進行任何重點軍事部署。美國反而將重心放在海上戰場，包含其在西太平洋上執行的跳島戰略。時間一直到一九四五年，美方用原子彈摧毀廣島與長崎後，對日戰爭才結束。

戰後，美國繼續對國民黨採取這種模稜兩可的態度，因此杜魯門（Truman）政權從未確切決定是否要幫助蔣介石對抗毛澤東帶領的中國共產黨，或是在什麼情況下會提供這種幫助。但是美國倒是向中國提供了一系列金額龐大的長期貸款，當時財務狀況吃緊的國民政府正為了處理戰後的惡性通膨與長期不穩定的貨幣而焦頭爛額。然而當對日戰爭一結束，杜魯門便宣布停止對蔣介石的一切軍事援助。同一時間，蘇聯正重新武裝毛澤東的部隊，並祕密地將他們轉移至滿洲，為國共內戰的最後階段做準備。美國戰後外交政策主要透過一九四五年至一九四七年的馬歇爾特使團——當時美國陸軍參謀長喬治·馬歇爾〔George Marshall〕受杜魯門總統之命，前往中國擔任調停人——執行，主要的重點是徒勞無功地嘗試調停國共武力衝突，以將中國軍隊統合到蔣介石的控制下，並以其為後盾組成一個統一的民主政府。然而一九四六年夏天爆發的全面內戰凸顯了美國政策的天真。當時由蘇聯武裝的共產黨勢力已經準備全力向南掃蕩。美方終於在那時恢復了對國民黨的軍事與財務援助，但這不足以對內戰的結果造成什麼實質上的影響。甚至在美國國務院與其他杜魯門政府人員的眼中，國民黨貪汙腐敗，所以共產黨的勝利對於美國利益來說不一定會造成災難性的影響。毛澤東則在國共內戰時，在共產黨的延安大本營為輕信他的美國記者精心安排了一場訪問，向他們保證自己不是蘇聯的代理人，且中國的共產政權會是一個講究民主與經濟成效的政權，也會持續歡迎來自美國的貿易與投資。這些美國記者之中包含了埃德加．斯諾（Edgar Snow），一位被視為中國共產黨對外宣傳工具的記者。他在一九三七年出版的暢銷書《紅星照耀中國》（*Red Star Over China*）提升了美國人對於共產革命的印象，為中國共產黨發揮了很大的作用。美國當時採取的政策最後落得了兩頭空：一方面沒有提供蔣介石足夠打贏中國共產黨的物質援助，另一方面，至少在象徵意義上來說，卻又給足了蔣介石口頭上的承諾，使得毛澤東與共產黨產生對美國長久不衰的敵意，並相信共產黨唯一可靠的夥伴只有蘇聯。

而讓人不舒服的事實是，毛澤東其實很早就認定美國不比其他帝國主義列強好到哪裡去。根據毛澤東早在一九二三年寫下的內容，中國人民對於美國抱持著一種「充滿迷信的信心」，且美國人是一群「天真的人」，對於自己其實正是「最兇殘的劊子手」並不自知。他是根據人們熟悉的理由寫下這些話——例如美國未能廢除不平等條約、堅持其國民在中國也該享有治外法權，且在對抗日本的侵略野心上，只提供了微乎其微的幫助。但是，毛澤東也認知美國政治理想與思想對於中國本身的潛在影響，是對馬克思主義思想更加致命的第二威脅。第一與第二世代的美國傳教士吸引了數以百萬計的中國人改宗（此人數遠多過來自歐洲的傳教士）基督教，並在全國各地建立了數百個慈善機構幫助貧困的人。而在南京國民政府各機關中工作的顧問於民間享有很高的讚譽。這群由美國人培訓出的顧問辦事效率高又不貪腐。除了上述兩個美國對中國發揮的潛在影響，美國的民主資本主義對中國的政治菁英而言仍舊有很大的吸引力。這份魅力就算因為美國官方總是對中國抱持著模稜兩可的態度也仍舊不減。再加上當時中國有許多從美國學成歸國的學子，美式民主資本主義的影響力更加受到吹捧，他們之中有很多人抱持著如何將中國轉變為一個更現代自由國家的新想法。

在毛澤東眼中，上述這些想法都會對中國共產黨的全面意識型態正統性構成威脅。一九三七年，他寫下：「革命的集體組織中的自由主義是十分有害的；這是一種惡劣的傾向。」因此，從早期到現代，中國共產黨都認為美國在西方民主政體中是特別的存在，不僅對共產黨的意識型態利益抱持敵意，也持續對共產黨奪取與維持其政治權力構成挑戰。

美國與中華人民共和國

一九四九年共產黨贏得國共內戰後，美中關係在接下來的四分之一個世紀進入了最有火藥味的時期。儘管美國對蔣介石與國民黨有所保留，美國在蔣介石帶著他的軍隊與支持者逃到台灣後仍選擇繼續支持他。那時蔣介石決心將台灣作為他「反攻大陸」的政治與軍事基地。而美國接下來十年內的國內政治辯論，則聚焦在冷戰、麥卡錫主義（McCarthyism），還有造成共和黨與民主黨之間惡鬥的「誰丟了中國」之爭。同一時期，中國內政經歷了大躍進、文化大革命以及毛澤東的繼續革命論，導致數百萬人死亡、社會分裂，中國的經濟也幾乎崩毀。

蔣介石在台灣建立的中華民國對毛澤東而言是最直接的侮辱。但考量到重建一個被戰爭蹂躪的國家與建立一個全新的政府體制有多困難，毛澤東不想冒和美國開戰的風險。所以當北韓領導人金日成向毛澤東求援，希望借助其力量對抗在南韓的美軍勢力時，毛澤東只答應了有條件的援助。他表示如果美軍跨越了北緯三十八度線，他就會派兵支援北韓。當美軍真的北上越過北緯三十八度線時，毛澤東派出了數十萬中國部隊與美軍對抗——然而，這批軍隊不是以「中國人民解放軍」的名義，而是以「中國人民志願軍」的名義參戰。如此一來，剛起步的中華人民共和國就不用公開地與美國宣戰。

當中國的部隊在朝鮮前線與美軍作戰時，中國內部的宣傳機器則發起了仇美的「三視教育運動」，希望消除中國社會中的「恐美病、崇美病、親美病」的思想。共產黨也利用這個運動詆毀一九四九年後留在中國、曾受美國訓練的知識份子，要求他們公開承認自己意識型態的異端思想，同時重新宣誓他們對共產黨的熱愛。

隨著美軍在朝鮮的傷亡不斷增加，對於數以千計美軍戰俘受到的殘忍待遇的擔憂也持續上升。美方很快地也學起中方採用妖魔化的手段對付中國，其中麥卡錫主義又加深了對「黃禍」、「紅禍」的恐懼，並激起中國可能會照著多米諾骨牌理論所說稱霸東亞的擔憂。正是在這樣的時期，美國在亞太地區發展出其戰後同盟體系，與澳洲及紐西蘭（一九五一）、日本（一九五二）、南韓（一九五三）、台灣（一九五四）、菲律賓（一九五一）、泰國（一九六二）與南越（一九五六）成為同盟關係，並在一九五四年（依照北大西洋公約組織模式）根據《馬尼拉公約》（*Manila Pact*）建立多邊組織——東南亞公約組織。這兩極化的年代間也發生過多次的台海危機，期間美國總統德懷特．艾森豪（Dwight Eisenhower）多次威脅要用核武消滅中國。到了一九六〇年代，美中關係來到了歷史上的低點。這樣惡劣的關係對太平洋兩岸的個人與體制層次都造成了深刻、不安的影響，且這種感受持續至今。兩國之間的戰略敵意一直持續到一九七一年理查．尼克森（Richard Nixon）與亨利．季辛吉（Henry

Kissinger）採取「對中國開放」政策為止，並在周恩來的「乒乓外交」與毛澤東的正面回應下，雙方關係才開始緩解。美中關係會出現如此劇烈的改變，根本的原因在於過去十年內中蘇關係的快速惡化，其導火線是尼基塔・赫魯雪夫（Nikita Khrushchev）在一九五六年約瑟夫・史達林（Joseph Stalin）過世後，公開批評這位蘇聯領導者。赫魯雪夫的舉動惹怒了毛澤東，毛將史達林（中國共產黨的早期支持者）視作「當代最偉大的天才」。更重要的是，毛澤東認為赫魯雪夫對於史達林的批評——其獨裁的權力濫用還有邪教似的個人崇拜——可能會成為針對自己的潛在威脅，特別是若他的中國同志起心動念想跟著赫魯雪夫的腳步批評自己。在美蘇關係因為古巴飛彈危機而陷入最緊張的時刻，中蘇關係正快速地惡化至大動干戈的程度，兩軍更在國界上發生了致命的軍事衝突。當美國的學童在進行「臥倒及掩護」演習（duck-and-cover drill）的時候，中國共產黨則動員北京與中國其他地區的人民挖掘巨大的防空洞網絡，讓中國能夠測試自己的原子彈。這些大動作不只是用來防禦美國，也是作為抵禦蘇聯的手段。同時，由於蘇聯於一九六〇年撤回了對中國的經濟援助與派駐中國的技術顧問，中國的工業與經濟陷入日益絕望的境地。

因此，中國轉向美國的決定，有一部分是對國內政治與經濟發展的回應，包含為了應付大躍進與文化大革命（一九六六～一九七六）時造成的經濟崩潰，另一部分則是中國面對蘇聯威脅的戰略回應。不管如何，一九七〇年代開始的美中關係正常化，絕不是因為中國共產黨對美國自由主義或西方民主制度的優點重新給出了正面評價而發生的。這兩個主題對於正統的共產黨思想來說仍是禁忌。美中關係正常化反而顯示了中國絕望的財務與經濟狀況，也是針對蘇聯撤回對中經濟援助與派駐的技術人員，還有面對大規模部署的蘇聯軍隊，以及在中蘇邊界上加劇的軍事衝突的一種務實反應。

相比起焦頭爛額的中國共產黨，這個時期的美國內部則出現了一種與中方感受平行的務實機會感。由於一九六〇年代發生「導彈差距」辯論，並且蘇聯在列昂尼德・布里茲涅夫（Leonid Brezhnev）領導下與美國在進行戰略武器限制談判上獲得模稜兩可的答案，美國認為在政治上對北京抱持開放的態度，將可大幅擴展其戰略利益空間。越南的事態更加速了美中關係正常化的進程，尼克森與季辛吉視北京為永久「凍住」南北越衝突的可能盟友，他們有機會使用處理南北韓衝突的方式處理越南問題。如此一來，尼克森就有辦法從這場極度不受美國人民支持的戰爭中撤軍，同時也能取得「光榮的和平」。越南也會在一九七九年成為促使北京思考與美國達成全面關係正常化能帶來什麼好處的因素之一。在此之前，蘇聯支持的河內政權於一九七八年毫不客氣地剷除了北京支持的柬埔寨波布（Pol Pot）政權，導致隔年中國與越南在兩國的邊界上爆發了中越戰爭。

外交正常化

簽訂從一九七二年起，歷經七年協商的《上海公報》（*Shanghai Communiqué*）後，中國與美國終於在一九七九年達成外交正常化。兩國關係的主要癥結點是台灣——事實上，台灣問題從過去到現在，一直是兩國間關注的重點之一。美方堅持中方放棄任何以武力統一台灣的企圖未果。同時，美方通過了《台灣關係法》（*Taiwan Relations Act*）。依據此法，美方得以繼續提供台北軍事協助，此舉幾乎使美中雙方無法達成外交承認。摒除台灣不談，與美國達成外交正常化使中國實現了其核心戰略目標：從美方獲得針對蘇聯與越南軍事部署的穩定軍事情報、解放軍可以從美方與其盟軍購得軍事武器裝備、中方獲得「最惠國待遇」，使中國得以用與美方的朋友與同伴國相同的貿易條件，與美國進行貿易。由此，中國展開了為期數十年的經濟現代化——這個過程的重要目標在於取得美國的科技、市場與資本。靠著打出「中國牌」，美方終於能使蘇聯坐上談判桌，在與莫斯科討論延遲已久的限縮戰略武器協商時也更加有利。

然而，美中雙方從長達四分之一世紀的戰略敵意轉變成新興的戰略修好雖是非凡之事，但兩國對於彼此的期待其實從一開始就非常不同。中國共產黨將其與美方新建立的關係視為一個權宜之計，直到蘇聯不再對中國的安全構成威脅，與中國能夠打造自己的國家經濟並及時建立起軍事力量為止。另一方面，在接下來的幾年，美方培養出了對中國開放更深遠的期待。美方希望中國的開放能為美國的出口與資金打開一個全新且廣大的市場，也希望中國社會能藉此走向市場經濟，成為一個更加開放、甚至自由的社會。從很多方面來看，現今美中關係的許多危機都源自於當初這些不同的期待。換句話說，從一開始北京就將美中關係視為一個交易，作為換取中國國家安全與繁盛的手段。而從華府的角度來說，建立這段關係的原因至少有一部分是為了改變中國，這深層的目標在於從根本上改變共產中國本身。

鄧小平、經濟改革與天安門

毛澤東也許開始了美中關係正常化的第一步，但當美中關係於一九七九年正式正常化時，中國共產黨（以及中華人民共和國）已經在鄧小平的集體領導之下了。「改革開放」的時代也正式開始。事實上，鄧小平曾是毛澤東於一九五七年發起的反右運動中信賴的左右手。反右運動是一場針對疑似右派份子與政黨批評者的粗暴肅清。鄧小平狂熱到連毛澤東都警告他適度收斂其怒火：「若我們殺太多人，我們會失去大眾的同情，也會造成勞動力短缺。」然而在大躍進造成長達三年的大饑荒後，鄧小平與一群領導人決定重新引入小規模市場，並給予農民種植自用農作物的權利——這項決定使鄧小平在文化大革命時被攻擊為「走資派」。毛澤東去世後，鄧小平成為中國的最高領導人。他引入更大範圍的市場經濟改革，大幅改變了中國的經濟體制，使許多西方人對於中國產生了不切實際的幻想。然而，儘管他在經濟改革上大有建樹，鄧小平卻從未相信任何形式的政治自由主義。他對於鎮壓一九七九年至一九八〇年的西單民主牆運動毫不愧疚，並將此運動的領導者逮捕入獄，宣判重刑。鄧小平處理此事的方法，預示了他將如何以壓倒性的力量暴力鎮壓十年後於一九八九年六月聚集在天安門廣場的數十萬抗議者。

鄧小平將中國的現代化視為一項務實的經濟措施，是根據中國過去帝國時期諸多的自強運動傳統所發展的變革，絕非是任何政治、甚至意識型態的改變。儘管他反對因毛澤東的大躍進運動與文化大革命所帶來的政治與經濟混亂，但鄧小平對於任何形式的基本民主改革沒有任何興趣。鄧小平不視美國為政治改革的效法對象，但他將美國視為國際貿易、投資、科技、訓練與現代財務及經濟管理的借鏡。儘管他不是一個傳統教義派的馬克思主義者，鄧小平自始至終都是一位堅定的列寧主義者。因此他堅持不願放棄政黨的政治力量來換取與美國的經濟往來，或不願以放棄政治力量為代價與美國達成針對蘇聯的共同戰略努力，其實都不是件令人意外的事。當他在一九七九年開始他的改革開放運動時，他開宗明義就宣布了中國必須遵守四項基本原則，而且中國將永遠「堅持無產階級專政」以及「堅持中國共產黨的領導」。根據鄧小平的話來看，儘管中國必須「打開窗戶，讓新鮮空氣進來」，黨的職責即是持續地將「跟著飛進來的蒼蠅與蚊子拍死」。這對於黨來說，就是要持續對西方自由民主思想、理想與制度的輸入保持警惕。

尼克森之後的多數美國官員沒有像中國共產黨一樣用如此務實的角度看待美中關係，也不盡然是因為美方天真。因為事實上，依據大多數的發展理論來看，不管執政黨的意圖是什麼，市場改革都會提高人民的生活水準，並在一段時間後創造出一批中產階級，而這批人最終會開始要求屬於自己的政治聲音。根據這個理論，隨著時間過去，中國會因此民主化，促使北京默許、接受並逐漸加入由美國率領的自由國際秩序，成為其中的一份子。而在這個理論架構下，則有少部分的人認為，若中國最終的總體經濟實力超過美國，就如同美國在一個世紀之前超越英國時一樣，這樣的轉變將再次是一個和平的轉變，因為維持全球秩序的共同基本價值將大致不變。

中國從美國引入先進的電腦系統、飛機與汽車後，雙邊的貿易與投資關係進展飛快。中國成為世界工廠的經濟轉型由廣大美國市場與新的外國直接投資驅使。華府與北京之間的軍事合作則在一九八〇年代達到高峰，當時美中勢力聯合武裝阿富汗的聖戰者以對抗蘇聯入侵阿富汗。美中也在蘇聯邊界設立一個聯合監聽站，幫助中國監測蘇聯軍隊的部署。穩定輸入的美方軍事硬體設備與情資，顯示了兩方戰略聯盟在實際上如何運作。

然而，在外交正常化的十年後，暗藏在美中關係裡各個面向的緊張關係開始浮上檯面。由於中國共產黨在這段時期必須處理美國對其學生、知識份子與政治菁英所帶來的影響，雙方的政治關係因此依舊處於緊張狀態。對美國開放代表著中國人有機會接觸到廣泛的「異端思想」，其中有很多東西，包含藝術、文學與電影等，處處挑戰到傳統的馬克思列寧主義與一黨專政規則。因此在一九八三年，鄧小平發起「清除精神汙染」的政治運動。四年後，在肅清了改革派的中國共產黨中央總書記胡耀邦後，他又發動了另一場針對「資產階級自由化」的政治運動。一九八九年，鄧小平派兵鎮壓聚集在天安門廣場的抗議者，並利用六四事件順利將胡耀邦的繼任者趙紫陽拉下台。這場血腥的鎮壓震驚了世界，並導致數百甚至數千名中國人民死亡。

我曾在不同場合見過胡耀邦與趙紫陽。在我於北京的澳洲大使館工作時，儘管胡耀邦那時在中國共產主義青年團中已晉升至高位，但在一九八〇年代中國改革實驗的黃金年代中，他也已經成為自由改革派的先驅。胡耀邦受到鄧小平的提拔與近十年的保護，成功避開黨中央裡勢力強大的保守派。如同鄧小平，胡耀邦也只有一百五十公分左右。他說得一口近乎無法理解的湖南口音，是一位多采多姿、在國際上活躍的政治人物。在他前往人生中第一次的海外訪問前，我們曾在澳洲大使館為他設宴，而他的第一次出訪地即為澳洲。當時大使館內充斥著官方派來的嘗膳官（一項列寧主義與儒教國家留下的重要傳統），確保我們不會在午餐時毒殺中國共產黨的最高領導人。

而我從多次會面中觀察下來，趙紫陽就如同胡耀邦一樣富有魅力，但兩者相較之下，趙紫陽是一位較傳統的政治家，出身中國共產黨黨中央，對於如何和我們這些「外國野蠻人」打交道也比較有經驗。然而，胡趙兩人最終都因為過快地推展改革，觸犯到鄧小平的底線而下台，當時鄧小平仍必須顧忌黨中央內左傾的領導階層隨時準備批鬥他的輿論。事實上，天安門事件象徵了中國第一階段改革的結束，當時中國至少有過一段短暫的時期，看似可能迎來成功的改革。

直到天安門事件發生前，美國的官員大部分都選擇對鄧小平的政治風格與中國共產黨內留存的列寧主義睜一隻眼閉一隻眼。但是即使在一九八九年天安門事件後，美國對中國的制裁，就其實施的程度來看也只是暫時性的。對於美國來說，影響上述決定的更大考量點在於維持與北京的戰略與經濟關係、發揮北京對蘇聯的牽制作用，以及美國企業對於中國蓬勃發展的市場前景抱持的樂觀期待。

中蘇邊界衝突和解

到了一九八〇年代，支持美中關係最重要的基石之一開始動搖。一九八五年戈巴契夫（Gorbachev）上台；一九八九年針對長達三百年，充滿了爭端、衝突與戰爭的中蘇邊界問題達成的最終決議，以及隨後於一九九一年發生的蘇聯解體，從根本上改變了中國的戰略版圖。儘管從政治與意識型態的角度來看，中國共產黨對於蘇聯共產主義在毫無美國影響的情況下自行內爆感到恐懼，但蘇聯解體也有效地消除了莫斯科對中國國家安全的長期威脅。因為這個緣故，促使一九七〇年代初期美中關係正常化與發展的根本戰略理由之一消失了，除了共同的經濟利益外，幾乎沒剩下什麼東西能維持這段關係。

事實上，北京與莫斯科的和解早在蘇聯解體前幾年就開始了。當時中國共產黨領導人擔心中國會過度依賴美國，特別是在軍隊現代化的議題上。美國對中國向伊朗、巴基斯坦與北韓的核武器與飛彈技術出口實施的制裁惹怒了當時現金短缺、且希望增加其出口收入的中國人民解放軍。此外，隨著一九九一年後北京與莫斯科之間的緊張局勢有所緩和，俄羅斯證明了他們願意再次成為中國的先進武器供應商，為亟需工作的俄羅斯軍工廠拿到必要的新訂單。

同一時間，華府與北京之間的戰略關係正瀕臨破裂。首先是一九九六年的台海飛彈危機，當時中國向台灣海域附近發射飛彈，希望能威嚇當時正要參與第一次總統直選、帶有獨立傾向的參選人。中國的行為促使柯林頓（Clinton）政權派遣兩個航母戰鬥群進入台灣海峽，宣示美國對於台北的政治與軍事支持。接著在一九九九年的巴爾幹戰爭中，五顆美國導彈擊中了位在貝爾格勒的中國大使館，造成三名中國記者身亡。華府宣稱這是場意外，但不論是憤怒的中國領導人或中國輿論都不接受這個說法。時至今日，他們仍堅信當時的事件是一場蓄意攻擊。到了一九九〇年代末期，美中的戰略關係開始急速惡化。

在這段時期，莫斯科正在探索與美國的後冷戰時期關係。當時俄羅斯為了將經濟帶向美式資本主義的道路而採取休克療法，然而俄羅斯的經濟卻在「快速戒斷」療法下經歷一次又一次的危機。隨著幾個前蘇聯衛星國申請加入北約，俄羅斯的戰略利益也因這些幾十年來被視為帝國勢力範圍的區域奔向西方而受到嚴重損害。從莫斯科的角度來看，北約在一九九〇年代於巴爾幹半島的軍事干預證實了這些擔憂（這個區域長久以來被視為俄羅斯的地緣政治影響範圍）。

這樣漸進式的戰略調整對美中關係的未來發展方向有了深遠的影響。在江澤民、胡錦濤、最重要的還有在習近平的領導之下，即使他們認同接受美國的投資與貿易，以及在美國大學受教育的中國菁英，對中國的經濟展望仍有決定性的影響，中國共產黨仍認定，比起美國，他們與俄羅斯有更多的共同點。

從天安門到世界貿易組織

儘管美國大眾對於中國的擔憂持續上升，老布希（George H. W. Bush）與柯林頓政權在天安門事件後仍選擇將人權議題推向一邊，以發展美國與中國間逐漸成長的貿易與投資關係。兩個政權都過度為自己的決定辯護，堅持儘管發生天安門事件，中國的經濟改革、發展與繁榮最終會帶領中國走向政治改革。美國商業界為了搶下廣大的中國市場也支持上述觀點，並提供必要的政治與經濟支持以穩定美中兩國在天安門事件後的關係。

天安門事件的三年後，鄧小平擔憂當初他在一九八九年為了「反對資產階級自由化」所拉攏的一幫保守派會著手扼殺任何進一步市場化的經濟改革。他們要求知道中國共產黨究竟是會照著社會主義還是資本主義走。為了回應黨內的保守派聲音，八十七歲高齡的鄧小平踏上了日後被中國史學家稱為「九二南巡」的巡視之旅（這個詞過去常被用來形容帝國的皇帝下江南巡視）。鄧小平巡視了作為改革開放關鍵的經濟特區以及南方的幾個大城市，例如上海。他表示只要黨持續在照顧人民福祉，黨肯定還是走在社會主義的路上。但鄧小平也表示，所有不支持經濟改革、開放與發展的中國領導人都必須下台，這也有效地剷除當時許多黨中央內的保守派領導人。遵循著他的領導，中國共產黨中央總書記江澤民與國務院總理朱鎔基開始一項充滿雄心壯志的新計畫，也就是推動所謂的社會主義市場經濟。中國的創業家被告知可以開設自己的公司，並進軍海外。作為一種象徵「實事求是」政治務實主義的手段，中國共產黨甚至邀請海內外因資本主義而致富的企業家入黨。

幾年來，我在中國與澳洲都會見過江澤民與朱鎔基。當江澤民第一次拜訪澳洲時，我還是一位外交部的官員（此時我已經回到澳洲），而江澤民則是上海市委員會第一書記（一九八七～一九八九）。在趙紫陽因天安門事件下台後，江澤民接任中國共產黨中央總書記。他是一位極為活躍耀眼的人物，喜歡展示他對世界的理解與自己的英語能力。我記得他要求參觀雪梨歌劇院，並詢問可不可以在空蕩蕩的歌劇院內，讓他上台高歌一曲。中方與澳方的隨行人員全都順從地鼓掌。更重要的是，這位領導人以一種我們從未想像得到的方式玩得很開心，這是他所有的中國共產黨總書記繼任者，包含胡錦濤與習近平，從未展現出的一面。

如同過去的趙紫陽一樣，朱鎔基也是保守派出身，而身為中國著名的清華大學經濟管理學院創院院長，他完全就是一身書卷氣。我第一次見到他是一九八九年五月，當時他是上海市長。那時朱鎔基正處於一場政治危機之中，他忙著處理上海市內支持民主的學生抗議活動，且決心避免發生任何像未來北京會發生的流血事件。朱鎔基那時臉色蒼白、神情凝重，但不顯得慌張。他仍堅持履行與我國代表團會面的承諾，特別是因為我們當時是為了參與浦東新區的成立儀式而來，那時的浦東仍只是黃浦江外灘另一面的一片沼澤地。他將我帶到和平飯店的窗邊，從外灘遠眺黃浦江的對岸，並告訴我浦東很快就可以和曼哈頓的天際線一較高下。當時我以為他只是在吹噓而已，但事後證明他是對的。三年後升上國務院副總理的朱鎔基拜訪了我的家鄉布里斯本（那時我擔任州長的幕僚長），還重新提醒了我當時他說過的話。任何能夠促進經濟發展的事情都能激勵他，而那時上海已經開始蓬勃發展了。

這些都是中國經濟改革時期令人振奮的事情，儘管同時期發生的天安門事件替一個世代內任何有實質意義的政治改革劃下了句點。柯林頓政權選擇忽視天安門事件帶來的警訊，展開與中國的長期協商，最終讓中國於二〇〇一年成功加入世界貿易組織（World Trade Organization），替中國出口品大幅度地打通了全球市場，並造就中國製造業的爆發性成長。這段時期中國的國有企業與私營企業開始在國內與外國交易所上市，美國與歐洲的金融機構也向中國開放全球資本市場，提供中國企業快速擴張所需的資本。來自中國內外的發展急速地推動了其經濟成長、減少貧窮，並提升了普通中國家庭的生活水準（中國的人均國內生產毛額在一九九五年大約落在六百美元，到了二〇〇五年則提升了三倍，達到一千七百五十美元）。透過發展經濟，中國共產黨得以擺脫一九八九年天安門事件以及文化大革命對黨形象造成的嚴重破壞，並重建人民對於黨的經濟信任以及統治合法性。

中國加入世界貿易組織，其前所未有的全球市場准入以及人民幣極具優勢的固定匯率政策，使中國在未來的十五年內成為領先世界的製造業重鎮。包含美國，許多經濟發展更先進的國家都選擇將工廠搬遷到中國。這讓中國成為世界上最大的貿易國，以及世界第二大的全球外國直接投資目的地。中國的經濟崛起間接導致美國工業的衰落，並促使不滿全球化的民粹主義興起——而這份不滿特別針對中國。

在整段歷經劇烈改變的經濟轉型過程中，除了敷衍地在農村地區實驗了「基層民主」，中國基本上並沒有意願從根本上推行政治自由化。從北京的角度來看，事實證明，要養出一批中產階級與推行市場經濟，沒有西方民主制度一樣做得到。但為了確保一九八九年的天安門事件不會再次發生，江澤民在一九九〇年代早期宣布實施愛國主義教育，以重申中國共產黨的政治意識型態正統性，並警告下一代受過西方教育的中國教授，西方價值所帶來的危險意識型態。愛國主義教育強調學生不可忘記在將近一世紀的殖民統治裡，中國受日本與西方欺壓的「國恥」，特別是美國在其中扮演的角色。接續一九八〇年代「清除精神汙染」運動與「反對資產階級自由化」的精神，江澤民的愛國主義教育特別警告，中國共產黨必須小心地處理如何對國民講述中國近代史，否則中國將落入「西方敵對勢力以和平演變顛覆國家」的陷阱之中。事實上，當美國政治領導人愈強調中國經濟發展與其政治改革之間的連結，中國領導人就更加利用他們的發言當作西方想要分化中國的證據。一九九四年，柯林頓政權在其年度國會表決中明確地讓中國的人權議題與貿易脫鉤，並繼續在美中貿易政策中給予中國最惠國待遇（這表示中國適用美國最低的關稅標準）。幾年後在日內瓦的聯合國人權委員會（UN Human Rights Commission）上，柯林頓也放棄推動針對中國的人權表現的關鍵決議。作為交換，中國答應簽署《公民與政治權利國際公約》（*International Covenant on Civil and Political Rights*），此公約保障了公民的言論、宗教、集會自由、選舉權與正當法律程序等等。然而事後中國拒絕將此公約納為國內法，美國卻也沒有對此採取任何行動。二〇〇九年，那些受一九六八年發動布拉格之春的捷克知識份子與異議人士啟發而參與「零八憲章」的民主運動人士被捕（包含未來的諾貝爾和平獎得主劉曉波），進一步凸顯出中國共產黨對國際公約的漠視。

小布希、九一一與伊拉克

在他主政的最初幾年，小布希（George W. Bush）政權答應會從根本上反思美中關係的未來。這位新總統認為北京對美國與其在亞洲的盟友而言是一股逐漸興起的強大威脅，但小布希當初堅稱美國將採取更強硬的對中政策，卻很快就因為在他執政的前九個月發生的兩件事而改變。

第一個事件發生於二〇〇一年四月，一架飛行高度位於二萬二千五百英尺高的中國戰鬥機，與一架美國空軍的 EP3 偵察機於相隔十英尺的距離發生空中擦撞。中方的戰鬥機墜毀，飛行員身亡，美方則在南海附近屬於中方的海南島陵水機場緊急迫降。事件發生時雙方的飛機都在國際空域，但北京利用這起事件，大力堅稱自己為美國侵略的受害者。作為釋放機組員的交換條件，江澤民從美方獲得了所謂「兩個遺憾」的信件，信中表明美國對於中國飛行員的死亡感到「真誠的遺憾」，以及對於美國飛機在沒有獲得中國口頭許可就降落中方領空「深表遺憾」。中方則從這次墜機事件扣押的美方飛機上，獲得了許多珍貴的科技與情報資料。

第二個且更為重要的事件即是二〇〇一年的九月十一日，發生於紐約與華盛頓的恐怖攻擊。這導致美國發動了其歷史上最久的大規模軍事行動。美國與盟軍對阿富汗的入侵與占領得到了聯合國安理會（UN Security Council）的支持，中國與俄羅斯也支持該決議。但當小布希總統將「反恐戰爭」（War on Terror）拓展到二〇〇三年災難性的伊拉克侵略戰時，北京並不支持。此外，這些戰爭讓美國在政治、軍事與財務上耗費的成本，對中方來說是一項戰略與外交紅利。它們破壞了美國的全球威望，削弱了美國的戰略自信，並分化了美國國內的輿論，使其盟友產生分歧。更重要的是，這些戰爭使小布希執政時只能專注於中東事務上，無暇顧及中國在其區域與全球戰略上大秀肌肉。在反恐戰爭發生前，中國是絕對無法在國際上擺出這種姿態的。

事隔多年後，作為澳洲眾議院的反對黨領袖與當時的澳洲總理，我和小布希討論了他執政時期的對中政策。小布希告訴我，他執政時期的美中關係是很棘手，但中國在建立對抗蓋達組織（Al Qaeda）全球行動的聯合陣線上一直都很有幫助。當我們第一次在雪梨的亞太經濟合作會議（Asia Pacific Economic Cooperation）領導人非正式會議上碰面時，小布希總統的好朋友、時任總理的保守派約翰．霍華德（John Howard）是我在二〇〇七年澳洲聯邦大選中的對手，那時小布希對我的態度並不是特別熱情與友好。霍華德支持他對伊拉克宣戰的決定，而我則是從一開始就反對這場戰爭。我送了小布希幾本關於中國政治與外交政策的磚頭書，作為他來訪澳洲的歡迎禮。此舉至少開啟了我與他之間有關中國崛起的對話——以及中國崛起對於其他國家而言究竟是不是無害的。

第二年我以總理身分拜訪華盛頓（這趟環球之旅最後帶我來到北京），在我祝賀小布希處理好美中關係充滿潛在性危險的一段時期後，我們花了絕大部分的時間討論中國。當時的台灣總統陳水扁多次對外提及台灣獨立的想法——此舉非常有可能引發中國開戰。小布希因此修改了美國的對台政策，明確地讓陳水扁知道若他繼續冒險玩火，美國陸軍第八十二空降師不一定會前來救援。陳水扁也了解美國的意思。小布希在他的國家安全顧問史蒂芬·哈德利（Steve Hadley）的支持下，妥善地處理了一系列困難的台灣問題。

這是在小布希、歐巴馬（Obama）與拜登任期內，我與不同的美國總統、副總統、國務卿、國防部長，以及美國貿易代表，就中國問題展開的許多對話的第一次。川普班底中的「平行宇宙」（alternative universe）是例外——然而由於我當時身為紐約的亞洲協會政策研究院（Asia Society Policy Institute）負責人，我得以和川普提名的美國貿易代表勞勃·萊特海澤（Robert Lighthizer）建立良好的關係。他通常是在混亂中的一股安靜且理性的聲音。

全球金融危機

二〇〇八年至二〇〇九年的全球金融危機與其導致的全球經濟大衰退更進一步地影響了中國的戰略思考。幾十年來，中國的領導人非常尊敬美國的軍事、經濟與科技力量。但三十年後，看到了二〇〇八年發生的金融危機凸顯出美國金融體系的結構性弱點所造成的大規模經濟慘況，北京對美國產生了一種不以為然的態度。這是一場發生在美國國內，同時也是美國自己造成的危機，而且這還是美國首次無法單方面給予全球所需的經濟解方。反而是身為二十國集團（G20）成員國的中國，得以扮演驅動全球經濟復甦的引擎，在世界舞台上獲得關注。當我在二〇〇八年以澳洲總理身分，與中國領導人胡錦濤以及其他成員國領袖一同參與首次的二十國集團領袖級會議時，我很明顯地感覺到全球經濟重心正在改變。中國經濟體的實力與規模，以及其改革開放的成功受到認可，使中國終於能在全球事務上與其他傳統強權平起平坐。

然而，這些受美國訓練，並積極地將美國企業模式套用回國的中國財務與經濟鉅子，受到國內較保守派的同仁挑戰，被質問美國怎麼會讓這樣規模的危機發生。就如同當時中國國務院副總理王岐山對時任美國財政部部長的漢克·鮑爾森（Hank Paulson）所言：「你曾是我的老師，但看看你們的制度，漢克。我們還應該向你們學習嗎？我們拿不準。」

中國早在十年前就有過類似的經驗，一九九七年亞洲金融危機（Asian Financial Crisis）時發生的一系列貨幣與信用危機曾重創亞洲市場。國際貨幣基金組織（International Monetary Fund, IMF）根據所謂的華盛頓共識，對東亞與東南亞發展中國家採取自由放任、自由市場與反國家的經濟政策（以印尼為例，此經濟政策最終引發了蘇哈托〔Suharto〕政權的垮台），中國的思維受到了影響。一九九八年，北京提出了日後被稱為《清邁協議》（*Chiang Mai Initiative*, CMIM）的雙邊貨幣互換協議。此機制支持中國、東南亞國協（Association of Southeast Asian Nations, ASEAN）的成員國、日本以及南韓之間的貨幣互換，確保資金得以流動。這項協議提供簽署國另一種穩定自家貨幣與資本帳戶的方法，使其不必接受美國主導的國際貨幣基金組織作為紓困前提的嚴苛預算緊縮政策。差不多是這個時期，中國也在其區域外交政策上開始取得主動領導地位，特別是當它成功建立了「東協加三」（ASEAN+3），拉攏日本與南韓加入，作為排除美國的區域組織。

但是這些舉動不代表中國欲立即拋棄現存以美國為首的世界秩序，聯合國（UN）與遵守布列頓森林（Bretton Woods）體系的組織，例如世界銀行（World Bank），都是維護此秩序的基石。與此推論大相徑庭的是，中國在這些作為後二戰解決方案所建立的機構中扮演了很活躍的角色。舉例來說，作為聯合國安理會的五大常任理事國，中國在議會中享有否決權，且一點都不急著放棄這項權益。但中國也將目光放遠到現存的國際架構之外，抓準機會，悄悄地在其鄰近區域建立起讓其他國家更願意擁護以中國為秩序中心的要素。

美國國務卿勞勃·佐立克（Robert Zoellick）在二〇〇五年的演講中提及中國在以

規則為基礎的國際秩序中將扮演什麼樣的角色。他問到，未來中國是否會在現存的國際秩序中成為他所謂的「負責任的利益關係人」，還是只會繼續在由美國與其主要盟友維持的國際制度中當個搭便車的角色。這段演說激怒了北京的強硬派，但也抓住了全球的目光，為各國在「面對中國」的選擇上做出了非常清晰的概念化描述。

中國共產黨對佐立克的挑戰做出了選擇性的回應。實際上，中國共產黨決定在他們選擇參與的國際秩序與組織中扮演更積極的角色，但同一時間，只要一有機會出現，就開始建構一個新的、對中國更友善的秩序所需的要素。後者提到的野心不僅反映於《清邁協議》的延續，也體現在北京於隨後的幾十年內陸續建立起一系列新的多邊機構與倡議上。這些機構與倡議包含成立新的區域開發銀行，其中最令人歎為觀止的則是二〇一三年啟動的「一帶一路」倡議（Belt and Road Initiative）。

在中國國際自信不斷增長的漫漫長路上，最大的轉捩點就是二〇〇八年舉辦的北京奧運。那場令人驚豔的北京奧運開幕式被全球與中國人民視為中華人民共和國的盛大出道表演。中國政府為舉辦奧運所投入的約四百三十億美元只是中國作為對外投射其正面形象的巨大投資的一部分而已。中國花費數十年的努力訓練自己的運動員，讓他們可以在國際舞台上發光發熱。而他們為中國贏來的一百面獎牌（包含四十八面金牌）更創下自中國開始參賽後的最高紀錄——這也被視作崛起中的中國對自己愈來愈有自信的信號。我和小布希總統以及其他領袖一起參與了北京奧運的開幕式。作為一位漢學家，眼前的景象令我極感興趣：一場集結了中國傳統文明與文化的視覺拼貼，且沒有任何一點與毛澤東、中國共產黨或中華人民共和國有關的暗示。中國有意呈現給世界的印象是文明的延續。現今的共產黨領導人只不過是站在過去八十三個朝代的肩膀上，建立了一個新的王朝。開幕儀式很神祕地沒有提及毛澤東，一位遵從列寧主義的反傳統信仰者，他在許多不同的場合都致力於摧毀中國文化的象徵與文物，其發起的運動與使用的方式是自西元前三世紀以來的秦始皇後，從沒有一位皇帝嘗試過的。儘管如此，這場開幕式對中國與中國共產黨而言，毫無疑問地是一場公關勝利。在隔天的午餐會上，我向國務院總理溫家寶如此說道。當時各國元首與政府首腦集結在人民大會堂裡，而我則坐在他身邊。中國已經正式且大張旗鼓地步上世界舞台。而這一切都照著計畫進行。

歐巴馬、兩國集團與新型大國關係

二〇〇八年入主白宮時，歐巴馬碰上的是一個對自己信心滿滿的中國。不像雷根、老布希、柯林頓與小布希，歐巴馬在選戰期間選擇不對中國採取強硬的姿態。這個決定有部分反映了他謹慎的知識份子氣質，但主要還是因為他的外交團隊注意到之前的勝選者所經歷的進退兩難的境地：在攻擊前任對中政策太過軟弱後，美中關係因這些批評不可避免地陷入冰點，而勝選者接著就會發現，自己也必須跟前任一樣，低頭認錯並向美國大眾證明重新向中國採取開放政策才是上策。歐巴馬在二〇〇八年選戰期間採取較溫和的語言也反映出那場選戰的重點幾乎完全專注在經濟領域，由於全球金融危機，中國的經濟將會是全球經濟成長的重要來源，對全球經濟復甦至關重要。至於有關外交政策的辯論，大都集中在美國陷於中東的泥淖之中。因此，歐巴馬在二〇〇八年選戰中幾乎都沒有談到中國。

當他成為總統後，歐巴馬嘗試在對他的政府而言重要的主題上和北京合作：北韓與伊朗的核擴散、二十國集團合作穩定全球金融市場、重建全球經濟增長，以及對氣候變遷的多邊行動。歐巴馬的亞洲事務高級顧問傑佛瑞・貝德（Jeffery Bader）試圖將此時期的政府政策立基於下列三點原則：中國不應該被定義為美國不可避免一戰的敵手（儘管貝德承認事情很有可能會如此發展），而應該將其視為解決重要國際挑戰時的潛在合作者；若中國採取的行為符合現今國際秩序對於安全、經濟與氣候的規則、常規與制度，則應尊重中國的崛起；中國的崛起不應威脅美國與其盟友的安全或主權，也不應威脅亞太地區的穩定。

儘管雙方因台灣問題與西藏人權問題，產生了預料中的摩擦，美中關係在歐巴馬執政的前幾年大體上都很順利，在歐巴馬重視的核心政策項目上也成功取得相當程度的進展。雖然歐巴馬成功說服了胡錦濤加入針對伊朗的多邊行動，但在北韓議題上，他就沒這麼幸運了。儘管北韓執行了一系列高度挑釁的行為，包括二〇〇九年宣布的鈾濃縮計畫、擊沉南韓海軍的巡防艦，以及發動南韓延坪島砲擊事件，中國依舊沒有採取什麼手段限制北韓。在全球經濟方面，為了穩定全球金融危機後的金融市場與全球經濟，中國也與美國和其盟友保持密切的合作，實施了一系列必要的財政、貨幣與監管措施。然而中國仍持續不理會美國的施壓，拒絕改變其故意採取的低匯率政策。

這段時期，雙方的關係也達到了可以互惠的程度——意即美方願意接受中國共產黨的政治合法性。這對中國而言是一件大事。美國與國際社會對於一個透過武裝力量維持政權的革命黨所持有的最終合法性長期抱持保留看法，因此美方願意接受中方的政治合法性對中國領導人而言非常重要。這項認可對於中國國內也有很重要的意義。中國共產黨領導人面臨著國內日漸壯大的公民社會運動。國內不斷傳出聲音，質疑一個現代化的國家還要被一個扼殺所有政治權力的單一政黨統治多久。然而國際社會認證中國的國家發展成就，就代表認可了其政治系統的合法性。確保政治合法性對中國這個黨國體制國家而言一直以來都是重要的核心利益。

同時，為了拓展彼此戰略關係的廣度，歐巴馬政府提議，雙方透過戰略經濟對話

（Strategic Economic Dialogue, SED）加強在小布希時代建立的雙邊關係，而中方的胡錦濤也接受了此機制。這項提議演變為美中雙方一年兩次的會面，互相討論經濟議題。此機制之後則由戰略經濟對話拓展成美中戰略與經濟對話，由美國的國務卿與財政部長以及中國相對應部門的領導人共同參與。當政治與安全議題被納入正式的議程後，雙方軍方的高級代表首次加入此對話機制更是一項重大的突破。儘管仍是說的比做的多，但一個能欣然接納關係中所有面向，甚至是最具爭議性的主題的全面夥伴關係正在成形。

這些改變在美國的政策分析者之間興起了一陣討論，探討這兩個世界最大的經濟體是否有可能發展出最後被稱之為「兩國集團」（G2）的特殊關係。這個想法最初在二〇〇四年至二〇〇五年形成。美國財政部部長鮑爾森在二〇〇六年時曾說他認為美中戰略經濟對話「有點像兩國集團」。三年後，在二〇〇八年時為歐巴馬的競選團隊提供意見的前任美國國家安全顧問茲比格涅夫·布里辛斯基（Zbigniew Brzezinski）甚至更進一步地解釋此概念。二〇〇九年一月紀念中美建交三十年的演講中，布里辛斯基呼籲「兩國集團」應成為發展美中關係的概念架構，以及美國外交政策的基石。他將此形容為「一個值得兩個有極高潛力的國家塑造我們共同未來的使命」。世界銀行行長勞勃·佐立克也表示：「若沒有一個強而有力的兩國集團，二十國集團只會令人失望。」回過頭來看，當初要求為兩國關係建立一個根本性嶄新與有建設性的戰略框架的想法是非常了不起的。

北京對這些提議倒是展現出負面態度。中國的外交政策菁英們擔心這些概念會與其多年來倡議的多極全球治理模式相牴觸。此外，中國領導人認為參與此模式的代價太高昂，北京的外交政策靈活性將會因此模式而下降。再加上國內的政治與意識型態太過複雜，無法向國人解釋為什麼中國只能以美國晚輩的身分才得以參與治理世界。儘管美方的行為令中方受寵若驚，但在中國共產黨的觀點中，繼續發展中國的經濟、實現軍隊現代化，並在國際事務參與上保留選擇性，以穩健地增進中國的綜合國力（此為中國內部戰略討論中的核心分析術語），並以此作為對抗美國的手段，才是上策。此外，這個時期許多的中國政策分析員都接受了美國的國家經濟與軍事力量正處於衰退期的論點。因此中國最需要的其實是對自己的戰略保持耐心。這項觀點符合許多中國古典思想中對於如何最佳保存國家力量的見解（例如不引人矚目）以及何時與在何種情況下應該積極部署國家的力量（例如只有確定自己強大到可以取勝的時候）。

然而，在二〇一二年，也就是胡錦濤任期的最後一年時，北京對於世界秩序提出了自己版本的「兩國集團」，也就是所謂的「新型大國關係」。中方刻意讓這項外交政策的具體內容保持模糊，目的是將中國戰略家眼中，因中國崛起而導致的與美國間勢必發生的競爭與衝突，拖延至中國有能力應付美國，或是在必要的情況下戰勝美國為止。這個框架明確排除了美中未來發生軍事衝突的可能性，所以若認真去考慮執行此框架的話，將能從根本上增強中國在未來幾十年的戰略地位，與此同時美國則會繼續擔任世界上主要的軍事力量。中國認為「新型大國關係」的概念嚴格來說可以應用於所有「大國」間的關係，且中方非常謹慎地避免提及哪一個國正在爭奪大國的名號，避免冒犯到任何國家（特別是俄羅斯）。然而，其中隱藏的訊息非常明顯，在這政策的願景中，中國與美國將會是那兩個大國，以平等之態共存。

中國的外交官們全力確保美國會接受這個新架構，然而華府對於美中「共管共治」的想法不那麼熱中，如同季辛吉所說的，其熱情程度大概從冷淡到矛盾再轉變到徹底的敵視。中國於二〇〇九年十二月的哥本哈根氣候變遷會議上絕不妥協的態度在歐巴馬心中留下了很負面的印象。他也因此懷疑中國在多大程度上願意與美國合作面對全球治理的挑戰。他的政府也很注意美國國內對於中美合作的反應，包含共和黨的批評者，更不用說美國的歐洲與亞洲盟友的反應了。他們都很擔心自己會因華盛頓與北京找到通融彼此的方法而在戰略上被排除在外。

歐巴馬政府的中間幾年正好與胡錦濤任期尾聲以及習近平的早期任期重疊。在這段期間能否從美中這兩種根本上就不相同的世界觀中，找到某種程度的戰略趨同，仍是個無解之題。而且雙方到最後似乎只是在雞同鴨講。但不管當初的可能性有多大或多小，達成此協議的政治時機在南海爭端浮現時就徹底成為過去式了。

歐巴馬的轉捩點

二〇一〇年，安全分析人士發現，中國在應對部署於南海的美國海軍偵察艦與飛機時，採取了更強勢、有時甚至是更對抗的態度。中國堅稱，他們不會再繼續容忍任何外國海軍艦隊在沒有中方許可的情況下在其二百海里的專屬經濟區國際水域內活動。（國際法認定領海周圍的水域為專屬經濟區，一國對該區域的資源享有主權，但無權限制船隻或飛機通過該區域。）中國的行為違反了《聯合國海洋公約》（*UN Convention on the Law of the Sea*），而中國當初是該公約的原始簽署國，並在一九九六年正式批准（美國並沒有這麼做）。

中國長久以來以九段線[1]作為主張南海主權的基礎（一九四七年的國民黨政府於出版的一張地圖上，用九個斷點圈起整片南海，將其視作中國領土的延伸）。九段線

1. 編按：中華民國稱為「十一段線」。一九五三年，時任中華人民共和國總理周恩來主動移除「十一段線」中的北部灣兩線，最終成為當今中華人民共和國主張的「九段線」。

的範圍包含了所有南海上的陸地，其中一些目前被其他聲稱握有主權的國家控制，例如菲律賓與越南。這些國家位在南海的重要水道航線上，全球大約有三分之一的航運會通過此地。對於美國來說，中國很明顯地想要將公海納為中國自己的湖泊。東南亞國家協會也發現中國對於東協會員國的漁船與艦艇在行經有爭議水域時採取的愈發強硬的舉動。中國負責外交事務的國務委員曾私下警告美國，中國現在將南海視為其「核心利益」的一部分。

這些發展出現時正逢中國官方與半官方對美國的評論基調開始改變的時候。中國媒體愈來愈頻繁地刊出有關美國衰敗的文章。這些文章強調美國作為全球霸權的衰落以及美國國內經濟衰退是自己造成的全球金融危機造成的後果，以及其在中東地區長達十年的軍事行動對自身政治、經濟與外交政策帶來的代價。美國衰落論在中國內部的外交政策辯論中占據了很大的比例，帶有民族主義色彩的評論員則預言著美國世紀的結束，有些甚至認為中國的時代終於來臨了。二〇一〇年六月，美國國務卿希拉蕊．柯林頓（Hillary Clinton）在東協區域論壇上發表的演說激怒了中國的外交部長。他生氣地警告東協會員國不要聯合外界勢力組成反中集團，並尖銳地提醒他們：「中國是個大國，而其他國家是小國，這是簡單的事實。」

隔年，歐巴馬政府發展出「轉向亞洲」（pivot to Asia）政策。此項政策主要有三個原則。首先，美國將從歐洲與中東地區調度部隊，把其大部分的海軍、空軍與海軍陸戰隊部署在太平洋地區。這是針對解放軍的快速現代化，以及中國針對美方勢力在進入與靠近其「近海」區域時，中國對其執行的空中與海上拒止戰術做出的直接回應。這兩項戰術是中國在制空權與制海權上採取的新軍事準則。第二，歐巴馬政府會加強與日本、韓國、澳洲、新加坡、越南以及印度間的軍事同盟與戰略夥伴關係。第三，此戰略的軍事面向將透過一項嶄新的跨區域自由貿易協定加強，此協定在之後被稱為《跨太平洋夥伴關係協定》（*Trans-Pacific Partnership*），目標是連結十二個亞太經濟體，並刻意排除中國。由於全世界三分之一的貿易總額是參與《跨太平洋夥伴關係協定》的經濟體貢獻的，中國領導人認為這項戰略是為了將中國擠出這些市場，並阻礙未來中國在全球供應鏈中的發展。他們認定跨太平洋夥伴關係協定會對中國一直以來仰賴印太地區發展市場的國家經濟利益、未來的繁榮與國力構成威脅。

轉向亞洲政策、《跨太平洋夥伴關係協定》以及中國對兩者的公然敵意，再度改變了美中關係。美方持續在有關全球治理的共同問題上與中國領導人互動（從經濟管理到氣候變遷），但在區域問題上，美國採取了非常明確的立場。美國國務卿希拉蕊．柯林頓花在亞洲事務的時間比起她之前的任何一任國務卿都還要多，明確地表示出美國無意將此區域拱手讓給中國。

北京對此的報復對象並不限於美國。當日本決定將東海上被日本人稱為尖閣諸島（Senkaku）、被中國人稱為釣魚島的爭議性無人島列嶼「國有化」後，中日關係陷入長達七年的冰點。澳洲決定增加在達爾文港部署的美國海軍的規模與頻率也招致來自北京持續性的政治與外交反擊。同時，新加坡允許美國的航空母艦使用新加坡軍港的決定使其與中國的關係深深地惡化，直到總理李顯龍（Lee Hsien-Loong）在二〇一八年與中國領導人達成和解協議才有所好轉。

到了二〇一二年，受到經濟衰退的美國牽制，中國不再能像之前一樣毫無阻礙地行動。北京的政策分析人士發現美國與亞太地區的對中政治態度與戰略姿態轉為強硬，這個風向令北京擔憂。正是在這樣的背景下，自信且天生果敢的習近平接掌了中國的領導權。他也永久改變了中國與美國戰略關係的進程。

本章的目的在於解釋現階段的美中關係是一段長久、複雜且充滿爭議歷史下的產物。這段歷史創造了形成現行美中關係的條件，包含彼此之間縮短的戰力差距。更重要的是，這段歷史塑造了雙方政治菁英對於彼此所抱持的深刻認知、受挫的期待以及潛藏的敵意。

在中國共產黨的核心思想中，美國代表著與自己敵對的另一種世界觀。從一九二〇年代起，中國共產黨便持續猛烈抱怨中美各自的世界觀在意識型態上的根本差異，例如：自由資本主義與美國根據此思想建立的國際秩序（包含人權秩序），對比中國共產黨秉持的馬克思列寧主義（包含從一九二一年創黨以來對此思想所有不同的詮釋版本），以及革命型社會主義政黨所抱持的概念——毫不遲疑地以武力取得及維持政權，並以此對抗國內的反革命份子和國外的帝國主義侵略者（例如美國）。因此，中美之間的問題對於中國共產黨來說已不再只是政治與意識型態上的偏好。中國對於美國理想的敵視——從約翰・杜威對早期中華民國的影響，到天安門事件，再到習近平迫害基督新教——都是基於美國的自由概念會對中國共產黨的對內政治合法性構成持續的生存性威脅。特別是目前的情況，由於過去四十年來中國共產黨成功將西方式資本主義模式帶入中國市場，為原本停滯不前的中國經濟帶來一股生機，現在中國的收入已有了顯著的提升。因此在中國共產黨的眼裡，除了一九八九年的天安門騷亂事件，今日的「資產階級自由化」比起歷史上任何時期都更具威脅性。這點也顯示了意識型態其實才是美中分歧的核心原因。

若說意識型態是如何定義此分歧的一個重點要素，另一個要素就是種族。伴隨著種族議題而來的是更廣泛的族群民族主義，以及中國人對於西方政治與文化在超過一個世紀的時間裡對中國擺出高人一等姿態的反感（對後者反感的人不限於中國共產黨人）。很大的程度上，這份反感存在於大部分的前被殖民國家。但就中國而言，中國內部有種觀點認為現在的中國已經有能力對此做出回應。所以當習近平談及歷史上必然的「東升西降」時，他並非只是在重複馬克思的唯物史觀以及自由資本主義模式內建的自我毀滅傾向這些論點。他更是在利用中國文化、種族與民族主義為論調，向不是共產黨員的十三億中國人喊話。這些主題對於團結中國人來說更為有用。不管個人的政治立場為何，中國人民對於中國能重回世界秩序的核心地位有股集體驕傲感——中國歷史悠久、文化深厚、疆域遼闊，理應在世界上占據這樣的核心地位。

基於這些原因，我將習近平的世界觀描述為「馬克思主義的民族主義」（Marxist-Nationalist），因為儘管他仍是以意識型態作為對黨的號召力（更不用說意識型態是列寧主義的基礎信條），但他對於中國人民展現的號召力絕對是民族主義。這就是為什麼「習近平思想」絕不是習近平想讓我們相信的，只是對馬克思列寧主義中的理論進行修訂而已。它反而是一套巧妙編纂而成的入門書，用充滿情感號召力的方式介紹經目標小組測試後的一系列準則、原則與軼事。習思想是簡化意識型態與精煉後民族主義的混合體。當這兩者結合時，就能分別吸引到思想與人心。其中民族主義的目的是喚起中國人民對於身為一支古老民族的集體意識，並將其帶入現今的政治環境之中。從這方面來看，習思想與半個世紀前的毛澤東思想相比，可能具有更大的全民動員力量。

意識型態與民族主義在國家與全球政治中向來是一股強大的力量。但經濟與人民的基本生活水準也同樣有力。這兩個主題也是美中關係中一直出現的議題。我將在第四章與第六章詳細介紹。但為了從歷史的角度了解美中關係，我們必須了解意識型態、民族主義與經濟繁榮如何互相影響，幫助中國共產黨主張、甚至是共同加強共產黨的對內政治合法性。歷史上來看，該黨厭惡西方對中國以及其他發展中國家的經濟剝削。但作為執政黨，他們發現毛澤東與那些偏好階級鬥爭而非經濟發展的意識型態追隨者定義下的國有社會主義，在文化大革命後使中國變得極為貧困，甚至讓國家瀕臨破產邊緣。鄧小平必須對內實施資本主義模式開放市場經濟，對外展現中國將擁抱自由資本主義模式來挽救國家搖搖欲墜的經濟。中國對西方模式所抱持的信仰在二〇〇八年全球金融危機後大大地減弱，而二〇一五年中國股災更使中國對西方發展模式的集體信心消逝不少。在習近平的領導下，中國選擇走回修正國家資本主義的老路是否能持續維持國家經濟成長，或是在習近平的「新發展理念」下被外界形容為「國家的回歸」，以及新出現的「黨企」（CCP Inc.）形式的經濟方針是否會阻礙中國經濟成長、降低未來人民的生活水準，都還是個問號。現階段我們無從得知上述問題的答案，因為這些中國發展模式的改變都是近期發生的。但在過去一個世紀內支持著中國共產黨對內政治合法性的三大支柱中（馬克思列寧主義、民族主義與經濟繁榮），經濟是三者中最難做得好，也最容易失敗的項目。

在接下來的一章，我們將繼續研究這三大論述在漫長且複雜的美中關係中，如何滲透並影響著兩國政治菁英對雙方所抱持的通常不明言的看法，以及這些看法如何繼續形塑雙方今日針對彼此的政策與行為。

02

源自不信任的難題

The Problem of Distrust

在更進一步檢視習近平領導下的中國與後川普時代的美國前，深入了解雙方如何看待彼此間的意識型態與文化分歧是一件重要的事。然而要了解這些分歧絕非易事。如同上一章所指出，有關美中關係演變的共同歷史研究的缺乏使得了解此事變得更加困難。而中國共產黨將保護國家祕密視為現行國策的最高優先事項，更加深了解碼美中關係的難度。儘管我們不可能以一份官方文件作為決定性的證據，確切地證明北京或華盛頓對於某個議題的想法，但在探究這段困難關係中未曾言明卻又帶有影響力的層面時，這仍是有用的依據。

來自北京的觀點

美國人通常相信他們處理中國事務的方法是被捍衛民主、自由貿易以及以規則為基礎的國際秩序的完整性的崇高理想所驅動。但中方的普遍看法是，美國的對中戰略只不過是為了確保美方的核心國家利益罷了。若要用其他語言包裝美方的對中戰略，在北京的眼裡，就是一種政治虛偽。更不用說美國的對中戰略鮮少承認——更遑論尊重——中國的國家抱負。這樣的態度同樣顯現在過去一百五十年來，從鴉片戰爭時代到當今的蘋果電腦時代，美方在商業上極盡所能地想打通中國廣大的國內市場。這種保護美國利益的態度也能在美國的國家安全戰略中看到。首先，美國在一戰後將中國領土獻給日本以取悅日本。接著在二戰時期不優先協助中國光復失土，反而利用中國拖延大部分的日軍，使日軍無法在太平洋戰區施展拳腳。最後在冷戰時期，美國利用北京牽制莫斯科，成功地圍堵蘇聯。中國認為美方採取的政策與國策是美國為保護其利益的正常表現，但它反對美方自認為自己的外交政策帶著某種道德成分。任何美國政策惠及中國國家利益的說法，在北京看來更是荒謬至極。舉例來說，美國可能認為在二〇〇一年支持中國加入世界貿易組織，除了是一項對以規則為基礎的國際秩序的未來所做的投資，更是對中國國內經濟與政治進程的道德投資。北京對此事的觀點則是非常務實的：美國和其他西方國家只不過是覬覦進入中國有利可圖的市場，甚至還私挾著不道德的第二目標——希望能在中國政治制度中引發一場自由民主的政治「演變」。

儘管歷屆美國政府（至少直到川普任期前）皆抗辯稱美國絕對無意推翻中國共產黨的領導，歷屆的中國共產黨領導人卻從未相信美方的說法。任何在華府內部有關「改變中國」的話題或是美中關係裡的道德目標都加深了中方的懷疑。中國共產黨早已意識到其國內政治的合法性面臨的長期威脅。這些威脅包含共產黨在大躍進、文化大革命與天安門事件鑄下的毀滅性錯誤、中產階級與日俱增的政治期待、對中國國家資本主義模式日益增加的擔憂、深具自信的私有部門對黨權威的挑戰，以及在馬克思列寧主義以外，佛教與基督教成為民眾心靈寄託的選擇。尤其是在中國蓬勃發展的基督新教，從二〇一〇年的二千二百萬名教會成員，增長到二〇二〇年時至少三千八百萬名。這個數字不包含估計的額外二千二百萬名，沒有在國家註冊的教堂內崇拜的信眾。在二〇一七年習近平嚴厲打擊基督教後，這些信眾選擇轉往地下教堂。這個數字也不包括不參與任何形式禮拜的信眾。學者估計現在中國內部可能有超過一億名基督新教徒，遠多於中國共產黨的黨員人數。

中國共產黨懷疑美國正透過一些手段加劇這些問題：在中國的中產階級之間煽動對於政治機構與政府責任的期待，並藉由美國在中國境內的非營利組織幫助扶持會造成麻煩的公民運動；擔任天安門與香港「動亂」背後的國外黑手，以複製如同二〇〇四年至二〇〇五年發生於烏克蘭的顏色革命（譯按：橘色革命）；以及藉著美國長期在中國的傳福音行動，讓基督教團體偷偷把禁止傳閱的《聖經》帶入中國並支持中國境內其他的信仰，例如法輪功（此宗教的領導者目前定居美國）。更廣泛地來看，中國共產黨黨中央非常清楚美國的文化、教育、科技還有其他軟實力在中國的年輕人與企業家之間，具有無形的顛覆性又無所不在的力量。

在種族議題上，中國對美國的看法長期圍繞著一種有力且可以理解的主題。雖然很少在公開討論中談及，但這個主題在中國私下的政策討論中很常出現，甚至超過中國共產黨在此主題上的在黨內宣傳廣度。這種論述起源於中國受到長達一世紀的歐洲與日本殖民統治，對生於一九四九年後的人來說，此概念則在黨的「國恥」論述下被維持且加強於他們心中。因此在種族、文化與國家尊嚴議題背後的敏感問題，即是這三者已經成為中國共產黨如何看待自己與美國的關係的核心濾鏡。

美國人在嘗試了解中國的時候，總是忽略上述這項事實。任何一個從中國教育體系畢業的年輕中國學子，都會在課本上看過一九二〇年代豎立於上海外灘河岸公園、寫著「華人與狗不准入內」的告示牌。李小龍在電影《精武門》中怒踢那塊告示牌的情節也許是杜撰，但當時存在於上海與其他半殖民地區或外國租界區中的種族歧視態度卻是貨真價實。在中國長大的人鮮少有人不熟悉美國的排華歷史。也不會有人不知道，在《排華法案》（美國擔心太多的中國移民會危及美國的「白人文明」而通過的法案）通過前，中國的勞工在長期忍受來自四方的欺壓後完成了鋪設美國橫貫鐵路的壯舉。今日，中國媒體廣泛報導在美國發生的亞裔美國人與中國公民仇恨事件，包含新冠肺炎疫情後大量出現的攻擊與暴力事件，這些都使中國民眾更深刻地感受到美國針對中國人持續存在的種族偏見。

但同一時間，中國對於自己擁護漢民族中心主義一事則毫無反思能力，包括其在歷史上對於不同種族抱持刻板印象的傾向，以及持有非漢族人為較低劣的種族、落後，且因此需要被漢化的觀點。但問題的重點不在於美中兩國對於種族議題抱持的觀點是否符合道德，而是要了解種族議題是中國在觀察美國對中政策時會使用的一種濾鏡。對於中國來說，種族議題是美國為了阻撓中國崛起而使用的遏制政策中，代表了「白人」西方文明為了阻擋東方文明取而代之的最後一道防線。中國認為美國傲慢得令人受不了，總是抱著居高臨下的態度，而且完全無法對中國或其領導人給出國家之間的尊重，更不用說會視中國為平等的一方了。

對於一九四九年後的中國來說，國家尊嚴仍是最重要的議題，不管是對於中國文化與成就的官方尊重，或是小到個人等級的人際交往。在古典時代，鑽研儒學的士大夫描述過「禮」——也就是政府官員必須遵循的適當儀式與典禮——的根本重要性。現代的中國領導人認為，不管他們是有意為之還是純粹無知，許多美國的政府官員經常違反互相尊重這種如此基本的禮儀。然而美國人則會認為自己的做法反映出的是務實、輕鬆甚至友好的態度而非不尊重。北京對此則抱持相反的看法。美國也被認為總是要求別人給他面子，卻老是拒絕給予中國同樣的基本禮遇。

中國共產黨也相信，這個自稱「山巔之城」（city upon a hill，最初是屬於美國清教徒的一種特色說法）、信仰美國例外論（American exceptionalism）的國家無法約束自己在外交政策上干預其他國家內政的行為。北京在一九七八年後的外交政策則與上述的美國外交政策有著明顯對比。北京已經放棄毛澤東基於意識型態而幫助其他國家顛覆其政府的意圖，轉而與當地政治環境所創造出的任何一種政府合作——無論其是獨裁政權或民主政權，也不必管對方是敵是友。只要這些政府不阻礙北京心中的核心利益，中國就願意給予彼此彈性。跟北京做法相比的則是美國在世界各地的選擇性干預手段。這種打著民主原則名號的干預手段，選擇性地針對了某些國家，例如伊拉克、敘利亞及利比亞，但是那些屬於美國戰略盟友的非民主國家卻沒被針對，例如沙烏地阿拉伯。

北京也經常帶著氣憤的口吻問道，若中國真的仿照近代歷史上的列強，成為一個奉行修正主義、復仇主義的帝國強權，世界會是什麼樣子？對於歷史上這些列強而言，當初占領遠離母國的殖民地是一件非常自然、正常，甚至是道德之舉。中國對「航髒的殖民主義與新殖民主義是一種戰後西方『文明』國家早已放棄的落後思維」這種想法嗤之以鼻，認為這只不過是西方國家自肥的一種自私說法。他們指出許多西方列強是藉著榨取過去殖民地的資源才能累積到現在的財富，然而這些前殖民地卻完全沒有因此獲得任何補償。至於面對堅稱自己從不是一個典型殖民國家的美國，中國則指出其門羅主義（Monroe Doctrine）長久且複雜的歷史，以及美國認定西半球為其權力範圍的這種想法，透露出美國對於維護自身國家利益毫不掩飾的私心。這種想法顯示出美國的自負，想要粗暴地將其他國家排除在美國勢力範圍之外。這也包括美國在拉丁美洲發動過無數次的武裝干預，以扶持出符合自身戰略與政治口味的政府，且往往在建構親美政權的過程中，美國總會輕率地無視其他民主政體。儘管美國可能有從過去自身的偽善行為中學到點教訓，但中國的學者仍定期詢問（且不完全是反問），為什麼當中國想要效仿美國在「東半球」（指大東亞地區）行使自身的觀察權時，中國的舉動就被視為違法行為。

中國共產黨也指出美國長期干預中國內政與社會的歷史。他們以美國傳教士兩世紀以來的傳福音運動為例，認為美國人試圖收割中國的「靈魂」，摧毀中國本土的傳統哲學與宗教文化。他們也點出儘管中國共產黨已經表明中國將走在「中國特色社會主義」的道路上採取「社會主義市場經濟」這種混合經濟的模式，美國仍希望創造一個完全資本主義的中國市場。中國共產黨也指出，天安門事件後，美國企圖以「和平演變」的方式顛覆中國。美國的終極目標，在於滲透並顛覆中國的政治體系，並以美式民主取而代之。除此之外，中國共產黨對美國希望中國只是加入美方領導的國際秩序卻從不挑戰它的期待深表反對。

使中國更沮喪的是美國軍事與經濟力量帶來的持續威脅，以及多數美國政權都願意在他們認定事關美國國家利益時，毫不吝嗇地使用該力量。對這股力量隨時可能劍指中國的擔憂已經存在於中國領導人心中長達一世紀之久。中國人民解放軍對於美國各軍種的能力有著一貫的敬佩——不管是其令人肅然起敬的多樣作戰能力，還是能夠在多個複雜、遠距離的戰場上作戰並打贏國際戰爭的能力。即使美軍在壓制叛亂上的力不從心削弱了其作為「全能」部隊的形象，來自中方的敬佩仍未因此減少。相較之下，中國的領導人知道現代的中國軍隊在空戰與海戰上的經驗幾乎是微不足道。中國也見識到美國如何利用自己遍布全球的軍事聯盟、夥伴關係以及其他雙邊協議，發揮對地緣政治的影響力。中國目前尚未有類似的替代方案。

數十年來，中國共產黨仰賴的是對美中「綜合國力」的滾動式評估，這是一種測量並整合有關國力的全方面評測，包括政治、軍事、外交、經濟、金融、科技、能源與資源存取權限，以及近期的文化軟實力。這些對於美國與中國客觀能力的正式分析也包含這兩國運作的國際環境。考量到國際關係間變動的特性，這些分析都保有一定的彈性。

當分析國際環境時，這些評估聽起來都是符合標準的。而且儘管中國對現代美國的理解不盡然完美，但是與華府政治菁英對於什麼東西會引起中國反感的認識相比，中國的理解還是更為嚴謹與精細得多。中國的戰略家們不僅緊盯華府內部英文政策辯論的最新進展（美國的政治菁英則沒對中國這麼做），他們也使用一系列具有一致性的分析架構來幫助了解他們所處的戰略環境。跟隨著馬克思列寧主義的辯證分析，中國的領導人經過訓練，學習分辨何謂正論與反論、趨勢與反趨勢，以及在政治、經濟、社會、科技與國際關係中的行為與反應。這些都是根據對立面、矛盾與鬥爭所做的深度評估，中國共產黨認為這三者為推動歷史變革的動力。這些對中國所處的國際環境分析是執政黨、政府部門與官方智庫共同努力的產物。由於該結論絕非在一個假日內輕易得出，而是歷經好幾年的分析才能獲得，身為優秀的馬克思主義者，中國領導階層認為——根據馬克思的說法，中國共產黨得出的結論可以揭露出「科學上與客觀上」正確的長期趨勢。因此，一旦得出結論，中國領導階層就會依此制定長期且不易改變的戰略與政策。這種方式確實會讓北京在處理與分析相反的世界觀（甚至是中國內部所持的不同世界觀）時不夠靈活，這也與中國共產黨在做政治與分析系統時將這些與自己認知相悖的觀點認定為「主觀且不正確」的做法相吻合。也因為如此，那些抱持著與黨公認的智慧直接牴觸的外國人常常被邀請反思他們的「不正確觀點」，並重新形成一個「正確」的史觀。因此，要讓中國共產黨承認自己的分析有誤則是更加困難。

就是在這樣嚴謹，有時甚至有點僵化的方法論中，中國得以看見自己與美國之間的力量平衡，或是美國與自己之間的「力量回歸」正逐步偏向中國，提供中國「一段時間的戰略機遇」，讓其有更多的機會自由發揮。但是中國的政策制定者，至少直到最近，鑑於美國軍事與金融力量的持續強盛，認為中國仍然必須非常小心地前進，甚至在過程中必須更有戰略耐心。正是這種對相對國力的滾動式計算，為中國內部對於在任何特定時間點，應該多快在國際上推進其利益，還有將其利益推到多遠的地方的辯論提供了依據。

來自華府的觀點

皮尤研究中心（Pew Research Center）的民調顯示，截至二〇二一年六月，百分之七十六的美國人對中國抱有負面看法。然而，這種憤怒大都是針對中國這個國家與政府，只有百分之十五的美國人對於「習近平在世界事務中做出正確的事」表示有信心。大部分的美國人對於中國文明抱持正向看法，包括其歷史與文化的深度——更不用說由超過五百多萬名華裔美國人帶入美國並變得十分受歡迎的中國出色料理。美國有悠久的華人移民史，除了過去幾段明目張膽的種族歧視時期，現在的美國普遍認為華裔美國人是勤奮認真並帶有企業家精神的公民，在美國這個大熔爐社會中占有重要的位置。同時，美國人為曾在（或是仍在）中國共產黨統治下生活的人感到同情與敬佩。

基於這些正向的聯想，很多美國人很難不欽佩中國「從無到有」的故事——中國的例子被視為其充分利用新開放的市場提供的機會，使資本主義政策與中國敬業精神交織出成功的案例。漸漸地，美國人也意識到現今的中國不只是抄襲、偽造與廉價仿冒品的來源，也是一個科技創新強國。關注中國政策的美國政策圈與商業界，儘管不太情願，仍對後毛澤東時代的中國領導階層顯示出的政治決心、務實的政策，以及在推行經濟現代化時展現的危機處理能力表示敬意。也因此，美國人對於中國在歷史上與當今時代達成的國家成就有著相當程度的重視。這是美國鮮少對其他國家或文化做出的舉動。

然而對美國人來說，了解中國共產黨到底想要什麼，比了解普通中國民眾共同的基本訴求要困難得多。除了中國共產黨領導人特意在公開演講中提及的目標，中國共產黨刻意設計的模糊政治體制使得解碼中國共產黨的真實訴求變得更加複雜與困難。事實上，中國共產黨政治體系的設計是為了盡可能地使外國窺視者遠離中國領導階層的核心決策過程，以及能影響其政治決策的因素。刻意模糊的設計有一部分原因來自人們認為在任何時候都必須表現出絕對的統一性。另一部分原因來自於擔憂一旦有人發現中國共產黨內部的決策過程比想像中混亂的話，會讓外人產生中國共產黨既軟弱又混亂的看法。這同時也是列寧主義政黨的特色之一，不管主題是什麼，黨都會不計一切代價地守密。這種守密的傾向也成了中國共產黨的絆腳石，讓黨向國際社會解釋中國真正的國家利益到底是什麼變得很困難。這也導致其他國家並不相信中國發布的官方聲明中所闡述的中國在世界各地的目標。外國政府反而認為，能推敲出正確中國戰略野心的唯一可信來源只有依靠自己對中國言行舉止的觀察，以及美國情報體系的報告。這種強烈的懷疑態度在好幾代的美國官員心中早已形成，並一直被加強傳承到現在。美國官員深信中國這個列寧主義式黨國不僅撲朔迷離，而且只要符合其政治需求，就會毫無底線地對其他國家撒謊，就如同國家欺騙自己的人民關於該黨在不久以前的關鍵歷史中的立場與角色一樣。

所以美國的結論通常都是，不要相信中國共產黨所說的話才是上策。美國傾向盡己所能地拼湊線索，從中推敲出中國真正的戰略意圖——換句話說，就是假設最糟的狀況，並以此前提做準備。對於長期採用現實主義制定外交政策的美國來說，這種做法是可以理解的。但是如果在推測過程中毫不考慮中國聲明的立場，這種做法也可能造成反效果。雖然中國官媒很少提供中國政治決策的清晰內容，但用來了解共產黨運作所用的概念架構，以及可能出現的政策與政治立場，還是很有幫助。畢竟中國共產黨領導人必須向其九千五百萬名黨員和全國人民傳遞訊息，所以不能只依靠黨內機密文件傳聲。閱讀中國官媒有點像是觀看一部沒有字幕的默片：你對於正在發生的劇情雖然能有個大概的了解，但是為了更完整地了解整體劇情，你還是需要其他的影音資訊。即使在中國的政治體系內，對外的公眾敘事最終必須與內部現實結合。中國共產黨需要向其為數眾多的黨員傳話，這為外界提供了解析中國戰略觀念、意圖與能力的重要洞見。中國有大量針對不同主題的專業期刊，讓國內各行各業的專業菁英得以了解外界不斷改變的最新事態。當仔細閱讀這些專刊時，你能從中找到政黨內部政策辯論的重點。因此，如果美國政策制定者決定完全忽略中國官媒的訊息，那麼美國就有可能面臨部分見解被毫無根據的陰謀論取代的危險。但是拿捏應該相信多少中國官媒的訊息與應該從中國戰略行為中推測多少訊息總是很困難。講得明白點，要找到這兩者間的平衡需要一套特殊的專業知識，能從文本分析中看出黨的方針在何時發生改變，以及促成改變的原因是什麼。

然而直到最近，美國政治與商業菁英才廣泛地接受中國會使用系統性欺騙行為的事實。這樣的認知出現於胡錦濤任期的後半段，並在二〇一二年習近平接班後更加強化。舉例來說，二〇一二年，中國的漁船在南海的黃岩島海域出沒，此島實質上由菲律賓控制，西方稱其為斯卡伯勒淺灘（Scarborough Shoal）。中方嘗試奪取黃岩島的控制權，導致中國與菲律賓海軍之間劍拔弩張的對峙，直到歐巴馬政府的官員介入協調，雙方才達成協議。菲律賓的軍艦最終撤退，但中國的船卻留了下來。震驚的美國官員從此事學到了教訓，但北京也因此更加膽大猖狂。到了二〇一四年，中國在南海展開一系列造陸工程，以便在該區域創造「既定的地面事實」。成群的挖泥船將沙子倒在礁石與小島上，創造出更多的人工島嶼，有些島的面積大到足以容納軍用的簡易跑道、機庫與補給庫。二〇一五年的一場峰會上，習近平站在歐巴馬總統身邊發誓這些島嶼絕對不會軍事化。美國的官員質疑此發言，對於中國公開表示其造陸工程只是為了「協助進行氣象與海洋研究」嗤之以鼻。美國偵察機公布的照片很快便粉碎了習近平的保證。照片中可以看到解放軍在島上駐軍，之後還部署了軍用飛機。

被欺騙的感覺與隨之而來的背叛感之間只有一步之遙。這是因為欺騙行為會破壞人與人間的信任，國家間的信任也是如此。在美國人眼裡，這也是讓美中關係處於持續惡化的螺旋的原因。現今的美方觀點認為，中國不僅在其長期戰略意圖上騙了美國幾十年，還背叛了其在二〇〇一年加入世界貿易組織時與國際社會達成的協議——不管是該協議的明確內容或是協議代表的精神。支持中國加入貿易組織是美國自一九七九年與中國達成外交正常化後最重要的決定。這個決定讓中國得以高速擴展自己的經濟，使其在十年內成為世上擁有最大貿易順差的國家，並躋身為世界第二大經濟體。然而中國並沒有依約向美國與其他國家完全開放其市場。美國與其盟友都認為，中國違反世界貿易組織的規定，持續為其產業提供保護、提供出口補貼、操縱其貨幣並竊取他人智慧財產權，蓄意將此作為加速其經濟與軍事發展的手段。除此之外，中國傾盡國家資源發展高科技產業，進行一場希望能打敗未來所有國際競爭者的豪賭。

換句話說，中國無意成為依循世界貿易組織的競爭中立原則的市場經濟。它反而會繼續使用其有力的威權資本主義模式，希望打贏一場針對美國與其他西方國家不明說的經濟戰爭。其中更糟的是，在美國眼中，中國持續對美國保持大量的貿易順差，足以讓中國能在同一時間掏空美國的產業資本。

北京充滿爭議的「中國製造二〇二五」(Made In China 2025, MIC 2025) 戰略為上述美國眼中的問題又提供了一種例子。美國企業界逐漸感受到中國的整體貿易與投資政策變得愈來愈富有民族主義、重商主義與保護主義的色彩。美國的出口商抱怨中國存在大量的非關稅壁壘，例如針對進口商品複雜且隨機的安全與衛生規範，使美國商品與服務很難在不斷成長的中國內需市場擁有競爭力。中國製造二〇二五公布了中國目標是在二〇三〇年前稱霸全球主要的高科技市場，並點名出每一項目標產業，以及中國希望在特定日期前占據該產業的全球市場多少百分比。

這項策略本身被視為野心勃勃，但並非一定具有攻擊性；許多國家都闡明長期產業政策目標。但隨後中國為了使該策略得到實施，向國內大量的公共研究機構發出前所未見的高額國家補助，此舉就跨越了美國與歐洲心中的紅線。中國向外國政府保證他們會遵守競爭中立原則，但中國同時似乎也照著有關欺騙的格言——上有政策，下有對策——行動。美國出口商與投資者都覺得，不管中國簽訂的是什麼國際經濟協定，這些協定都只是作為政治煙幕，用來隱藏背後充滿民族主義與保護主義色彩的中國政策。

同時，中國制定了一份橫跨各產業的「外商投資准入負面清單」，限制美國投資者進入中國最有利可圖的產業領域。允許外資投資的產業，往往是以產品再出口到第三國市場為條件，而非開放讓其直接接觸中國的消費端。除了對國內外資的限制，中國為了買下世界各地的高科技公司，向其國有企業提供無限度的資金用以收購歐洲與美國的公司。但同一時間，中國境內的外商卻不得取得他們被要求與中國公司合資之企業的完全甚至是主要所有權。

美國投資者也抱怨，實際完成投資後，中國各級政府與政黨就會單方面地更改規定，而那時投資者也只能聽從當地政治決策者的安排。貪汙也是在中國做生意的「正常」成本支出之一，特別是在習近平之前的時代。這對於受《海外反腐敗法》（*US Foreign Corrupt Practices Act*）規範的美國企業來說是非常大的麻煩，因為美國企業必須符合嚴格的報告與合規規範。久而久之，中國境內缺乏公正的法律系統解決商業爭端，意味著外商公司在中國法庭內贏得爭端的機率幾乎是零，使他們更容易被當地生意夥伴與中國政府的各個部門剝削。美國公司指控中國強迫美國公司進行技術轉讓給其中國合資公司，以作為持續在中國境內做生意的實際要求，使上述這些問題變得更加複雜。也因此，華府認為北京正展開一項由國家領導的全面性戰略，企圖稱霸未來的全球科技市場。而中國聲稱自己仍是一個貧窮的發展中國家，需要更多時間適應國際的經濟競爭標準的說法，逐漸被視為北京的一種狡猾的公關手法。

我們可以很明顯地看出，北京無意遵守加入世界貿易組織時答應的規則。北京不會依據協定放寬其市場進入，也不打算處理對於中國出口商品的補貼，因此有很大一部分的美國企業喪失了對中國市場的熱情。在這幾十年來波折不斷的美中關係裡，這些企業曾經一直都是美國政治中的主要親中派。美國大眾也得出了類似的結論，認為中國完全知道自己為什麼總是以美國的利益為代價，偏袒自己的企業與出口商。

欺騙與背叛是赤裸裸的情緒。人一旦感受到這些情緒，也會產生一股義憤填膺的憤怒感，並決心在未來採取另一種方式，避免再度受騙，且找到方法處罰違規的那一方。在這個例子中，違規的是中國。正是這些感受幫助川普在二〇一六年的總統大選時，以及接續在二〇一八年發動的美中貿易戰中，成功建立起其反中的政治立場。

根據格雷厄姆．艾利森的分析，一戰後英美之間能和平地完成全球領導權的轉移不是只因為英國在戰後的經濟疲態。更重要的原因在於，英國政府經過評估後認為，雖然放棄全球領導地位並非所願，但不至於對自己造成災難性的後果。在英國眼中，美國是一股熟悉的勢力，信仰類似（雖不完全相同）的價值觀，有著可以理解的世界觀與國家野心。因此，英國相信即使美國占據領導地位，仍會照顧到英國的國家利益與擔憂。但是這套邏輯卻不適用於美國與習近平的中國。中美世界觀、溝通與信賴之間存在的鴻溝實在太深，以致於達成任何類似妥協都非常困難。

為什麼認知對於發展一個共同戰略敘事很重要

了解中國與美國的認知對於我們分析如何在未來避免一場不必要的戰爭有什麼功用呢？我們通常假設，清楚的戰略分析只能透過嚴謹剖析其他國家的能力與意圖建立。但如果該國的能力與意圖一直都模糊不清，那麼觀察方如何看待該國的能力與意圖就變得同等重要。美中之間的峰會鮮少，甚至是從未提及造成彼此戰略不信任的最基本原因。這些會面中是有一些例外，例如歐巴馬與習近平早期的會晤。有一段時間，雙方都在試著理解彼此的世界觀。這些早期的會面頗有一種別開生面的新意。在更早之前，我們看到尼克森與季辛吉和毛澤東與他的國務院總理周恩來之間赤裸且不掩飾的交流——儘管這些早期交流中強烈的戰略現實主義色彩已經很少見了。也許這是因為，隨著關係的演變，要提起這些最基本的問題變得太過困難。這些問題被視為太具爭議性或是太有冒犯性，也有可能雙方的外交人員只是被傳統的國家禮儀拖累了。不管原因為何，現在這些對彼此最深層的認知與觀感似乎在雙方之間落入了「不可說」

的範圍。

然而僅因為認知或觀念不夠精確或太過含蓄而選擇忽略它們，就是執意忽略戰略現實中的一大部分。正如一位中國高級軍事領導人曾對我說的：「沒有一個國家會對另一國保持完全的開放透明，特別是面對正在發生的戰略競爭時。」這是可以理解的發言，但是了解雙方對於彼此的核心認知可以幫助填補存在美中外交正常通道之間的差異。或許透過持續性的戰略對話與利用公正透明的方式呈現客觀證據，能夠隨著時間消弭一些固化的認知與誤解。但是在戰略信任完全崩解的前提下，這種直白的政治交流可能再也不會發生。

所以我們能做些什麼來改善這個情況？我認為政策制定者，最少必須在不受意識型態偏見或自欺欺人的情況下，真心嘗試去了解盛行於對方首都內的「認知環境」。假裝現實與實際情形不同的做法，對兩邊都已經不再有用，因為中美雙方早就累積了許多有關理解此段關係的可用資訊。再者，雙方都應該了解公眾語言會如何影響對彼此的認知，並在此基礎下緩和自己發出的公眾語言，以追求最大的溝通清晰度。華府與北京的對外發言通常都是針對國內的政治聽眾所設計，這是可以理解的。但是在設計這些發言時，雙方亦需記得這些訊息會如何被另一方的政府解讀。接下來，對於雙方「認知環境」——也就是對方如何理解世界——的細微理解也必須納入其執行戰略中。最後，追求這種理解應該是兩國可能制定的任何聯合戰略框架的核心，透過雙方高階層的政治、外交與軍事溝通通道，管理未來的關係。當然，這些都是說的比做的容易。但是考量到現況，這是必須採取的行動。美國與中國必須借鏡一九七〇年代與一九八〇年代的美蘇關係，學習美蘇之間的戰略坦白，當時一股共同的脆弱感協助雙方直白地溝通各自的核心優先事項是什麼，以及各自的紅線位在哪裡。

要更加了解中國的認知，有些事情必須先做：當前最重要的首要目標，就是了解中國目前的最高領導人習近平是如何看待他眼前的世界。在接下來的幾個章節，我會試著從當今中國共產黨難以捉摸的標語、概念及語言中，定義出習近平的核心優先事項。我多年來從多個來源蒐集、定義出的習近平十大優先事項，可以透過「十大利益同心圓」的概念去理解，從最靠近習近平、對他而言最重要的主題開始，向外發散。當我把我列出的十大利益與支持這個觀察的概念告訴我的中國同事與朋友時，許多人都私下承認這份表單「相對客觀」，儘管他們都不太願意承認此事。對於我們這種常與僵固卻又隨機的中國制度打交道的人來說，這無疑是很高的讚美。所以讓我們藉著習近平的眼睛來看世界吧。

03

了解習近平的世界觀：十大利益同心圓

Understanding Xi Jinping's Worldview: Ten Concentric Circles of Interest

要了解中國的長期對美戰略以及美國如何以利己的方式回應中國，就必須了解美國在中國共產黨的世界觀中處於什麼位置。由於習近平在黨中大權在握，他的觀點會強力影響中國共產黨如何看待黨自身與中國的未來，但是目前的看法有許多與過去的相似之處。就算習近平從明天開始就不是中國的最高領導人，這章介紹的大多數觀點都不會因此改變。從很多方面來說，習近平做的只不過是加強或加快了根據中國共產黨的長期戰略所制定出的優先事項或計畫。習近平改變中國世界觀的地方在於重振黨的馬克思列寧主義基礎、高速催化中國民族主義，以及提升中國的國家野心。

我認為習近平的世界觀是由十個利益所組成的同心圓構成——從對習近平本人最重要的事情，也就是他在黨內的地位向外發散，到國內政治的優先事項，再到他對於中國在國際上的期望。在這個模式裡，每一層同心圓都是搭建在另一層同心圓上。對於熟悉馬斯洛需求理論以及其在政治心理學與行為應用上的人來說，我所做的即為嘗試把這套理論架構應用在習近平為中國共產黨訂立的優先事項上。以下為這十大利益：

1. 維持習近平與黨的中心地位，與持續掌權的艱難挑戰：中國共產黨的核心即是對權力的絕對把持。儘管這種想法跟西方世界政黨所持的世界觀截然不同，但我們絕對不能忽略這種列寧主義式的現實。在習近平的領導下，維持權力這一根本利益決定了黨與國家的所有利益。在這樣的脈絡下，習近平本人也有決心確保自己在黨與國家中的地位，讓自己的歷史定位處在優於鄧小平，且至少與毛澤東齊名的位置。

2. 維持並確保國家統一：習近平第二個核心利益是祖國的統一與領土完整。牢牢控制西藏、新疆、內蒙古、香港，對中共來說是不容談判的。更核心的議題是「台灣回歸」。這是黨的「政治聖杯」，奪回台灣就能完成自毛澤東發起革命以及一九四九年中國共產黨建國以來唯一未完成的工作。維持領土完整永遠會被中國共產黨視為保持其政治合法性的核心優先事項，鑑於中國歷史長久以來就推崇能統一天下的帝王，而不會原諒容忍國土分裂的昏君。

3. 推動中國經濟發展：經濟持續繁盛是維持黨與人民之間的非正式社會契約的最關鍵因素。若經濟成長出現嚴重衰退，這份契約將面臨很大的壓力。這就是為什麼中國共產黨一直以來如此堅持確保經濟成長，以維持生活水準、就業率與社會安定——也是為什麼中國共產黨如此擔心國內逐漸惡化的經濟不平等問題。習近平也認知到所有國力的基礎最終都取決於一國的經濟實力，而不僅僅來自毛澤東所說的「槍桿子」。這包含中國能否防衛自己，並在世界上取得一席之地。但習近平也想方設法確保中國在增強自己國力的同時，不會演變成在結構上永久依賴國際經濟、以美元為強勢貨幣的國際金融系統，或是國外製造的產品與科技。

4. 環境永續性：中國也出現一項平行於發展的困境。水資源、土壤、空氣汙染，以及食品安全議題，是中國必須面對的挑戰。過去四十年來，中國快速發展的經濟帶來的悲劇，即是讓環境議題被降為次要問題。現在如何維持環境永續成了中國的一大難題，攸關中國的經濟與政治未來。愈來愈多的中國人民將乾淨的生活環境納入與政府的社會契約中，而不再只要求工作和就業率。此外，中國共產黨也意識到環境災難，例如全球氣候危機，不僅會威脅到中國未來的經濟發展與國際形象，最終也會威脅國家安全。

5. 軍隊現代化：習近平認為中國的軍隊與其技術能力是確保中國共產黨安全的關鍵，也是中國能否在區域與世界投射兵力的關鍵。由於習近平認為自己是一名軍事將領和大戰略家，因此當他初登權力大位時，對於軍隊的腐敗與缺乏「打贏勝仗」的能力大感驚駭。他對中國人民解放軍的領導階層、組織架構以及戰鬥能力進行了重大改革，將其從一支專注國內安全與防衛中國陸地邊界的大規模陸軍，轉變為一支技術先進的戰鬥部隊，足以與任何主要競爭對手較勁，並有能力將兵力部署投射至中國海域之外的區域。

6. 經營中國的鄰國關係：中國有十四個共享邊界的鄰國，與俄羅斯一樣是世界上享有最多陸上鄰國的國家。因此鄰國關係在中國的戰略記憶中總是占有一席之地。從歷史上來看，中國國家安全威脅主要來自這些鄰國，多次的外國入侵均取道這些國家。因此，著重防守的觀念深深扎在保衛中國的戰略思考中。但中國的歷史告訴我們，一味地防守不會永遠成功。基於這些原因，現代的中國戰略思考將政治與經濟外交置於首位，確保能與其鄰國保持正向、包容，且在可以的情況下順從於中國的關係。

7. 鞏固中國在東亞與西太平洋的海上周邊：中國或許認為其大陸周邊潛藏著麻煩，但海上周邊在中國眼裡則是充滿敵意。中國看到一條在海上針對中國而築起的區域戰略同盟——這些屬於美國的盟國包含了南韓、日本、台灣、菲律賓與澳洲。而中國針對這條戰略島鏈的回應很明確：他要破壞美國盟友間的關係。中國持續在其公開聲明中宣稱第一島鏈為冷戰殘留下來的遺物。與此同時，習近平監督著中國軍隊轉型，縮小陸軍規模，擴大海軍與空軍，同時也增加導彈與各種類的不對稱武器持有量。中國整體的政治軍事戰略很明確：讓美國軍事將領與政策制定者充分懷疑美軍是否有足夠的力量在該區域贏過中國的軍隊，或是否有能力保衛台灣，從而使美國選擇不戰。習近平的目標是以不動武的方式獲得中國於東海、南海還有台灣的主權，最終取代美國成為亞太地區的軍事霸權。

8. 鞏固中國的西陸邊緣：中國也希望在歐亞大陸上建立起戰略與經濟影響，並將影響力拓展遠至西歐、中東與非洲。我們能從中國在歐亞大陸各國進行的政治、經濟與軍事外交中看到端倪，其中最具戲劇性的即是橫跨歐亞大陸（以及在其周邊國家）的一帶一路倡議。面對直接與中國接壤的鄰國，中國希望能在自己與這些國家之間創造一個良性的戰略環境，培養出對中國利益友善的廣闊陸域，與其東部的海域周邊相比，更不容易受到美國的戰略影響。

9. 增加中國對發展中國家的影響力：在中國周邊區域之外的地區，中國共產黨花了很大的力氣建立起與發展中國家的關係。這些關係可以追溯回毛澤東與周恩來在不結盟運動（Non-Aligned Movement，冷戰時期選擇不與美蘇兩國任何一國結盟的發展中國家創立的組織）中扮演的角色。其中中國更是在此時期奠定與非洲的關係。過去二十年來，由於中國的大規模私營與國有企業在非洲、亞洲與拉丁美洲進行了大量的投資，許多的發展中國家認為維持與中國的經濟關係比維持與美國的經濟關係來得重要。雖然中國建立這些關係的目的在於確保大宗物資與其他資源，但是透過滿足發展中國家的需求以建立與其親近的關係，證明了中國極其懂得變通。因此，當中國在聯合國或任何國際組織中需要支持時，它有辦法利用其在發展中國家獲得的強大政治與外交影響力，拿到它需要的支持。

10. 改變以規則為基礎的國際秩序：最後一點，中國想要改寫管理國際秩序的組織性規則與準則。身為二戰的戰勝國，美國與其同盟建構了戰後立基於自由主義、以規則為基礎的國際秩序的基本架構，並從那時起一直主導這個體系中重要的機構至今。中國共產黨總是認為自己沒有被納入上述的決策過程。然而現在，中國發現世界正處於一段面對劇烈改變與挑戰的時期，且隨著自己增長的經濟、外交與軍事力量，中國認為時機已經成熟，可以挑戰美國在這套秩序中的領導地位，並改變這套秩序本身。中國透過三種方法達到上述目標：利用其在發展中國家不斷增強的支持，改變現行國際準則與程序中對於中國利益與價值不利的事情；在國際機構的高級領導階層中安插中國或親中的候選人；以及在一九四五年後成立的聯合國與布列頓森林體系架構外建立自己的多邊組織網絡。儘管習近平並沒有明說中國共產黨眼中未來的國際秩序最終是什麼樣子，他卻明白地說中國不會複製現今由美國領導的自由國際秩序體制。中國會尋求一個更有利其政治、意識型態與經濟利益的模式。

我們永遠不會在中國的戰略文獻中輕輕鬆鬆找到這十點核心優先事項。中國的體系是非常模糊的。我列出的習近平十大主要目標，是我試圖從多年來與眾多中國人以及不同對話來源提煉出的結果。我第一次見到習近平是一九八六年，當時他是廈門的副市長，我則是大使館的員工，正在準備澳洲總理鮑勃．霍克（Bob Hawke）來訪新成立的廈門經濟特區（中國的四個經濟特區之一）。廈門位在中國的東南沿海，與台灣隔海相望。之後，我在二〇一〇年以澳洲總理的身分，在澳洲接待了當時成為中國國家副主席的習近平，當時他已經被指定為胡錦濤的接班人。在那次的行程中，我與習近平在六場不同的會議上，共計交談了十個小時，其中大概有三個小時的時間，只有我、習近平以及我們各自的大使，一起圍坐在坎培拉總理官邸的爐火邊交談。那場會議幾乎全程用中文交談，而且談及的主題十分之廣。二〇一三年，在他成為中國共產黨中央總書記與國家主席後，我也透過電話與他交談過。自從二〇一三年我卸任總理後，我曾以美國智庫亞洲協會政策研究院主席的身分，與習近平在北京共同參與數次小規模會議。我發現習近平是一位令人印象深刻、知識淵博且專注的談話對象。他在與人對談時，鮮少使用筆記。他也很少看著演講稿發言。就像毛澤東，且某種程度上也像鄧小平，習近平會直接有力地表達自己的想法。他堅守自己的立場，卻不需用拍桌的方式表達自己的堅持。更重要的是，我花了很多時間與習近平身邊最資深的官員相處，不管是在正式場合或非正式場合的互動，都充實了我多年來從中國體系中蒐集到的「中國怎麼看世界」的觀察。

本書寫下的即是我數十年來從這些對話、觀察與資料閱讀中得出的結論。這些結論並未包含到所有面向，但總的來說，我認為這些結論合理地代表了習近平用來觀察與回應中國國內與國外情勢時會使用的戰略視角。而我們將會看到，美國與所有的視角都有關聯，甚至在某些視角中，具有決定性的影響。

04

第一個同心圓：持續掌權

The First Circle:
The Politics of Staying in Power

習近平的首要目標是確保中國共產黨能永遠掌握政權，而他本人則能持續擔任黨的最高領導人。我們必須謹記上述目標是所有中國國內政治與國際政策的核心指導原則。習近平認為中國共產黨作為一介革命黨，已經花了二十八個艱辛又血腥的年頭，才終於在一九四九年的武裝革命中推翻國民黨獲得政權。他絕不想將這好不容易得來的權力讓給任何人。順著這層邏輯來看，習近平對於一九九一年蘇聯共產黨解散以及隨後的蘇聯解體非常懼怕。他決心不讓中國重蹈蘇聯的覆轍。

即使在習近平掌權之前，中國的政治已經歷過類似的傾覆點。從鄧小平時代起，黨內已經有很多的聲音質疑中國共產黨是否該轉型成一個類似社會民主主義的政黨，以及是否該讓中國發展成較多元的政治體制。當時的中國共產黨領導人非常注意蘇聯解體帶來的影響。他們也密切注意發生在東歐與中歐的政治改革運動。除了成立學習小組研究蘇聯解體的原因，多年來中國共產黨也舉辦一系列的內部討論，試圖找出黨可以從這些騷亂事件中學到什麼。我的中國聯絡人在二〇〇一年告訴我，黨內辯論已經得出結論：中國共產黨不會讓系統性的政治改變發生。中國將持續是一黨專政的國家。或許不會像毛澤東主政時期的中國如此威權，但中國共產黨這個列寧主義式的政黨必須持續留在權力的中心。黨的領導階層認定這是為了讓中國共產黨能夠長期存活的必要之舉。他們也深信如果沒有黨強力且集中的領導，中國絕對沒辦法成為世界上的強權。而且如果中國共產黨消失了，中國只會變成一盤散沙，重演中國分裂互鬥的歷史，進而拖垮中國。

這些內部結論在習近平成為中國共產黨中央總書記的前十年就已經決定好了。因此我們不該輕易地將習近平的崛起，解釋為黨內新興的威權主義派戰勝了長期支持民主轉型的改革派。我們反而應該將習近平的崛起，視為經過黨內辯論後，新的中國共產黨領導人對於中國要採取哪一種威權資本主義路線所做出的決定。

過去幾十年，黨中央的角色在鄧小平的領導下縮小成負責監督意識型態，而實際的政策決定權則被下放至國家的官僚體系（中國的政治體制在官方上採取黨政分開制，儘管大部分的官員在黨與國家機構中同時擁有職位）。與此同時，國家將許多經濟權力下放給中國迅速發展起來的私有部門，而中國傳統的國有企業漸漸被視為財政負擔而非資產。習近平則反轉了這一切。他了解到如果將黨從國家最重要的政策決定過程中抽離，黨便會失去重要性，且隨著時間而消逝。習近平不打算坐以待斃，因此他很果決地出手干預，扭轉現況。在他的領導之下，我們看到中國共產黨重回中國政治與經濟政策決定過程中的中央位置。

習近平的「新威權主義」另一大特色，則是政治意識型態重新對務實政策發揮影響。過去的四十年來，中國共產黨告訴世界（以及中國的人民）中國治國的意識型態是「具有中國特色的社會主義」。隨著時間過去，我們很明顯地從中國的經濟現實中看出，「具有中國特色的社會主義」其實重中國特色而輕社會主義。事實上，「中國特色」反而成了公認的資本主義代稱。而習近平與他的同志都知道，根據國際政治理論，一旦中國的人均收入達到一定水準，創造出足夠的中產階級後，要求政治自由化的聲音很快就會興起。他們非常敏銳地注意到在中國提升人民平均收入的國家發展目標，與其造成的政治自由化訴求之間，存在著會帶來危險的深刻「矛盾」（contradiction，此為馬克思主義所用之術語）。習近平解決此難題的方式，即是在中國人民生活中的各個面向強力植入馬克思列寧主義的意識型態。

除了馬克思列寧主義的意識型態，中國民族主義也成了讓中國共產黨持續握有國內政治合法性的主要依據。這個現象從一九八九年的天安門事件開始，到了二〇〇八年北京奧運後更是如此。比起馬克思列寧主義思想，習近平將培養中國民族主義視為更重要的第一等要務，利用精細設計的政治宣傳，將現代中國共產黨的形象與中華民族驕傲且古老的文化，天衣無縫地結合在一起。

這些政治宣傳包含了復興曾被中國共產黨斥為反動與反共的儒家思想，作為中國共產黨重新強調中國國家政治哲學獨特性的手法。根據官方說法，一種長久存在的良性等級治理制度（也就是儒家文化）是讓中國與世界上其他國家不一樣的原因。習近平此番話的政治敘事非常簡單：中國自古以來的強盛總是立基於強大、威權與講究等級的儒家政府的領導。歷史上中國的強盛從來都不是因為採用了西方的自由民主思想，或任何該思想的中國版本。由此可以推論，中國未來的富強只能取決於持續應用這套源於中國的傳統政治思想，也就是儒家文化與共產黨的傳統等級思想。

習近平欲確保自己在黨史中的地位與毛澤東相當並超越鄧小平。二〇一七年舉行的中國共產黨第十九次全國代表大會，習近平要求他的同僚將「習近平思想」寫入黨章，與中國共產黨的三大基本教條——馬克思列寧主義、毛澤東思想、鄧小平理論——一同作為中國特色社會主義理論體系的重要成分。相較之下，習近平的前任領導人，胡錦濤與江澤民，並沒有為黨的建設或經濟發展提供太多思想方面的指導，與「習近平思想」全面整合了中國意識型態體系的影響相去甚遠。習思想的內容是一系列不斷發展中的演講、文章與反思，主題試圖涵蓋政治、軍事、經濟、環境與國際戰略。而其重點在於，習近平對於這些主題的個人反思（對過去、現在與未來）已經享有中國共產黨正式意識型態的地位。這代表生活在中國體系內的人，以及想從外部研究中國的人，都必須仔細推敲習近平所說的話。

習近平思想包含許多新的詞彙，用來定義習近平眼中的政黨與國家願景。這個願景的核心即為「中國夢」。中國夢有兩個目標。首先，在中國共產黨創黨百年時，中國將全面建成「小康社會」（定義為二〇一〇年中國人均所得的兩倍，即一萬美元）。這項目標在二〇二一年達成了。第二項目標則是在二〇四九年中華人民共和國建國百年時，讓中國成為一個高度發展的經濟體，人均所得將與美國齊平。達成這些目標就是達成習近平口中的「中華民族偉大復興」，也是讓中國在經歷西方列強造成的百年國恥後，重新回到其在「五千年的悠久歷史」中一直主導國際事務的核心地位。習近平定義這場偉大復興為達成一個在軍事上、經濟上、政治上、外交上與科技上「強盛的中國」；一個根據公平、正義、道德與文化發展的「文明的中國」；一個立基於社會與民族和諧的「和平的中國」；一個將環境永續性視為核心議題的「美麗中國」。

但經濟發展仍舊是習近平中國夢的核心。除非中國能在接下來的幾十年保持高程度的經濟成長，否則中國的國力將受損、人民的生活水準將下降、失業率會提升，並對黨在人民心目中的合法性產生致命影響。但要保持經濟成長需要持續實行市場化經濟改革，因此習近平的經濟目標和其想要擴大中國共產黨控制的政治目標相牴觸。那些在中國經濟改革團隊的核心人物，包括國務院副總理劉鶴、中國共產黨中央政治局常委汪洋與國家副主席王岐山，肯定都知道進一步推行市場經濟改革的重要性。他們從中國悲苦的歷史中學到停滯不前就是落後的道理。他們也知道，過去三十年內實際造就中國境內就業率成長的是私有部門，而不是國有企業。然而這點在近年習近平主政下的中國成為愈來愈具爭議性的意識型態。

對於中國的私有部門來說，實現中國夢的過程可不是一帆風順。首先，黨委書記在私人企業內部的角色提升了。再來，中國目前興起一場公開辯論，討論黨是否應該收購一些中國最成功的私人企業的股權，確保能對這些公司的未來方向發揮更大的政治影響。最後，中國的企業家們擔心黨可能會開始向企業施加非正式的成長上限，限制公司最大可以發展到什麼程度，避免私人企業獲得足夠挑戰中國黨國體制權威的能力。中國的私人企業必須確定自己的行為不觸犯黨的紅線，導致它們的經營與發展變得更加不穩定。這是美國的企業不需要擔心的問題。舉例來說，當習近平發起反腐敗運動與其他違規行為時，許多主要的中國私人企業發現自己深陷政治風暴。安邦保險集團就是一例。當該集團的董事長兼執行長被國家拘留、審判與監禁後，該公司的資產被「國家暫時接管」。在安邦保險集團案後，則是王岐山的親近好友——房地產大亨任志強被判有罪，入獄服刑。

到了二〇二〇年，中國共產黨愈發加強了對私人企業的控制，習近平在當年九月就「加強民營經濟統戰工作」發出「重要指示」。這份文件明確指出民營經濟統戰工作的目的，在於把「民營經濟人士的智慧凝聚在實現中華民族偉大復興的目標任務上」，並確保他們「在關鍵時刻靠得住、用得上」。它也明確要求「加強民營企業黨建工作」，以「實現黨對民營企業的領導」。隨著中國共產黨整肅其最知名的企業家馬雲與他的公司阿里巴巴集團和螞蟻集團，黨對於私人企業的打擊在二〇二〇年十一月達到高峰。根據報導，馬雲疑似因為批評中國共產黨金融監管體系惹習近平不快，導致習近平親自下令暫停螞蟻集團二〇二〇年十一月在中國股市總價高達三百五十億美元的首次公開發行。馬雲從公眾目光中消失（直到大約一年後，才重新現身於西班牙旅行），中國共產黨祭出強烈的規制拆解其商業帝國，隨後更在二〇二一年公布《反壟斷指南》以打擊中國境內最大的科技與金融公司（將在第六章詳細介紹）。

習近平的經濟顧問都知道中國生產力、創新力以及就業機會的未來，取決於是否有足夠的私人企業有信心能做出確保公司長期穩定發展的投資決定。然而習近平親近的政治顧問，例如中國共產黨中央政治局常委栗戰書與王滬寧，都選擇進一步順應習近平的偏好，將內部政治與意識型態控制凌駕於其他應該考慮的事情之上。如果這種強迫「企業姓黨」的做法導致企業最終放棄投資，或是造成前所未見大規模的私人資本外流，從而導致國家在未來執行更嚴格的資本管制，那麼中國長期的經濟成長將面臨很大的風險。有鑑於公債在中國的國內生產毛額中已占據很高的比例，中國能利用舉債的方式，刺激原本應該由私營部門貢獻的經濟成長幅度比例非常有限。如果經濟成長、私人企業經營與民生就業出現問題，便會製造出習近平原本在政治戰略上希望避免的社會與政治動亂。

因此對習近平的核心政治挑戰在於，他是否願意面對商業信心危機，讓他的政治顧問與他的經濟改革小組合作，並接受以失去部分的政治控制權作為可以接受的代價，實現他珍視的中國夢。這招也許違背他想加強黨對於私有部門控制的本能，但中國和美國與其盟友間持續上演的貿易與科技創新之爭，可能會讓他比較容易做出上述決定。然而，根據我們看到的證據顯示，事情並沒有要往這個方向發展。中國的未來，包含其政治未來與其未來對世界的影響力，最終都將取決於此核心決定。

在這個脈絡之下，我們很容易理解為什麼西方的自由民主價值體系（其中以美國最為推崇），對習近平來說是如此可怕的惡夢。美國，一個體現著政治與宗教自由、擁有強大的軍隊、強大且創新的經濟體，對於中國共產黨的意識型態來說造成了根本性的問題。這是因為，這樣的美國等於是對中國的威權資本主義模式最強而有力的反論點：國家的指導與意識型態控制並不是讓國家強盛與個人成功的必要前提。

就如同大部分的中國共產黨領導人，習近平長久以來也認為美國對於普世人權、民主與法治原則的支持，會對中國共產黨的利益構成根本挑戰。為了不對此產生任何疑問，必須指出中國本土的民主運動長期以來一直被黨譴責為危害中國體系的「五毒」之一，五毒也包含新疆異議人士、法輪功信徒、西藏異議人士以及台灣獨立運動。中國共產黨相信這些人與活動都受到美國的支持。

因此，中國共產黨對於人權、選舉民主以及獨立的法治系統的歷史性抗爭仍會持續，畢竟這些觀念大大破壞了中國共產黨如何對國內外宣稱其擁有合法性的核心。這也解釋了中國為什麼持續對任何膽敢挑戰中國政治體系價值基礎的外國政府釋放敵意。在北京眼中，最響亮的批評聲永遠來自美國。中國很清楚若美國持續將外交聚焦於政權合法性，都會在中國內部和全世界「抹黑中國」，帶來嚴重傷害。儘管川普主政時期，美國的人權倡議活動暫時平息，但北京知道美國仍是最不可能屈服於中國共產黨壓力，並對這一能影響中國共產黨生存的政治問題保持沉默的國家。

因此，當習近平在二〇一三年第一任任期的頭六個月內，就開始了廣泛打擊中國教育體系內的「資產階級自由化」運動，也不是一件很奇怪的事。他指出七個不得於教育場所討論或辯論的敏感主題，分別是「普世價值」、「新聞自由」、「公民社會」、「公民權利」、「黨的歷史錯誤」、「權貴資產階級」和「司法獨立」。隨後，中國於二〇一七年發布了新的《中華人民共和國境外非政府組織境內活動管理法》，控制任何非政府組織從國外募資的活動。僅僅靠著這條法律，北京一舉打垮了中國境內歷經幾十年發展的公民社會，從倡議職業安全與健康的組織，到提供移工孩童教育的組織，許多倡議主題在一夕之間面臨巨大挑戰。而最近，習近平也禁止了補習班、聘用外國教師以及使用外國教科書與課程。

這些舉動反映出習近平長久以來的焦慮，即為擔心中國境內可能發生「顏色革命」，並因此終結中國共產黨的領導。這不是什麼太令人驚訝的擔憂，畢竟在習近平掌權之前，東歐與中歐才發生了類似的革命，中東地區則發生了阿拉伯之春，導致許多政府垮台。毫不意外地，他和俄羅斯總統弗拉基米爾・普京（Vladimir Putin）有著一樣的不安。兩人都認定美國是這些國內革命的主要推手，認為美國不僅透過其長久以來的人權倡議行動煽動人民，還透過情報活動意圖削弱其他威權政體。

中國另一個更大的擔憂即是國內蓬勃發展的宗教信仰，以及宗教信仰對於黨未來的權力所構成的挑戰。習近平在二〇一六年全國宗教工作會議上的談話，揭示了他對於在中國境內的外國宗教中國化政策（主要是伊斯蘭教與基督教，這兩個宗教對中國共產黨來說都有各自的風險），以強迫它們更加順服於中國文化與政治常規。隨後在二〇一八年，新的《宗教事務條例》通過，並將所有宗教事務交由中國共產黨統戰部管理。此舉是為了特別加強對基督新教的控制，因為許多基督新教並不在中國共產黨早年設立的愛國教會體系下運作。中國共產黨的回應是為了警告中國民眾注意外國勢力利用宗教滲透中國，意圖顛覆黨國體系，並阻撓中國的崛起。在中國共產黨做出警告後，中國與國際媒體開始大量報導中國境內以拆除「違章建築」為由強拆教堂，以及宗教領袖被逮捕的事件。

中國共產黨也加強推廣中國傳統宗教、哲學、史學與文化，以鞏固中國共產黨對其政治合法性的意識型態。在一個由黨宣稱人權、選舉民主以及獨立的法治系統是有異於中國傳統的外來概念的國家，中國共產黨一直試圖尋找更適合中國共產黨的中國式替代方案，例如儒家系統中的集體責任倫理，可以將人民與統治者綁在一起。中國共產黨的做法顯示習近平決心要把任何會減弱中國共產黨政治合法性的海外意識型態與神學理論非法化。此舉當然忽略了馬克思主義與列寧主義同樣也是從海外傳入中國的思想的事實，然而這令人不舒服的事實正是習近平給社會主義加上中國特色的藉口——中國必須「中國化」馬克思主義。這些行為暗藏的整體政治意義非常清楚：民主治理、公民自由以及宗教信仰等西方的概念不僅對黨來說在意識型態上無法接受，對中國人而言也都是陌生的思想。

不像中國過去的統治者，習近平現在有許多新的科技幫助他發揮黨對人民的控制，以鞏固中國的威權體制。這是中國歷代皇帝想都沒想過的事。若儒家思想的精髓在於「知道自己所處的位置」，那麼中國共產黨還想要隨時隨地都知道每個人的位置：由為數眾多，具備人工智慧的臉部、虹膜、聲音與步態辨識系統的監視攝影機組成的廣大天網、透過手機定位資訊對個人行動進行地理位置監控、一個將近全面的無現金支付系統監視所有財務交易（包含中國共產黨計劃在未來發行一套完全由政府控制的數位貨幣），以及近期出現的一套精心設計的「社會信用體系」，在中國這個高度數位化的社會中永久監視，並根據人民每天的言行獎懲人民的信用評分。這些科技創造出一個空前絕後的警察國度，能夠強力監控其人民。數位科技不僅讓國家能記錄人民所有的一言一行，還能仔細監視各地方黨員幹部的政治表現是否有符合黨的意思。

歷代所有中國的統治者都面臨「天高皇帝遠」的挑戰。中國因幅員遼闊、人口眾多、地方權力由地方菁英把持等因素，讓中央想對全民維持政治控制成了幾乎不可能的挑戰。然而，這些新的科技讓中國共產黨能夠領先人民好幾步。在過去，完全的政治控制在列寧主義政黨的眼裡是一個無法觸及的理想。而現在，在歷史上頭一遭，習近平與他的政黨距離完全控制只差一步之遙。

05

第二個同心圓：確保國家統一

The Second Circle: Securing National Unity

許多美國人可能不懂台灣問題在中國共產黨的政治優先事項中占了多重要的位置、台灣問題在習近平的領導下白熱化的程度，甚至不知道台灣如何影響中國看待自己與美國的關係。過去幾年，台灣往往在美國大部分有關美中關係的公共政策辯論中處於邊緣位置。在北京，現實則完全相反。台灣屬於位於檀香山的美國印太司令部的核心業務是不爭的事實。但是在美國，美方軍事體制對於台灣如何影響美中整體關係的戰略意識，與白宮和國會之間一直存在著不同的認知差異。然而，這個現象隨著台海情勢升高改變了。

從一九四九年開始，台灣問題一直是造成中國與美國之間緊張關係的原因。儘管在一九七二年到一九八二年間簽署了中美三份聯合公報，開啟了美中外交正常化，雙方在台灣問題上的對立仍然持續至今。中國從未放棄——如果它認為必要的話——用武力使台灣回歸中國主權的權利。在美國一方，儘管它承認台灣是中國的一部分，但美國一直以來都拒絕中國有權以武力達成國家統一。沒有一個國家擁有相當於美國立下的規定——美國總統必須維持台灣的政治、經濟與安全利益的《一九七九年台灣關係法》（*Taiwan Relations Act of 1979*）的法案；也沒有一個國家持續為台灣提供必要的軍事硬體以維持軍事量能，使其足以抵禦北京可能發動的攻勢；更沒有一個國家提供暗示性（儘管同時蓄意地維持著模糊性）的安全保證，暗示台灣在面對中國的軍事行動時，會以自己的軍隊保護台灣。《台灣關係法》的法條規定：「任何企圖以非和平方式（包括杯葛或禁運）解決台灣未來的作為，均會威脅西太平洋和平與安全，美國將嚴重關切。」這條條文涵蓋的廣泛區域，通常被視為美國為了讓其盟軍能師出有名地參與美軍未來可能的保台行動，特別設計的措辭。因此，在北京的眼裡，美國是中國共產黨完成其祖國完全統一的「歷史大業」最大的障礙。

然而在台灣問題上，還有第三股更加不穩定的力量影響著全局。這股力量來自二十五年前，當台灣經過第一次民主政黨輪替後，台灣政府與台灣人民對於台灣逐漸改變的態度。台灣從一九四九年到一九八七年是軍事獨裁政體，其第一任領導人蔣介石，與之後接班的兒子蔣經國，一直以來都支持一個中國政策，但對中國的合法政府到底是位在北京還是台北爭論不休。台灣獨立運動的崛起，以及支持民主的民主進步黨持續打贏選戰入主總統府，使台灣與中國大陸的關係更加不明。

在一九九〇年代後期的台海危機後，習近平之前的幾任領導人決定改變方式，企圖讓台灣在經濟上長期依賴中國，最終以政治吸納的方式達成統一。事實上，中國想透過將台灣與其經濟體合而為一，以吸收台灣的長期政策，確實也為中國帶來了好處，例如中國吸引了大量台商投資中國。在台灣的商業社群中，有很大一部分的人，通常由國民黨為代表，認為與中國保持親近的關係對於台灣的基本利益來說至關重要。然而，這種一步一步來的做法在北京眼裡實在太慢了，導致他們開始思考是否應該直接放棄此做法。

二〇一九年，此漸進式的經濟吸收戰略受到重大打擊。當時香港政府在北京的支持下提出了《逃犯條例》修訂草案，大大地削弱香港在「一國兩制」體制下的獨立司法管轄權地位。數百萬計的示威者走上街頭，卻遭到香港警察鎮壓打擊，北京更直接制定《香港國安法》，幾乎把所有形式的抗議都入罪化。香港的事件發生後，原本在台灣內部支持「一國兩制」統一的聲音也消失了。甚至連親中的國民黨領導人都被迫公開放棄支持「一國兩制」。我們能從香港發生的鎮壓很明顯地看出，愈加威權的中國將不再容忍有關國內政治與政策的異議。對於民主興盛的台灣來說，北京的舉動使其可信度不斷下降，與北京透過談判達成任何政治上的協議愈發不可能。事實上，台灣人民現在非常不可能會同意其政治菁英與北京之間達成的任何「政治協議」。因此，北京很有可能會認定政治、經濟與軍事脅迫是政策上最後唯一可行的方法。

習近平看似已經決定，當初採行的漸進式統一政策失敗了。在他眼裡，漸進式的政策只是給了民進黨時間，培養出台灣內部自帶民族主義的選民（特別是年輕的世代）。該政策同時也讓台灣永久暫停討論政治統一議題，並為經濟統合到底能做到什麼程度設下限制。當民進黨的蔡英文於二〇一六年首度贏得總統大選時，她拒絕接受當時被視為標準對話前提的「一個中國」論述，習近平也因此切斷所有官方對話管道。而二〇二〇年的總統大選，她靠著支持香港民主反送中，並堅持台灣絕無可能接受「一國兩制」的競選策略，壓倒性地贏得連任時，習近平更加地惱怒。他公開重申中國準備動用一切必要措施，包含對台使用武力，確保統一台灣，並警告台灣獨立「只會為台灣人民帶來災難」。

作為給美國的進一步訊號，習近平表明中國在台灣問題上「不容任何外來干涉」。我們在之後的章節將深入探討此主題，習近平加速中國人民解放軍的現代化，並擴張解放軍規模，旨在能夠於台灣海峽取得軍事勝利。解放軍在台灣海域舉行的演習與行動中部署了比以往更多的船艦與飛機。史上第一次，中國軍隊定期繞行台灣，據報導，解放軍很有可能是在模擬海上封鎖。中國也在外交上試圖全力壓制台灣的「國際政治空間」，逼迫台灣在國際社會上為數不多的邦交國與其斷交，並選擇承認北京政權。

習近平更針對台灣的經濟發動攻勢，而經濟議題正是蔡英文在執政上的弱項。當時台灣經濟成長幅度趨緩，中國便趁那時大舉限制中國觀光客來台人數。最後，有愈來愈多人（包含台灣政府與獨立觀察者）指責中國的對台網路攻擊，指控中國企圖干預台灣選舉過程並釋放假訊息，以及中國共產黨試圖透過媒體購買滲透台灣的媒體。

關鍵的問題在於，上述這些手段在多大程度上為內部新的統一政治時程表所驅動。繼二〇二一年中國共產黨建黨一百週年紀念活動後，下一個幾十年內的重大官方百年紀念即是二〇四九年的中華人民共和國建國一百週年，這個紀念日在政治日程表上也更顯重要。習近平或許打定主意要繼續掌權一段時日，但考量到二〇二二年時他就六十九歲了，他很有可能無法在時間內完成自己心中讓台灣回到祖國溫暖懷抱的歷史大業。如果成為統一台灣，維護中國領土完整的中國共產黨領導人，習近平將在黨與國家眼中，享有與毛澤東齊名的政治不朽性。面對國內所有批評，此舉也能有效地永久鞏固他的政治合法性。根據這個邏輯思考，習近平非常有可能希望在其政治生涯內拿下台灣。因此講到台灣問題，習近平並沒有時間可蹉跎。

解決台灣問題最有可能發生的時間大概會在二〇三〇年代中，那時習近平大約八十出頭歲。若這項分析正確，且北京針對台灣海峽的軍事優勢也變得更強，那麼北京的對台政策很有可能會在二〇二〇年代變得更加強勢（這項推測是根據習近平在二〇二〇年底發出的指示，要求解放軍加快腳步，在二〇二七年完成現代化工作，而不是原計畫的二〇三五年）。即使親北京的國民黨在台灣重獲政權，這項對台策略也不太有可能改變。

儘管「台灣回歸」仍是中國共產黨的政策聖杯，但是西藏、新疆與內蒙古也被視作中國國安利益的核心重點。每一個地區都代表了外部與內部安全因素的集合。西藏曾經是騷亂的來源，但在今日由於實施嚴苛的治安控制、大量建制的監視系統、漢人遷入西藏以及針對藏人實行文化同化政策等原因，西藏已大致被「和諧」管理了。而中國最新的「問題來源」則是新疆。由於有關種族和諧的擔憂始終縈繞在中國共產黨的心上，因此北京仍然緊盯西藏。而印度長期以來收留流亡的達賴喇嘛，並在喜馬拉雅山邊境問題上一直和中國存在衝突，讓西藏在中國與印度的戰略關係中也發揮重要作用。

同時，儘管中國與俄羅斯在幾十年前就對其共享邊境取得共識，但內蒙古仍持續造成中國與俄羅斯之間的戰略焦慮。這兩強從幾世紀以來便一直爭奪著對大蒙古地區（包括對中國的內蒙古自治區與獨立的蒙古國）的影響力。儘管有巨大的經濟與人口優勢，但對北京來說，住在中國邊境上的蒙古族人的政治差異性，已經成為中國的擔憂。這讓中國在內蒙古地區強制推行漢語教學與文化教育，企圖遏制北京認為正在萌芽中的分離主義威脅。

然而近年，新疆維吾爾自治區成了中國最嚴重的「安全焦慮」（security paranoia）對象，該地區也逐漸獲得來自外界的關注。新疆，中文原意為「新的疆域」，是中國西向中亞、南亞與中東的門戶。然而這些地區在中國眼中代表著敵意漸升的伊斯蘭世界。這種認為「該地區是危險區域」的想法，因為中國境內發生在新疆地區的伊斯蘭分離主義運動而更加深化。新疆地區長久以來一直試圖獨立，新疆獨立運動包含在非新疆地區與新疆維吾爾自治區內發動針對漢人的恐怖行動（其中一場行動，習近平本人就在事發區域內），此舉大大地惹怒了習近平與中國共產黨。

二〇〇九年新疆發生漢族移民與維吾爾族間的種族暴亂後，北京任命張春賢擔任新疆地區的新黨委書記。在他主政時期，新疆地區開始實行經濟發展政策，以避免動亂再次發生。然而，在新疆發生的暴動仍引起黨內的討論。而中國的反恐專家胡聯合則在二〇一一年發出聲明，認為中國需要一個「第二代民族政策」，讓中國能鑄造出一個各民族交融一體的「國族」。更早之前，中華人民共和國借鏡蘇聯模式，正式承認國內其他五十五個民族（少數民族）與漢民族享有平等的地位，同時給予一定程度的自治權，例如擁有傳承自身語言與習俗的自由。許多中國學者警告，改變這項政策將使現有的怨恨、暴力與混亂程度升級。

但在維吾爾恐怖份子於天安門開車衝入人群，造成兩人死亡後，習近平在二〇一三年十二月的中央政治局常委會議上宣布，中國將對新疆採行新的戰略計畫。這個新的計畫中，習近平將對「新疆地區做出重大戰略部署」，黨也會強力打擊造成社會動亂的罪魁禍首，也就是「三股惡勢力」，包括分離主義、極端主義與恐怖主義。接著在二〇一四年三月，與新疆有關聯的恐怖份子持刀在昆明火車站發動攻擊，造成三十一死，多達一百四十傷的慘劇。這起事件很快就被描述成「中國的九一一事件」，習近平憤怒地下令使用「專政工具」對付「恐怖主義、思想滲透與分離主義」，展開「毫不留情的鬥爭」。

不久，駐村工作小組受命展開一場「反恐的人民戰爭」，並被指示走訪各自轄區內的每戶人家，找出任何極端份子，以展開「再教育」工作。中國政府宣稱在新疆有高達百分之三十的人口「受到極端思想感染」，亟需接受黨中央的「集中力量教育疏導工作」。二〇一六年，曾任西藏自治區黨委書記且作風強硬的資深人物陳全國，取代溫和派的張春賢成為新疆黨委書記。他很快就在新疆實行他曾在西藏嘗試過的「網格化治理體系」，將警察與準軍事部隊部署在烏魯木齊的每個哨站，且每隔幾百呎就有一個；設立上千個「便民警務站」；以及布下天羅地網的監視科技系統，例如臉部辨識軟體，監控當地的維吾爾族人。二〇一七年，官方設立集中管理的「再教育營」，以管理新疆社會裡的「重點族群」。

這項政策被西方記者、研究者與學者報導為針對一百多萬新疆地區維吾爾族的大規模非自願拘留與「洗腦」行動。到了二〇二〇年夏天，有報告指出中國共產黨在新疆實行大規模的「人口控制」政策，包含強制維吾爾婦女墮胎、強制絕育等。這些報告讓美國成為第一個稱發生在新疆的事件為「種族屠殺」與「危害人類罪」的國家。

當拜登在幾個禮拜後入主白宮時，其政權維持了這項聲明。其他國家，包含加拿大、英國與荷蘭也隨後跟進，許多國際倡議活動也開始呼籲抵制新疆製造的物品，以及二〇二二年的北京冬奧。

因此，新疆不僅在國內造成北京的擔憂，它在國際上也為北京帶來挑戰。到目前為止，習近平在中國的少數民族問題上沒有顯示出任何緩和的跡象，他似乎仍堅定地遵守著自己在二〇一四年提出的宣言：「（中國共產黨需要）堅定不移走中國特色解決民族問題的正確道路。」二〇二〇年，習近平稱中國共產黨在新疆的政策取得了「完全正確」的成功，還說中國共產黨「必須長期堅持」該政策。

總的來看，在北京眼裡，西藏、內蒙古、新疆、香港與台灣長期以來都是國家統一的主要挑戰。不同的地方在於，今日的習近平對這些地區採取了比以往任何一任中國領導人都還要強勢的姿態。不像他的前幾任領導人，習近平並不在乎國際觀感。他深信達到「完全安全」的國家安全比任何外交政策或更廣泛的中國名聲問題都來得重要。習近平也相信由於現在世界非常倚賴中國的經濟，因此國際上對於中國對內做法的政治反應，大部分都只是做個表面，只具象徵性，而且是暫時的。中國的領導階層記得很清楚，國際社會針對中國一九八九年天安門事件所發出的政治與經濟制裁，很快就因為眼前的賺錢機會而解除了。他們因此認定，國際社會將對中國在二〇一九年至二〇二〇年鎮壓香港的自由抗爭活動保持噤聲。而從北京的角度來看，他們基本上是對的。

06

第三個同心圓：保障經濟繁盛

The Third Circle:
Ensuring Economic Prosperity

習近平第三個優先事項是確保經濟繁盛，他相信這是讓國內政治穩定的基礎。中國共產黨的任務是消除貧窮、提高國民生活水準至已開發國家標準，還有提升政府稅收以支付逐漸升高的社會福祉支出，項目包含教育、醫療與老年照護。中國共產黨也有野心讓中國在世界舞台上成為引領科學與科技發展的領頭羊。要滿足中國軍隊現代化日益增長的需求也亟需資金。因此，為了達成這些核心目標，確保每年都有百分之五至百分之六左右的長期經濟成長幅度是必要的。

提高中國人民的生活水準與生活品質是習近平建構中國共產黨在後毛澤東時代政治合法性的核心要素。政黨與人民之間存在著一條不說破的社會契約：只要人民的物質生活持續進步，大眾就會持續容忍中國共產黨的威權政治體系。習近平雖然不是經濟學家，對於市場經濟的實際運行方式似乎也只有非常有限的理解（他對於意識型態、安全議題與國際關係等經典政治領域比較得心應手），但他了解維持繁榮的民生經濟與長期保有自己的領導地位有直接的關係。事實上，人民對於經濟衰退的不滿通常被習近平的反對者視為一個可以將他拉下台的因素。中國內政有一慣例，當政黨菁英判斷一起嚴重的事件原本是可以避免時，當權者必有一人須下台負責，擔起過失。而經濟衰退就屬於這類的嚴重事件，特別是中國的經濟從文化大革命後就一直維持成長的狀態。即便經濟略有失誤，如成長迅速下降導致眾多中小企業倒閉，最終皆須付出政治代價。基於這些原因，經濟始終是影響著中國共產黨以及習近平自身未來的阿基里斯腱。

習近平必須解決中國政治經濟中五大互相關聯但在某些方面又互相矛盾的挑戰：（一）保持經濟持續成長以提供就業機會、提高生活水準；（二）在達成上述目標的過程，保持國家與市場間的最優內部平衡，不把黨的政治控制權讓出給新一代的企業家；（三）在社會上更公平地分配經濟成長帶來的財富，以減少貧富不均問題；（四）在中國過去的經濟發展模式上引入新的碳排放限令，以回應全球氣候變遷的事實；（五）處理目前美國施加在貿易、投資與科技上的外來經濟壓力。

習近平的經濟發展戰略前三階段

在解決這些不同挑戰的過程中，中國的政治經濟狀況在習近平的領導下歷經三階段的轉型——而現在中國的政治經濟則處在可能會有重大變革的第四階段初期。第一階段為二〇一三年到二〇一五年，始於中國共產黨決定採取後來被稱之為《決定》（《中國共產黨中央關於全面深化改革若干重大問題的決定》）的全面性深化改革方針。中國過去的經濟模式以勞力密集、低工資的製造出口業為主，政府的投資大多集中在國家基礎設施，而國有企業在經濟上則扮演了重要角色。此外，這種經濟模式完全沒有將對環境的影響納入考量。習近平於二〇一三年掌權後，中國共產黨進行了一場激烈的內部辯論。中國共產黨史無前例地宣布市場會在中國經濟當中發揮「決定性」作用。這個新模式決心加速發展私有部門，特別是讓服務業、金融業與科技業，成為帶動中國經濟發展的主力。但是鑑於習近平認為黨必須永遠握有對經濟的最終擁有權，且擔心這份權力被發展中的私有部門搶去，因此幾個特定產業中的國有企業會繼續在此模式中扮演重要角色。而這個模式下的所有經濟行為都需要考量到環境永續性。二〇一三年通過的《中國共產黨中央關於全面深化改革若干重大問題的決定》中包含六十項具體改革藍圖，也就是中國共產黨所稱的「六十條重大內容」。這些內容是習近平為了趕上他的前兩位領導人——中國共產黨中央總書記胡錦濤與國務院總理溫家寶——任期內被認為是經濟改革期間蹉跎掉的十年，以及逃離中國共產黨一直擔心中國會陷入「中等收入陷阱」所做的努力。

然而，二〇一五年的中國股災改變了上述一切改革措施。中國股災開啟了習近平時代第二階段的政治與經濟政策轉型。那年夏天，中國官員無法控制因為過高的流動性與不懂財務的投機客造成的中國股市泡沫化。個人與企業透過保證金貸款從財務機構大量借入資金進行融資交易。他們在一個被認為會永久發展的經濟市場中，投資許多可疑的資產類別。這些行為很快便造成中國股票市場的危機。當資產泡沫破裂後，政府迅速指揮國有與民營機構組成「國家隊」，大量投入資本以穩住市場。但是如此極端的舉動卻被中國股民視為股市虛胖的徵兆，他們立即大量拋售手上的股票，反而造成股票市場更嚴重的損失。上海證券交易所綜合股價指數（如同美國的道瓊工業平均指數，Dow Jones Industrial Average）在二〇一五年七月於三個禮拜內重挫百分之三十二。中國股市在二〇一五年市值最高曾攀上十兆美元，到了二〇一八年九月，市值僅剩五．七兆美元。到了二〇一六年，市場才終於以更低的價格回穩，但當初股災造成的傷害直到二〇二〇年才得以復原。對習近平而言，二〇一五年的中國股災不只是一場財務管理失誤，更是一項政治慘敗。上千萬的人民失去了他們的積蓄，而他們也因此怪罪政府與中國共產黨。習近平直覺上對於資本快速擴張的懷疑在股災後更加強烈，他斥責當初快速增資是一件魯莽的行為，這也消除了他對更廣泛的市場經濟改革與金融改革的政治胃口。

當初在二〇一三年提出的經濟改革藍圖成了改革戛然而止的犧牲品。中國共產黨在二〇一五年至二〇一六年實施嚴格的資本管制，避免資本外流。然而此舉讓中國民營企業無法在海外拓展規模，許多甚至無法維持公司原本在海外的營運。同時，因為毫無規範的影子銀行與地方政府逐漸升高的債務，人民對於中國債務占其國內生產毛額比例的擔憂激增。隨後，作為去槓桿化的一環，中國共產黨強力打擊影子貸款機構，讓中國民營企業的經營狀況更加艱難，因為中國官方銀行的信用分配會優先提供給國有企業，而犧牲了私有部門。但現實是，截至二〇一六年，民營企業是推動中國整體經濟發展最重要的動力，我們甚至可以說，中國的經濟幾乎完全是靠民營企業推動的。因此在信用緊縮政策下，許多面臨經營困難的民營企業被國有企業買下部分或全部股權，形成了日後中國新的混合經濟模式。而其他撐不下去的公司則是直接倒閉。

二〇一八年年底，習近平不斷演變的經濟政策來到第三階段，當時中國共產黨在該年發現中國的經濟成長很明顯地趨緩。中國經濟趨緩的原因在於私有部門信心動搖，以及固定資本投資成長率下降。然而川普對中國發動的貿易戰也是部分原因。二〇一五年後發動的去槓桿化影響雖然直接又殘忍，卻不是中國經濟放緩的唯一原因。其他的原因還包括：中國共產黨始終不願清楚表明對國內主要民營企業的成長幅度的容許度、黨委書記在民營企業裡面的角色逐漸加重，以及不斷變化的中國法律系統，最後還要加上中國共產黨的反腐敗運動。這場影響範圍之廣的政治運動打擊對象除了官員，通常也針對企業的高管或負責人，使得中國企業家對於自身與其財務前景產生了愈來愈深的擔憂。

為了回應私有部門信心流失所造成的危機，中國共產黨在二〇一八年十一月發起了一項多層面的政策回應。首先，習近平再次提到中國需要「經濟體制的改革」，暗示中國可能會在某部分回歸二〇一三年的經濟改革藍圖。次年，習近平與國務院副總理劉鶴（他的主要經濟政策副手），召集了幾場囊括中國幾個主要私營企業家的高級會談，重申私營企業在中國的未來將占有核心地位。劉鶴在一場公開演講中提醒國民：「民營企業為中國貢獻了百分之五十以上的稅收、百分之七十以上的技術創新、百分之八十以上的城鎮就業、百分之九十以上的市場主體數量。」這讓中國共產黨官員與中國強大的國有企業注意到，如果沒有強盛、有韌性、有競爭力的私有部門，中國沒辦法達成它需要的經濟成長速度。作為第三步驟，劉鶴與中國人民銀行行長易綱加速推出了一系列的金融改革政策，旨在開放中國的銀行、保險、股票、債務和信用評比市場，擴大國際競爭。此舉不僅是為中國的民營企業增進國內低效的信用分配系統，也是為了幫中國做好未來將會更加倚賴外國流入資金的準備，以應付當時國內金融管理機構認定會出現的經常帳赤字。同時，中國將一些貿易、投資與智慧財產權保護標準「國際化」，這些標準是在二〇一九年與美國嘗試解決貿易戰的雙邊談判中達成的。藉由將上述幾個特定的自由化政策適用對象拓展到中國所有的經濟夥伴，中國得以讓這些新的經濟改革政策看起來不像是因為美中貿易戰下對美國的政治讓步，而是事關中國正在進行的金融改革。最後，由於絕不想在國家的整體經濟成長率上冒任何不必要的政治風險，習近平也授權政府執行一系列的刺激措施以支撐經濟成長，中國央行行長也不斷地向人民信心喊話，保證政府在財務與貨幣政策上仍有很大的運用空間，可以將經濟成長率維持在百分之六（這是個具有政治敏感性的閾值）。該數字經過中國共產黨內部計算，反映的是在每年新增更多畢業生的情況下確保就業機會、提升生活水準，以及維持整體社會穩定所需的經濟成長率。

中國國內的經濟問題在二〇一八年至二〇一九年的美中貿易戰、二〇二〇年的新冠肺炎疫情，以及雙方對於美中經濟能否在更大範圍上互相脫鉤的討論爆發前就已經存在了。但中國內部的經濟問題加上來自外部環境的挑戰，讓中國的政策制定者在這段中國經濟史上極具挑戰性的時期，面臨了前所未見的龐大壓力，也間接顯示了面對美國，中國在經濟層面上仍處於弱勢。習近平認為如果中國內部負責推動經濟成長的引擎持續失效，那麼來自美國的經濟壓力將會對中國產生致命的影響，並完全摧毀中國的經濟成長率。他與他的顧問們因此面臨許多困難的政策問題，而所有的核心難題都事關中國經濟未來的韌性與方向。

習近平在二〇一八年至二〇一九年時期最困難的挑戰即是如何一邊維持一個可被接受的經濟成長率，一邊處理來自中國新興中產階級對更好生活的要求、國內不滿意但日漸強大的私有部門，以及日益憤怒的美國。中國對美國的擔憂不只是中方對美方出口市場的依賴所帶來的脆弱性，從更根本的角度來說，這股擔憂是關於美中關係可能會因為愈來愈多的出口與科技投資限制而產生根本上的斷裂，以及國際資本市場是否依舊會向中國開放，讓中國仍有資金處理國內的政策需求。國際資本市場造成的另一項擔憂也包括美國是否會將美元武器化作對付中國的工具，以及中國的對台政策、香港問題以及新疆問題是否會引發更進一步的經濟制裁。上述這些特定的挑戰、他們之間有什麼不同，以及美中經濟脫鉤的風險，將會在本章的後段詳述。這些挑戰構成了美中之間下一階段經濟戰爭的戰場。它們也鞏固了習近平對世界經濟日益強硬的看法，並促使他在二〇一三年以來中國整體經濟政策演變的最新重大調整中，把這些問題作為主要焦點。

第四階段：習近平的民粹主義—社會主義經濟

習近平目前正在進行第四次中國經濟政策的重大改革。此項改革是繼二〇一三年的《決定》後規模最大的一次，並反映出習近平的優先事項是保護中國與中國共產黨免於來自國內外的反作用力波及。從二〇二〇年至二〇二一年起，習近平開始實施一項名為「新發展理念」的全新全面性經濟戰略，將安全、政治穩定與經濟平等置於快速累積的個人財富之上，視社會凝聚力優先於經濟效率，以及相對於國際交流所帶來的利益更重視國內自給自足。這個新經濟戰略時代也反映出中國共產黨不再致力於延續過去的市場經濟改革。

政策的改變首先引起公眾注意的是國家暫停了馬雲的螞蟻金融服務集團備受期待的首次公開發行；接著在二〇二一年的七月，當中國境內叫車服務巨頭滴滴出行獲得四十四億美元的融資，準備在紐約證交所上市時，政府便對其展開嚴厲的監管審查。當初中國相關單位曾明確警告滴滴出行不要在美國上市。滴滴出行的事件後，新版的資料安全規則立刻出爐，以限制在海外的中國公司進行公開發行。但這些還沒完。中國的中央網絡安全和信息化委員會辦公室（中央網信辦）指控一百零五個應用程式非法蒐集個資，被點名的應用程式包含求職應用程式，以及短影音應用程式抖音的母公司字節跳動，並要求被點名的營運者立即做出改善。中國政府也悄悄地獲得了抖音母公司字節跳動和中國的微網誌平台微博國內子公司的百分之一股份和一個董事會席位。此時打擊中國科技巨頭壟斷產業的討論進入了前所未見的高峰。最後，在同年的七月底，中國發布了新規定，禁止民營補習班提供課後輔導，此舉在一夕之間封殺了補教業這個能吸引數十億投資的熱門產業。中國共產黨的一系列行動讓中國與世界各地的高管與投資者都意識到中國有了新的政策現實，他們根據過去幾十年經驗所做的政策假設正在快速地改變，而這一切只不過是習近平計畫的開始。這層理解讓中國的股市也因此暴跌。

然而，習近平早在實際推行這個階段的經濟改革前，就開始培養該改革所需的意識型態。二〇一七年秋季舉行的黨的第十九次全國代表大會上，習近平宣告中國共產黨面對的主要矛盾已經改變。由於這段訊息被包覆在馬克思唯物辯證主義的老派語言之下，國際社會甚至是中國自己都很大程度上地忽略了其重要性。在辯證分析中，推動經濟與社會改變的隱性動態主要矛盾是中國共產黨在馬克思理論框架下定義中國政治經濟的形態與方向的依歸。在不斷變化的內部與外部環境中，正確地辨識出並解決目前的主要矛盾是執政黨與其領導人最重要的政治工作。若沒有成功執行該項工作，根據馬克思所言，其後果必定導向革命。因此，在歷經三十五年的改革開放後，習近平第一次做出具有如此深遠影響的意識型態改變，意味著他已經辨識出某些會影響中國共產黨存續的重大矛盾。

中國共產黨從一九八一年起辨識出並持續解決的主要矛盾即為「人民日益增長的物質文化需要，同落後的社會生產之間的矛盾」（解決此矛盾的中心任務就是透過改革開放發展經濟，並執行任何必要手段以促進國內生產毛額快速成長）。但是根據習近平的判斷，中國現今的主要矛盾是「人民日益增長的美好生活需要，和不平衡、不充分的發展之間的矛盾」。這表示中國共產黨要解決此矛盾所使用的經濟與社會戰略之中心任務要轉變為創造「地區和行業間更平衡、更高品質的發展」，以更公平的方式滿足人民的需要。畢竟當時的國營媒體也指出，「共同富裕是社會主義的本質要求。」

但是共產黨的幹部，以及企業高管與大眾，都花了一段時間才真正理解這一意識型態改變在現實中代表的意義。在二〇一七年黨的全國代表大會上指出這個主要矛盾後，習近平本人可能沒有立刻決定應該如何處理此關鍵改變。我們可以在二〇一八年至二〇一九年期間，找到中國在經濟政策上決定採取更多國家主義政策的蛛絲馬跡。但時間一直到二〇二〇年後半，習近平的新經濟思想才全面成型。他的經濟戰略披著民粹主義的外衣，在內容上回歸黨的社會主義根基，是現在被外界正式稱為「習近平新時代中國特色社會主義經濟思想」的核心。

習近平的「新發展理念」

二〇二〇年，習近平將他的新經濟方針納入所謂的「新發展理念」。本質上來說，新發展理念在於它將成為中國新的經濟戰略依據，習近平會根據此理念領導中國度過一個日漸危險的世界，並度過他所說的「百年未有之大變局」。習近平在二〇二一年七月告訴中國共產黨高層新發展理念即是「在各種可以預見與難以預見的狂風暴雨中」，「確保我們的生存」。習近平的發言清楚地解釋了其政治敘事角度：要帶領中國面對接下來將於國內外發生的「鬥爭」，唯一的方法只有依靠一個強大的黨的領導、一位強大的「核心領導人」，以及一個清楚的戰略方針。「鬥爭」這個在毛澤東時代的文革口號，在今日已經成為習近平「新時代」的同義詞。這一戰略的核心則是習近平的新發展理念，其目的是取代鄧小平時代推行的改革開放政策。中國共產黨在毛澤東時代結束後開始推行改革開放，時間從一九八七年持續到大約二〇一七年。而現在，歡迎來到習近平的全新時代。

新發展理念究竟對中國的經濟政策具有什麼意義？二〇一五年，習近平在第十八屆中央委員會第二次全體會議上第一次提及這個概念，但在接下來的幾年內，「新發展理念」這一詞彙在中共的官方話語中只占有次要意義。由於當時該詞彙本身的定義模糊，因此不管習近平當時對經濟政策的看法是什麼，該詞彙都可以把他的意見納入其中。到了二〇一八年三月，習近平決定將「新發展理念」一詞正式寫入中國國家憲法中，此舉大大凸顯了其重要性。隨後的幾年，習近平逐漸為該詞添加更多的意義，到了二〇二〇年，「新發展理念」已經代表著三個優先事項的綜合體：民族自立更生、具有保護主義色彩的國內國際雙循環經濟政策，以及為了達成共同富裕的再分配理念。

「新發展理念」的第一個支柱是「自立自強」的概念，字面意思是「憑藉自身力量實現復興」。這一點即是復興毛澤東時代對於讓中國不受來自外界壓力影響的執念。當時毛澤東想盡辦法提升穀物產量與鋼產量，現在習近平則期待中國有能力自主生產高階半導體、作業系統以及雲端運算基礎建設。簡而言之，他希望中國能透過自身的創新努力，成為高端關鍵戰略性科技領域的領頭羊，如此一來，中國再也不會受限於任何未來美國政權發出的禁令。

在習近平的世界觀中，中國達到自立的關鍵在於提升管理運用國家資本的能力，以推進其研發產業，但與此同時也需盡可能地尋求國際合作。舉例來說，國務院副總理劉鶴被任命領導一項一兆美元的關鍵計畫，幫助中國半導體產業克服來自以美國為首的限制。習近平版本的自立自強涵蓋範圍之廣，從製造業到農業用的基改種子都需要自強變革。但是最近官方話語中開始提及一項關鍵新領域：金融自立。或者說，中國必須建立一套金融體系，確保其有能力面對美元主導的國際金融體系所帶來的壓力。

習近平「新發展理念」中的第二個支柱，則是他的「國內國際雙循環經濟政策」。國內國際雙循環的概念首度出現於二〇二〇年秋季，作為中國二〇二一年至二〇二五年最新一期五年計畫的經濟政策。「內循環」指的是發揮中國國內廣大的市場潛力，藉由提升中國內部新興中產階級的強大消費能力，擴大中國內需市場以刺激經濟成長。同時，外循環指的是中國將重新調整自己在國際經濟往來上的定位，從過去勞力密集的出口製造業轉變為進出口並重，同時在出口方面專注於出口高價值產業鏈的產品。這項經濟政策有一部分是反轉了鄧小平在一九九〇年代改革開放時期的「國際大循環」戰略。當時鄧小平以出口導向的經濟政策作為驅動中國崛起的動力。

習近平的國內國際雙循環經濟模式，本質旨在讓中國的經濟能夠更有效地抵禦來自地緣政治動盪、全球供應鏈中斷、懲罰性關稅，與全球貿易萎縮所帶來的外部衝擊。因此該政策與自立自強互相呼應，皆能作為降低中國在面對外力時的整體脆弱性的方法。這兩個方針都強調國家應該對關鍵戰略產業提供足夠的支持，其中受支持的對象也包括中國的國有企業。此外，在國內國際雙循環經濟下，習近平認為中國廣大的內部市場不僅可以驅動自給自足的經濟成長，還能成為他口中「吸引國際商品和要素資源的巨大引力場」，讓世界必須在北京的遊戲規則下與中國交往，否則就會在商業上冒著落後的風險。二〇二〇年四月，習近平在中國共產黨的黨刊《求是》中提到：「鞏固提升優勢產業的國際領先地位……拉緊國際產業鏈對我國的依存關係，形成對外方人為斷供的強有力反制和威懾能力。」

而「新發展理念」中的第三個支柱，則完全聚焦在中國國內，也就是從根本上解決習近平於二〇一七年辨識出的主要矛盾。解決上述的矛盾，就是將「共同富裕」的概念落地，具體執行這個習近平長久以來提出的願景。根據習近平在中國第十四個五年計畫中的定義，達成共同富裕代表「在接下來的五年內全體人民共同富裕取得更為明顯的實質性進展」。這很明顯是鄧小平的「讓一部分人、一部分地區先富起來」政策的變體版。雖然鄧小平也說過（我們偏偏卻很常忘記），這個階段是「是加速發展、達到共同富裕的捷徑」，也就是說，共同富裕仍是「大原則」。因此，當習近平把自己的經濟政策定調為以「全體人民共同富裕」為優先，習近平就能為自己建立起「完成連鄧小平都沒能做到的事」的形象，達成當初鄧小平在長達四十年的改革開放時期未能做到之事。

事實上，共同富裕反映了習近平對於中國嚴重失控的、甚至可能威脅到中國共產黨的政治合法性的貧富差距的擔憂。習近平在二〇二一年一月直接點出了這點，並警告他的同僚：「實現共同富裕，不僅是經濟問題，而且是關係黨的執政基礎的重大政治問題。」由於共產中國是世界上貧富差距最嚴重的國家之一，社會上收入排名前五分之一的家庭擁有的可支配收入是收入排名後五分之一的家庭的十倍，而社會頂層的前百分之一則握有全國大約百分之三十的財富（美國的前百分之一富人則握有大約全國百分之三十五的財富），習近平因此表示：「我們絕不能允許貧富差距愈來愈大。」

中共中央財經委員會在二〇二一年八月的會議上也呼應習近平的說法，宣示中央將致力於縮短貧富之間的差距，未來將會合理調節「過高收入」，並鼓勵高收入人群和企業「更多回報社會」，同時也會「堅決取締非法收入」，黨鼓勵人民「勤勞創新致富」，而不是投機取巧。根據習近平的看法，目標在於創造中間大、兩頭小的「橄欖型分配結構」，中產階級將會占社會上的多數，而窮者與富者則是社會上的少數。因此共同富裕也是藉由直接瞄準中產階級，提升其消費能力以促成雙循環經濟的手段。在會議上，習近平認為共同富裕是「社會主義的本質要求」，是「作為全面建成小康社會的底線任務」。這個概念對於習近平而言是如此重要，到了二〇二一年八月時，他已經是第六十五次在演講中提及「共同富裕」四字了。

共同富裕的具體展現包含堅持就業優先戰略、提升中產階級消費能力以及（在形式上）打擊大企業壟斷市場，扶植中小企業以提升競爭力，並允許新創產業發展。該理念中至關重要的一點在於打破中國中產階級與工人階級日益加深的被剝削感。特別是在現今，大企業壟斷了市場，勞動的價值下降，出人頭地愈發困難，中國的工人們更加感受到資本主義的無情與剝削。

國家所有的機構都必須在達成共同富裕的目標上盡一份力。例如，中國人民銀行在二〇二一年八月宣布「把促進共同富裕作為金融工作出發與著力點」。在習近平定義的共同富裕理念之下，私營企業毫無躲藏空間。根據習的說法：「我們必須引導督促企業服從黨的領導，服從和服務於經濟社會發展大局。」

此話一出引起中國股票市場的恐慌性拋售，私營企業股票被大量賣出，迫使劉鶴的副手韓文秀在同月發出聲明，企圖澄清在中國共同富裕的目標上是「要鼓勵勤勞致富、創新致富……但中國絕不搞殺富濟貧」。政府只會「鼓勵」高收入人群和企業參加「第三次分配」自願執行公益捐贈回饋社會。而在第三次分配之前，首先會透過市場工資進行初次分配，接著透過稅收與社會保障支出再平衡收入，進行所謂的二次分配。政府呼籲高收入族群以公益為名捐款，或是扣上更廣泛的社會責任，讓「第三次分配」實質上就是一種強迫慈善的概念。對於政治訊息有敏銳度的公司，例如電商平台拼多多，很快就意識到黨想傳遞的意思。拼多多宣布將捐出其二〇二一年第二季的全數利潤，金額接近十五億美元，作為建設農村之用。同時，科技業巨擘騰訊與阿里巴巴都宣布將捐款一百五十億美元以上給共同富裕項目。

然而，共同富裕絕不只是想要縮短貧富差距。它的背後還帶有重要的社會與文化因素。共同富裕有一部分是受到中國年輕人逐漸升高的挫折感而催生出的產物。中國年輕人認為畢業後的就業市場愈來愈困難，科技公司要求員工遵守嚴苛的「九九六」工時（早上九點上班，晚上九點下班，一週工作六天。目前此工時已被視為違反《勞動法》），以及電商平台利用零工經濟作為將人力成本壓至最低的手段，都讓年輕人感到挫敗感與日俱增。最近這些就業情況的亂象在大眾間引起更多的關注，因此也引發黨對低薪資與惡劣工作環境的審查和批評。在中國的網民之間出現了一種虛無主義的絕望文化，社群媒體上常常可以看到「內捲」這個網路用語，形容個人或社會面對這種絕望的反應。一篇社群網站的貼文形容內捲是個人或社會感覺「陷入了一場沒有贏家、無止境且不能退出的競爭」。這樣的絕望感則衍生出了另一種名為「躺平」的運動。躺平的人決心在工作上只付出最基本的努力、完成最基本的工作，剩下的則倚靠國家的補助與照顧。

儘管對於人民面臨的貧富不均感到憂心，但是習近平完全不打算容忍「躺平主義」。因此，政府在執行共同富裕項目的同時，也開始打擊許多有關躺平文化的一切事項，例如祭出電玩限制令（電玩被國營媒體形容為「精神鴉片」），法令禁止未成年人每週玩超過三小時的網路遊戲）；整肅娛樂圈的藝人（國家互聯網信息辦公室承諾將打擊網路炫富，以及整頓網路粉絲文化所帶來的亂象）；教育部要求學校培養男學生的「陽剛之氣」。如同一篇愛國主義部落客的貼文所點出，這些整肅行動的目的在於讓「文化市場不再成為娘炮明星的天堂，新聞輿論不再成為崇拜西方文化的陣地」。而這篇貼文也被國營媒體引用，獲得廣大轉發。利用大量的家長式領導、儒家思想與列寧主義的道德價值觀，習近平顯然不想讓中國的年輕人失去對於民族主義的熱情，也不希望他們成為一群冷淡冷漠、無法為社會做出愛國或有貢獻的行為的懶漢。

而習近平也認為中國的新生兒數量不足。中國的人口危機是習近平推動共同富裕的另一個重要原因。根據二〇二一年的人口普查資料，中國的人口在二〇二〇年只增加了七千二百萬人，這代表跟二〇一九年比起來，新生兒人口掉了百分之十八，中國的出生率也來到史上最低，平均每位婦女只會生一．三個小孩。分析顯示中國的人口數可能最早在二〇二二年達到最高點，比起之前的預測整整早了十年。而二〇二〇年時中國的勞動人口（十五至五十九歲）只占整體人口數的百分之六十三（低於二〇一〇年的百分之七十），人口挑戰顯然會對中國未來的經濟成長造成巨大的危機。人口成長趨緩也讓北京焦慮的政策制定者取消了中國的一胎化政策，允許每個家庭生育三胎（接下來很可能取消所有限制），但效果並不顯著。挫折的中國年輕人認為光是養育一個小孩所需的花費就讓人承受不了。根據一項研究的數據，中國的家庭從孩子出生的那一刻起到十七歲上大學前，平均在一個孩子身上花費七十五萬人民幣。而另一份問卷調查中，百分之九十的受訪者表示他們「絕對不會考慮」生三個小孩。因此，昂貴的私人家教服務（服務量從二〇一七年到二〇一九年以平均百分之三十的速率增加）成了習近平為解決「中國人不想生」挑戰下首先開鍘的對象之一。

新發展理念的三個支柱都利基在習近平最喜歡、也最常提及的概念——「實體經濟」之上。實體經濟包含了製造業、農業、商品貿易，或能讓中產階級受益的消費者取向服務業。這與他認為是投機的「虛擬經濟」形成了明顯的對比。習近平依循馬克思主義的看法，認為虛擬經濟一方面毫無實質貢獻，另一方面透過競租、利用「封閉平台」限制消費者壟斷產業、價格操作、金融投機、兜售令人上癮或造成社會腐敗的商品、投機的炒房者、發展線上科技的公司，以及金融機構「魯莽地」核發資本等方式從中產階級身上榨取財富。如同習近平在二〇一九年做出的警告，儘管數位經濟對於中國的國內生產毛額很重要，但「實體經濟發展至關重要，任何時候都不能脫實向虛」。

重視實體經濟也與習近平其他的戰略目標吻合：對於中國要在全球戰略競爭中取勝，他顯然不認為那些住在城市裡的中國人民對於西方投資者投資的昂貴叫車服務有什麼迫切需求，也不相信騰訊提供令人上癮的電玩，或全球導向的金融服務公司榨乾中國頂尖大學的畢業生去擔任證券分析師，能幫助中國在競爭中脫穎而出。在習近平的世界觀中，這些頂尖大學畢業生成為愛國的工程師，幫助中國製造出世界級的半導體、讓中國維持其引領世界的製造能力，以及讓中產階級消費者有能力買得起房、提高並教育更多孩童，從而為國內國際雙循環提供動力，才是最重要的。

當我們透過習近平的意識型態與經濟觀點來看中國時，這些看似零散的政策與中國政府對於民營企業的打擊與規範，就成了中國規劃戰略轉移的一部分，引導著中國經濟如何運作與為誰運作。對於習近平而言，政治永遠是最優先的考慮事項，其重要性肯定也高於簡單的經濟效率與整體因素生產力。從二〇二〇年十一月以來，習近平便證明了他不再關心中國的億萬富翁們認為中國該如何發展；他不再關心這些富翁們（更不用說華爾街的投資者）是否會因為他在追求中國核心戰略優先事項時賠錢；他也不再關心他的政策是否真如這些有錢人所指出的那般並非推動中國國內生產毛額成長最有效率的方式。習近平現在的注意力完全集中在一個更大、範圍更廣的「選區」上，也就是中國的「人民」。或按照他自己對此的定義——中國廣大的工人階級和廣大的中下階級群眾。習近平關心的是來自他們的支持。這些支持能透過解決收入不平等問題、生活成本、缺少好的工作機會、缺少平等的機會、城鄉差距，與社會不安等問題獲得。

因此中國中產階級對於習近平管控與整肅中國規模龐大的網際網路數位公司感到歡欣鼓舞也不是如此令人意外。習近平認為這些公司根本是中國版本的「壟斷」公司，一個美國鍍金年代的產物。身為一個敏銳的政治家，習近平非常清楚目前的利害關係。他期待在他所謂的「新時代」，將中國式的經濟民粹主義，嫁接到具有中國特色的社會主義內。

在二〇一九年四月中國共產黨的黨刊《求是》刊登的一篇文章中，習近平做出了一個少被報導的宣言：「近些年來，國內外有些輿論提出中國現在搞的究竟還是不是社會主義的疑問，有人說是『資本社會主義』，還有人乾脆說是『國家資本主義』……這些都是完全錯誤的。」他也在文章中提到「我們說中國特色社會主義是社會主義」且「只有社會主義才能救中國，只有中國特色社會主義才能發展中國，這是歷史的結論、人民的選擇。」習近平清楚地表示他要重新將社會主義置於經濟政策的重要位置。

這些概念全被整合成所謂的「習近平經濟思想」，成為黨的官方意識型態，如同「新發展理念」一樣，一起被寫入中國國家憲法中。習近平思想與新發展理念都是很具彈性的概念，能隨著時間的推移或配合當下政治與經濟情況所需加以延伸或收縮。但是這兩個意識型態中也含有一系列與改革開放時期的意識型態完全不同的涵義與方向。就政治經濟來說，習思想代表中國的政策與態度將顯著地左傾，這會體現在黨與國家之間、市場與國家之間、國有企業與私有部門之間，也可以從鄧小平的名言「致富光榮」到習近平新時代的「共同富裕」間的轉變看出端倪。這些改變都是貨真價實，且和習近平的世界觀互相呼應。它們建構在黨的中心地位與習近平對於中國民族主義的泛意識型態任務之上。

因此習近平的思想已經成了引導中國政治經濟未來十年發展的北極星。習近平認為，他的新發展理念是由自立自強、雙循環經濟，以及共同富裕構成，這足以將中國轉變為一個超級強國，有能力在接下來與美國展開的戰略競爭中取勝。他在二〇二一年一月向他的同志們說道：「只要我們能自立自強、自給自足，並維持國內熱絡的商品與服務流通，那麼不管外界環境如何變化，我們都將立於不敗之地。我們會生存下來，繼續發展，沒有人可以打敗我們，也沒有人可以扼殺我們。」

然而對未來最重要的問題在於，習近平上述的想法會不會跟現實完全相反？這些由上而下的解決方針（或照習近平喜愛的說法則是「頂層設計」）以及他對於政治掌控的痴迷會不會是中國未來經濟成長的阻礙，而非助力？或者說，習近平的做法是否會一併殺了會下金蛋的鵝，適得其反？畢竟，中國私營部門中幾家曾因為推動中國經濟奇蹟而被譽為國家英雄的大公司，都因中國共產黨與國家推動的限制與監管遭受嚴重打擊。劉鶴也承認，當時中國經濟裡所有的生產力提升、財富創造、科技進步，幾乎都是由這些公司貢獻，它們同時還創造了為數眾多的就業機會。

習近平世界觀與中美經濟脫鉤間的關係

習近平的經濟世界觀不是憑空形成的。如同我們先前所述，習近平的經濟世界觀不只受到他的意識型態影響，真實世界中發生的事件也一樣對其有影響力，例如二〇一五年至二〇一六年發生的中國股市內爆、為了管理系統財務風險實行的去槓桿操作所帶來的持續挑戰，以及為了避免中國落入其政策制定者一直害怕的中等收入陷阱之中而實施的能夠帶來永續成長的策略。在全球金融危機之後巨幅改變的國際經濟環境也深深影響了習近平的經濟世界觀。但就如同其他優先事項，美中的經濟關係對於習近平的經濟世界觀而言，仍占有最大的影響力。

本章的前幾段落試著探討二〇一八年至二〇一九年美中貿易戰對習近平造成的影響。貿易戰讓習近平更加懷疑中國是否應繼續走在市場經濟改革的道路上，也對於是否該讓中國與國外日益激烈的市場進行更進一步整合感到遲疑。事實上，由於貿易戰造成的重大市場混亂，從供應鏈、科技市場到金融市場等都受到影響，更加深了習近平意識型態中偏重國家控制而非市場機制調節的預設立場。在供應鏈、科技市場與金融市場上出現的美中經濟脫鉤早期徵兆皆對習近平產生了深刻的影響。儘管經濟民族主義一直以來都是習近平的政治特色之一，但是美國的單邊行動可能破壞中國的連續成長戰略的擔憂，讓他比平常更快速地往重商主義、保護主義以及國家干預的方向靠攏。這點在中國的半導體產業上展現得最明顯。中國的半導體產業長期依賴來自美國與美方同盟的關鍵供應商，而美國限制這些供應商提供中國最高規格的晶片。基於這些原因，更詳細地了解貿易、外國直接投資、科技與資本市場在整體的「脫鉤」辯論中如何相互影響，以及美元與人民幣的未來關係將會如何發展，這兩個關鍵問題非常重要。

在接下來的段落，我們雖然知道整體趨勢肯定是負面的，但我們能看到這五個主題在經濟脫鉤議題上有什麼不同。中美經濟脫鉤也對習近平的世界觀產生了相當顯著的影響。中國的領導階層對於由外界造成的經濟風險以及任何與該風險造成的內部不穩定極度敏感，這代表未來經濟脫鉤不會因為美國單方面的決定而發生，因為經濟脫鉤也成為了中國的政策選項之一，在某些方面甚至已經是中國政府所偏好的選擇了。經濟脫鉤也讓習近平固有的經濟世界觀變得更具意識型態、更保守，也更往民族主義的方向發展——其中為最糟的情況做打算已經成為常態，變成一個自我實現的預言。

美中貿易

在中國目前的經濟發展階段，中國經濟相較於美國的顯著脆弱性，仍能在美國限制中國商品與服務進入美國市場時顯現。美國一直以來都是中國最大的出口市場，且一直維持著很高比例的貿易差額。相較之下，中國占美國整體出口額的比例相對低了很多。在過去的十年內，中國只占了美國出口額的百分之八，美國平均則占中國出口額的百分之十九，中國成為美國繼加拿大與墨西哥後的第三大出口市場。此外，中國的整體經濟比美國更容易受到貿易的影響。截至二〇二〇年為止，中國的出口額與進口額的總和相當於中國整體國內生產毛額的百分之三十四。跟中國比起來，該年美國的貿易額只占了美國整體國內生產毛額的百分之二十四。儘管二〇二〇年美中貿易戰打得火熱，美國市場仍占據了中國百分之十七的整體出口額，可以說美國對於中國的整體經濟成長仍發揮了很大的貢獻。因此，儘管國際貿易對雙方的經濟都很重要，但對中國來說，其重要性可能更勝一籌。基於這些原因，中國的領導階層在規劃其對美國的整體政策回應時敏銳地意識到，比起中國對美國，美國能透過外貿對中國造成更多的經濟損害。美國——至少到目前為止——仍會在中國經濟的未來上扮演重要角色。

然而，由於過去十年來，中國的出口額占中國整體國內生產毛額的比例不斷下降，現在的中國比起在全球金融危機前夕的中國更不容易受到傷害。首先，二〇〇六年中國的出口額占了國內生產毛額的百分之三十六，到了二〇二〇年，該比例減少了一半，下降到百分之十八。再來，中國家庭的國內消費額一直在穩定成長，取代出口成為推動經濟成長的主要動力。刺激家庭消費在習近平的經濟戰略中將繼續占有更重要的位置，以降低中國面對國際經濟勢力的整體脆弱性。中國也深知美國依賴一系列中國製的消費品，且美方無法在不引起國內消費者反感的情況下，短期內改變這個現況。舉例來說，二〇一八年美國人口普查局的資料顯示，美國百分之八十二的手機與百分之九十四的筆記型電腦產品都是從中國進口。換句話說，美國在這場牌局中並沒有掌握所有的必勝王牌，而中國知道這點。

習近平也很有可能拓展中國對第三方國家的出口市場，包括歐洲、日本、韓國、印度、東南亞與橫跨歐亞大陸的一帶一路國家，以逐步減少對美國的出口依賴性。中國也可能會同步在這些國家展開新的外交攻勢，以擴大自己在全球市場的滲透率。同時，中國在二〇二〇年十一月簽署了歷經長久談判而成的多邊貿易協定，即《區域全面經濟夥伴協定》（*Regional Comprehensive Economic Partnership*, RCEP），藉此成功達成一個重大的政治與經濟里程碑。《區域全面經濟夥伴協定》被稱為世界上規模最大的自由貿易協定。雖然從參與協定的經濟體的市場准入規格與即刻性來看，這並不是一個「高品質」的協定，但它對現有的原產地規則協定帶來了一個重大的改變，將會顯著地影響並加強整體區域內的貿易流動。類似的事情也包括在二〇二一年九月，中國正式向《跨太平洋夥伴全面進步協定》（*Comprehensive Progressive Trans-Pacific Partnership*, CPTPP）提出入會申請，該協定是在美國於二〇一七年退出《跨太平洋夥伴關係協定》後，由十一個區域經濟體改組以挽救上述協定而成。北京的行動讓日本與澳洲（兩國均為美國的盟友）為首的十一個跨太平洋夥伴關係協定參與國陷入極大的兩難境地。

特別是因為中國並沒有為了要加入這個高品質的貿易協定而要求重新談判簽約條件（更重要的因素在於，僅僅六天後台灣也申請加入該協定）。若中國成功申請加入《跨太平洋夥伴全面進步協定》，那麼歐巴馬政府原本利用該協定減少亞太地區對中國貿易依賴性的用意就失效了。北京也很有可能利用其在世界貿易組織中廣大的政治影響力，阻止由美方拜登政權主導、針對中國的全球經濟與貿易行動的任何多邊行動。

綜上所述，習近平意識到美中貿易戰將會對中國接下來幾年的經濟狀況構成重大的戰術威脅。他的短期戰術是藉由展現足夠的讓步，在不犧牲他認定的核心經濟與政治國家利益的同時，避免貿易戰進一步升級。長遠來看，習近平則打算運用更具野心的計畫保護中國的經濟。我們很快就會在接下來的幾段討論這點。

外國直接投資（Foreign Direct Investment, FDI）

中國與美國之間的外國直接投資在雙邊的整體經濟關係中代表了一種相對新穎的發展。過去的二十年內，投資數字才有了顯著的成長，而中國對美投資更是在最近十年內才達到顯著規模。美中雙方也是基於上述原因，才在二〇〇九年開啟了有關雙邊投資協定草案（Bilateral Investment Treaty, BIT）的談判，以增進雙方的整體投資關係，並處理中國對其經濟上認為敏感的產業向來嚴格的投資規定。但是面對貿易戰持續帶來的困境，這些談判停滯不前。二〇二〇年，美國在中國的整體對外直接投資存量高達二千八百四十九億美元，而年度流量在該年則下降至八十七億美元。這個數據比起二〇一九年的金額大約少了三分之一，也是從二〇〇四年以來最低的金額。同一時間，二〇二〇年中國在美國的對外直接投資存量則累積至一千七百五十五點二億美元，而在美國的已完成直接投資金額則接近七十二億美元。二〇二〇年的總金額比起二〇一九年的六十三億美元略有上升。由於疫情造成的干擾與美中逐漸升高的緊張關係，二〇二〇年美國與中國之間的外國直接投資金額總數下降至一百五十九億美元。這是二〇〇九年來雙向流動的最低金額。

若我們將這個數字放在廣泛的角度下檢視，二〇一八年美中的雙向直接投資流量占了全球外國直接投資流量的百分之一．四。至於該年對美國的外國投資總額中，中國占據了全球對美整體投資存量的百分之一．四，以及二〇一八年整體流向的百分之二。美國的外國直接投資只占二〇一八年全球對中國的外國直接投資的百分之九。因此，外國直接投資不像國際貿易。在外貿上，美中在全球的商品與服務貿易中占有很大的比例，且兩國通常構成每個國家的整體貿易中的主要部分。但美中外國直接投資的關係則不是如此。

不管如何，從中國的觀點來看，外國直接投資是獲取先進技術的一個重要手段。

這適用於中國國內的外國直接投資策略，以及中國打算投資或併購的國外目標企業，其中也包含美國的公司。然而在過去幾年，中國在對美投資上遇到了新的強勁阻力。華盛頓收緊了對美國外國投資委員會（Committee on Foreign Investment in the United States, CFIUS）的規範、立法通過《外國投資風險審查現代化法案》（*Foreign Investment Risk Review Modernization Act*, FIRRMA），並重啟《出口管制改革法》（*Export Control Reform Act*, ECRA），這些都為中國在美國境內的投資以及美國公司可以和海外中國企業夥伴合作的內容設下了更高等級的審查與控制。這些新法規有可能降低美中之間的外國直接投資，也可能影響到雙方對彼此的資產組合投資，包括風險投資（Venture Capital, VC 也稱創業投資，簡稱創投）活動。這一影響尤其顯著。在新冠肺炎疫情爆發之前的二〇一九年，兩國的創投資金並沒有因為雙邊外國直接投資下降而受影響。然而現在情況改變了。二〇二〇年，美中雙向的創投在總金額與融資回數都有些微下降。中國在美國的創投資金略有增加，並首次超過了美國對中的創投資金（雖然只是小幅度的超越）。相比之下，美國在中國的創投資金則掉到五年來的最低點。

基於上述這些原因，從中國的觀點來看，美國投資的大門正在關上，如同北京預期美國科技公司在未來與中國公司與機構的合作上，會面對來自華府逐漸緊縮的規範與限制。此外，習近平對於拜登政權大舉取消川普政權時訂下的對中限制所抱有的些許期望很快就消逝了。拜登政權不只維持了多數川普時期訂下的限制，甚至還增加了新的規範。至於貿易議題，中國正設法改善其外國投資環境，以利吸引來自其他第三方國家的潛在投資者，同時也為了在海外的中國投資者改善原本的互惠協定。這些行為的具體例子包含實施中國新的《外商投資法》保障智慧財產權，並把強迫技術轉讓視為非法行為。中國也取消了外資在中國金融與保險業的持股上限。

二〇二〇年，北京更放寬了外資對其金融業的投資限制。隨後，包含高盛（Goldman Sachs）與摩根大通（JPMorgan Chase）的一些外商獲得了進入中國金融市場的許可證，它們相信中國對於進一步開放資本市場的長期承諾不會改變，因此正式進入中國金融市場。北京在四月解除了所有對共同基金的外資所有權限制，此舉顯示中國打算持續向外國資本敞開大門，是個重要的表態。從北京宣布對外資放寬限制起，一些西方的共同基金公司，包含摩根大通、摩根士丹利（Morgan Stanley）與富達國際（Fidelity International），立刻就向北京提出申請許可。同年的十二月，高盛宣布成功收購其中國的合資夥伴北京高華證券（北京在二〇二一年全面批准此交易）。到了二〇二一年一月，外商公司已經獲准取得中國期貨與保險業公司的百分之百所有權。同年的六月，貝萊德投信（BlackRock）成為第一家獲准在中國開展全資境內共同基金業務的全球資產管理公司。簡而言之，證券、期貨與保險都受惠於北京的開放政策。

然而投資者從中國一系列的動作中需要注意的重點，即是資本必須投資在北京想要發展的產業上。舉例來說，網路平台公司絕對是禁止投資的產業，因為若外資掌握中國人的個資，將有可能威脅到國家。另一方面，財富管理公司則可自由發展，因為北京需要外商在此方面的專長知識與技術協助引導與發展該產業。到了二〇三〇年，中國的可投資資產預計可以超過七十兆美元。對於一個擁有快速成長中的中產階級與財富累積的國家來說，財富管理專長至關重要。雖然北京對於外資逃離中國很敏感，但中國目前採取的做法並不是因為害怕外資逃離，而是因為相信中國經濟的強大引力，有能力持續吸引更多外國資金，所以才採取了開放政策。

因此，在了解此事上，抓住重點是非常重要的。北京雖然允許更多的外國資金進入國內金融市場，但外資只能在非常嚴格的控制下布局，而政府也嚴格限制資金外流。此外，北京允許外國投資者進入他們仔細衡量風險後精挑細選出的產業，但同時也對這些入場的外資維持顯著的控制，使得習近平在達沃斯（Davos）世界經濟論壇對眾人交代，最近的規範並不是要切斷與外部世界的連結。事實上，習近平的話是為了安撫對於中國是否會維持其開放的承諾而感到緊張的投資者。同一時間，在全球整體地緣政治持續惡化的情況下，中國正在想辦法推進與日本、印度及歐洲的投資關係，以抵消失去美國外國直接投資、風險投資與一系列資產組合投資時產生的負面影響。

北京為此做出的應變，即是打開自家的金融市場，以及希望藉由簽訂一些投資協定（雖然尚未完成），例如中國與歐洲的《全面投資協定》（*Comprehensive Agreement on Investment*），來幫助推進中國與日本、印度與歐洲間的投資關係。然而這三個地區對地緣政治風險也愈發謹慎。

科技自立自強

對於習近平而言，達成國家自立自強，特別是在本土科技與創新領域，已經成為中國關鍵的戰略優先事項。尤其是現今美國正極力限制對中的高科技技術出口（例如先進半導體）的情況下更是如此。習近平的野心是希望中國能在接下來的十年內，掌握所有重要科技領域的自主權，並在可能的情況下，取得優於經濟與地理戰略對手的科技優勢。為了取得戰略科技優勢，中國重心放在將推進人工智慧領域所需的主要技術上，次世代行動通訊技術、資訊科技、電訊科技以及量子電腦運算等方面。這份野心在二〇一五年四月發布的「中國製造二〇二五」戰略中昭然若揭，該戰略點出十項中國必須取勝的核心科技。這份科技名單由資訊與通訊科技為首，並包含其他主要戰略科技，例如工業機器人與新能源車。這份戰略設定的目標，即是在二〇二五年，中國將達成百分之七十的科技自立，並在本世紀中葉掌握所有產業的全球優勢。

二〇一七年國務院在《新一代人工智能發展規劃》中為「中國製造二〇二五」制定了補充計畫。該規劃特別聲明人工智慧是國際經濟與戰略競爭的主要舞台，中國在其中有著「重大戰略機遇」，且具有「先發優勢」。中國的領導階層相信，這些不僅是決定中國未來全球競爭力的次世代主要重大技術，也是推動第四次工業革命的主要引擎。繼早期發現得以利用石油作為內燃機的能源、學會生產電力，到最近由電子科技驅動的第三次工業革命，現在的第四次工業革命則是由深具顛覆性的科技引領，例如人工智慧、人機融合，以及這些科技在物聯網上的多種應用等。而中國領導階層將第四次工業革命視作改變全球經濟基本結構，與決定未來全球經濟權力分配的過程。第四次工業革命在目前日益加劇的「資訊化戰爭」中也扮演重要角色，其功能包含遙控在遠端戰場上部署新版本自主攻擊與防禦性武器。中國認為擁抱第四次工業革命對於中國在追求自強的道路上至關重要。

考量到這些新興科技具有革命性、改變全局的性質，北京認定這些科技是威脅、機會與緊迫性的集合體。曾經嚴重落後西方三次工業革命的中國，決心不再重蹈覆轍。事實上，北京希望藉由第四次工業革命發展的科技，讓中國從經濟上——以及可能的話，從軍事上——大幅超越美國與其他西方國家。中國也認定美國與其盟友試圖採取某種戰略，以限制中國在未來接觸這些先進科技的機會。從北京的觀點來看，這讓中國沒有其他選擇餘地，只能盡速達成自立自強的目標。中國也因此採用了由中央統籌的戰略，政府在科學研究上投入前所未見的努力、大規模收購目標外資企業、從中外合資企業取得技術轉移、迅速發展能在國家與全球市場中的冠軍產品，甚至根據美國的官方消息指認，大量竊取科技機密。在這快速展開的科技戰爭中，賭注變得十分高昂。整體來說，傳統的貿易、投資、外交政策，甚至安全政策，都與其相形見絀。從很多方面來看，科技已經成為美中關係裡最新的核心領域。

而人工智慧則處在這場追求科技霸權比賽的中心位置。人工智慧有很多定義，但根本上來說，它是一套能演繹、處理大量電子訊息的系統，根據這些訊息讓演算法做出決定，並從過去決定造成的結果中學習、適應。在最近幾年，透過改良的半導體與計算能力，人工智慧領域在能夠處理大數據的情況下進展飛快。中國認為自己在人工智慧領域上與美國陷入了激烈的全面競爭。在這個領域之中，中國有一些強項與弱項。而中國的優勢始於資料的可得性。至少在目前的階段，中國在資料蒐集上比起其他西方世界享有極大的優勢。由於中國本身人口數眾多，能夠從中國現存的數位通訊、經濟與社交網絡上蒐集到的資料數也非常龐大。而個人數據也不受隱私權保護，讓國家或政府可以國家發展為由取得個資時很少受到隱私限制的阻礙。由於數據取得的容易性是一種對競爭者來說相當重要的潛在先發優勢，中國因此限制了自身數據的跨境流動。在中國的網路安全法之下，外國公司（例如蘋果）必須在中國境內建構數據中心，而不可使用任何境外的設施。然而，隨著英美與歐洲各國政府對於數據法的規劃更加完善，且存取個人資料變得更容易更普遍的情況下，中國能否持續保持目前享有的資料優勢成了大眾討論的焦點。但是就目前的狀況來說，中國確實在數據方面占有優勢。

而在比賽生產效果最佳且最有效率的半導體競賽中，美國與其他非中資企業則握有重大優勢。二〇一八年，中國的半導體產量只占全球供應量的百分之五。相較之下，美國透過英特爾（Intel，美國在半導體產業的主要公司）供應了全球百分之四十五的半導體。另外兩個領導全球半導體產業的主要公司為台灣的台積電（中國半導體最大的供應商）與韓國的三星電子（Samsung）。事實上，二〇一九年時美國的半導體產業占了美對中出口額的百分之五十。而美國半導體產業上的獨霸地位讓中國處於弱勢的事實，顯現在二〇一八年川普政權決定封殺中國中興通訊一事上。川普禁止所有美國半導體公司供貨給中興（ZTE），此舉幾乎讓中興通訊垮台（目前暫時取消了禁令，我們將在第十四章深入討論）。在封殺中興之前，美國政府曾在二〇一七年根據美國外國投資委員會的審查，禁止中國的國有企業收購美國的一間半導體公司（台灣的法律明文禁止中資公司擁有半導體公司，韓國也有類似的規範）。因此美國的半導體產業認為，到二〇一九年為止，中國與全球半導體產業至少落後了五年的技術差距。中國某些產業分析師也認同這項觀點，有些人甚至認為中國與全球的差距比五年更多。中國雖然正努力縮短這個關鍵差距，此事的困難程度是不應被低估的。

將半導體製成電腦晶片的技術是一項更複雜且更激烈的競爭。中國在特殊應用晶片上的發展進展迅速，特別是在3D影像、語音與文字辨識方面。這和針對通用計算市場所需的晶片不同，此類晶片之後被重新應用於人工智能演算法上。而這類晶片長久以來都是美國產業強力的後盾。中國重要的本土人工智慧研究與發展專注在高功率的特殊應用晶片上，中國在這個領域與美國以及其他世界的差距，比起通用晶片領域上的差距來得要小。

中國這麼做的目的，在於透過投入龐大的國家研究資源在整個人工智慧領域來克服其在特定人工智慧科技與系統上的自然缺陷。舉例來說，截至二〇一九年，全球有百分之四十八與人工智慧相關的新創公司註冊在中國，百分之三十八則註冊在美國。我們還需要一些時間才能看出哪些中國新創公司是能在人工智慧產業展現出真正的創新獨立技術，還是註冊在中國的新創公司數量有被誇大的可能，因為許多公司處理的幾乎都是一樣的專利技術。但不能否認的是，中國的公司在十年前幾乎是從零開始，到現在它們已經成為全球重要的大數據與人工智慧領域創新者。它們還率先採用了許多其他地方開發的新興科技（例如數位支付系統），讓中國得以將大量的金錢重新導入一手研究領域。從整體經濟的角度來看，中國在人工智慧科技的商業應用上，確實在許多方面都領先美國。

因此事實是，美國與中國之間的重大科技脫鉤早就發生了。這種科技脫鉤在現實中始於二十年前，當時中國以網路主權為由，限制自己的人民對於自由取得資訊的權利。目前可能脫鉤的科技則是5G技術，因為美國與其盟友對此有安全上的顧慮。而在人工智慧方面，美國對於其國安的要求與中國欲達到國家自立自強的現存戰略，讓這個領域也處在脫鉤的軌道上。雖然科技脫鉤不代表美國在未來會完全禁止自家的半導體與晶片銷往中國，但是它代表會有更多的美國對中國施加貿易監管限制的情況出現。在其他新興科技領域，美國與中國雖然有可能繼續合作，例如在生科與製藥方面，但是新的限制也很有可能會出現。隨著一系列單邊、諸邊與多邊體系的出現，脫鉤對於未來全球產業的標準、規範和管理上也會產生重大的影響。這些都凸顯了習近平的中國在實現國家自立自強這個目標上的緊迫性。實現這個目標，中國就能更好地降低華府經濟與科技制裁造成的影響，同時增強中國經濟的韌性與取得科技優勢地位。

資本市場上的持續相互依存性

美國與中國若想在資本市場上達成脫鉤，那麼我們會發現，美中經濟關係將面臨一個完全不同、且更加複雜的狀況。這是因為就目前的美中經貿利益而言，現行的規模、互相依賴的程度，以及共同曝險程度實在太大了。截至二〇二一年，美中雙邊金融關係所牽涉的金額高達五兆美元。這包含了中國在美國證券交易所上市的股票（價值一·九兆美元）、美國公司在中國與香港的證交所持有的一·五兆美元中國股票與債券、中國持有的二千億美元美國公司股票與債券、美國對中國公司提供的一千億美元跨境貸款、中國持有的一·一兆美元美國國債，另外還有二千億的其他美國政府債券。說到底，這些都是非常高額的數字。

總的來說，不管這兩個國家之間有什樣的戰略困難，在目前這個階段繼續維持這些財務金融安排，仍是符合兩國利益的決定。從中國的觀點來看，目前沒有地方可以立刻取代美國資本市場的多樣性、市場深度與流動性。此外，中國從四分之一個世紀以來，第一次預測到自己需要在不久的將來，為其經常帳赤字提供資金周轉。中國在此階段的經濟發展，與其他國家的經濟發展史一致。因此，若中國有融資需求，它必須持續有能力進入全球資本市場，以平衡自己的經常帳。中國確實可以尋求歐洲或其他金融市場以滿足其外部融資需求，而中國的確也有為美中經濟脫鉤影響到資本市場時準備了應變計畫。但目前為止，因為維持資本市場開放的主要共同利益仍然存在，上述緊急狀況發生的機率應該有限。

話雖如此，二〇二〇年時，美國國會發起了一些有可能會改變現狀的提案。川普在任期尾聲簽署的《外國公司問責法案》（*The Holding Foreign Companies Accountable Act*）要求在美國上市的外國公司必須接受美國公開發行公司會計監督委員會（Public Company Accounting Oversight Board）的審計，不然就摘牌退市。而許多上市的中國企業都是中國國有企業，它們經常不遵守完整的審計準則，目前在美國證交所上市的中國企業中，有二百八十一家公司受到此法影響，面臨被退市的困境。雖然很多人認為拜登政權不會像之前一樣如此積極地執行該法案，但在二〇二一年的三月，這種想法被證實是錯誤的。美國證券交易委員會（US Security and Exchange Commission）在拜登政府的指導下宣布，美國將繼續監督公司是否符合規定。美國證券交易委員會主席蓋瑞．詹斯勒（Gary Gensler）在二〇二一年八月加倍堅持自己的立場，表示會對中國公司祭出進一步的審查，並指出「未通過審查的後果很明顯，中企下市進入倒數計時階段了」。二〇二一年九月，他宣布中國公司必須在二〇二四年以前符合新的審計規範，否則就面臨從美國證交所退市的命運。因此，華府目前的意思似乎已經很明確：中國公司必須在接受更多審查與離開美國資本市場之間做出選擇。

由共和黨與民主黨立法者於二〇二〇年共同提出的第二項法案，試圖限制美國公共養老基金，特別是美國聯邦退休儲蓄投資委員會（Federal Retirement Thrift Investment

Board），投資含有中國股票的指數。這項法案的其他版本在二〇二一年時被提出辯論。值得注意的是，拜登政權也顯示了其對投資限制的支持。拜登拒絕推翻川普政權禁止投資數十家據稱與中國軍方有關聯之公司的行政令，這些公司包括航空產品公司中航科工（中國航空科技工業股份有限公司）、監控產品公司海康威視，以及電信公司中國移動（中國移動通信集團有限公司）。為了讓讀者能更好地理解當這項限制提案變成法律時會造成的影響，美國聯邦退休儲蓄投資委員會目前管理的基金總價值高達六千億美元。因此全面實行這項審查標準，將會對美國其他的投資組合管理人在其投資決策上產生極大的影響，勢必也會引起中國方面的反彈。

美國的立法者在開始限制其資本市場的時候，中國則在朝打開自家資本市場的方向前進。二〇一九年九月，中國解除了所有符合規定的外國投資機構在上海與深圳證交所購買境內由人民幣計價股票的配額限制。目前外國人只持有大約百分之二的中國股權。由於投資機構希望增加在中國的投資，以平衡其全球投資組合，因此在接下來的十年內，這個數字應該會升至百分之十。最近熱門的明晟指數（Morgan Stanley Capital International, MSCI）與巴克萊（Barclay）的指數決定納入中國股票，強化了此發展趨勢。類似的自由化與相對應的購買量提升正發生於中國的債券市場，目前在所有由中國公司發行的債券中，外國人大概只持有百分之八。允許外商獨資企業成為中國國內保險業、證券經紀商與其他金融服務產業的主要參與者，顯示出北京正走向自由化的方向。因此，儘管美國國會正提出一些具有限制性的法案，但這些法案和類似措施實際上會不會通過，還有待觀察。這是因為美國金融服務產業持續對這些法案表達反對，再加上美國與中國資本市場共同經濟利益的規模之大。而中國政府決定將其國內金融市場國際化，以協助解決自己的長期經常帳赤字問題，都讓兩國在資本市場發生重大脫鉤事件顯得有點遙遠。

貨幣市場與持續稱霸的美元

貨幣市場的未來總共有三個問題。第一個問題即是美國與中國之間對於人民幣真正價值的長期辯論。第二個問題則是人民幣能否作為未來的全球儲備貨幣。第三個問題是中國最近決心推出的國際數位貨幣。推出數位貨幣的原因，部分是為了避險，若未來美中的雙邊政治關係崩解，則可避免美元被武器化並用來劍指中國。

就第一個問題而言，儘管兩國之間常有激烈的言語交鋒，例如當初川普總統曾暫時宣布中國為匯率操縱國，但中國很有可能會繼續維持目前的「管理浮動」匯率制度。在這個制度下，人民幣的匯率可以在每個交易日於一個確定的範圍內浮動。如果貿易戰持續惡化、經濟脫鉤的進程加速，且美中的政治關係崩解的話，那麼美中之間很有可能會上演新一輪的匯率戰爭。中國可能會想利用匯率來減輕未來因關稅提升或因其他市場因素造成人民幣匯率提升帶來的影響，以維持住中國在全球出口市場的競爭力。

但是這個做法的問題在於，中國很有可能會和其所有的貿易夥伴陷入匯率戰爭，進而在所有方面創造政治摩擦。然而到二〇二一年中，中國都沒有讓人民幣貶值。在二〇一九年貿易戰最激烈的時候，人民幣兌美元匯率曾跌至七．二，二〇二〇年十月，人民幣兌美元匯率又前所未見地飆升到六．五，到了二〇二一年年中，更繼續升到六．四五。某些分析師，例如高盛集團，預測人民幣會持續走強一段時間。人民幣的強勢升值由幾個原因造成：中國允許外商獨資企業進入中國資本市場、中國自新冠肺炎疫情後強勁的經濟復甦，以及當已開發國家急著為推行大規模財政刺激措施提供所需的金援而大量印鈔時，中國政府的公債能提供比其他選擇更好的報酬率。然而最值得注意的地方在於，中國政府幾乎沒有採取任何限制人民幣升值的行動。許多分析師注意到中國似乎已經考慮過，讓人民幣維持強勢的狀態能夠加強中國國內市場的全球購買力，並推進人民幣國際化的長期目標。

人民幣國際化一直都是中國人民銀行的長期目標。然而中國的政治領導階層謹記一九九〇年代亞洲金融危機的教訓，長期以來都抵制人民幣浮動，並拒絕開放中國的資本帳戶。中國長期的擔憂即是面對國際避險基金的風險，以及外國可能透過貨幣市場執行潛在政治操作以破壞中國的政治體系。這些決策（包含對人民幣以及中國資本帳戶的決定）長期以來限制了中國將人民幣變成重要國際儲備貨幣的能力，也因此減少了中國在全球金融交易中以美元作為中介的依賴。但是中國已經成功讓國際貨幣基金組織將人民幣納入特別提款權貨幣籃子（special drawing rights reserve basket of currencies）之中。這讓中國與大約三十六個貿易夥伴展開個別的雙邊貨幣互換協議（雖然非美元計價體系中的全球貿易結算只有占有非常小的比例）。中國還和俄羅斯一起推出了SWIFT的替代品，SWIFT是一個以美元為基礎的國際金融結算系統。但直到二〇一九年時，美元仍是強勢貨幣，人民幣在國際貨幣體系中頂多是個邊緣角色。全球百分之六十二的儲備貨幣為美元、百分之二十為歐元、百分之五為日圓、百分之四為英鎊，只有不到百分之二的儲備貨幣是人民幣，這個數字和澳元的全球儲備持有量差不多。此外，直到二〇一九年時，全球百分之八十八的外匯交易以美元進行，相較之下，人民幣只占了百分之四。美國全球債券市場長期以來保持的市場深度、流動性與可靠性，與中國對於打開自家資本帳戶的不情願以及不願意讓人民幣自由浮動的態度形成明顯對比，就這點來說，中國在降低對美元的全球依存性上反而決定自我設限。儘管北京方面有愈來愈多人偏執地認為中國可能成為以美元計價金融制裁下的受害者，且也目睹過美國其他地緣政治的對手，例如俄羅斯、委內瑞拉與伊朗，遭受美方金融制裁的下場，但中國仍舊選擇維持上述自我設限的狀態。

然而，中國也嘗試了許多非傳統的方法應付美元所造成的風險的持續戰略擔憂，以及利用非傳統方法拓展自己的全球金融足跡。中國商務平台支付寶與微信支付已經是世界上最大的兩個電子支付平台。光是二〇一九年的第一季，支付寶與微信支付就經手了價值八．四兆美元的交易。中國想透過發行自己的國際數位貨幣鞏固其在電子支付領域的優勢。此舉也能避免其他潛在國際競爭者鞏固國際市場上的先發優勢，例如 Facebook 預計發行的加密貨幣 Diem。事實上，馬克．祖克柏（Mark Zuckerberg）曾在二〇一九年的證詞中警告美國國會，除非美國願意支持像是 Diem（當時 Facebook 將此計畫稱為 Libra）這項在加密貨幣圈的商業努力，美國便會冒著在電子支付與加密貨幣領域輸給中國的風險，把這快速發展的領域拱手讓給中國。中國可不希望自己的國際數位消費者受限於只能使用仍被美國長期控制把持的數位貨幣。中國最新的《中華人民共和國密碼法》在二〇二〇年初生效，該法支持國家發行新的數位人民幣，且在數個中國城市與一些國家展開小規模試點發行。數位人民幣長期下來將有潛力挑戰美元，特別是當全球的支付系統逐漸數位化。

雖然目前這個計畫仍處於早期階段，且我們仍然不清楚數位人民幣對於美元會產生什麼確切影響，但很顯然中國發現了一個能大大減低自己對於國際貨幣依賴性的機會。透過率先採用國際數位貨幣，中國即可擺脫、超越美國。中國的近期目標是讓數位人民幣取代美元，成為發展中國家（包含一帶一路國家與非一帶一路國家）優先採用的儲備貨幣。這將對於美國的地緣金融與地緣政治影響力帶來巨大影響。比起在這十年末期才可能推行的人民幣自由浮動、移除資本管制，以及中國資本帳戶自由化等政策，數位人民幣成為發展中國家儲備貨幣的目標應該會優先於前三者達成。中國在二〇一九年的金融市場自由化措施，以及發行數位人民幣的決定，很有可能都是為了成功讓數位人民幣取代美元所做的預先準備。隨著這十年來中國的進展，中國的領導階層可能已經有了足夠的自信，得以做出上述決定。特別是當中國的國內生產毛額快要與美國的國內生產毛額齊平，且中國成為無人可爭議的世界第一大經濟體時，中國將會變得更有能力對抗任何來自外部的貨幣市場操作。到了那個時候，中國資本市場的大小很可能可以和美國一較高下，這個預測進一步增加了中國領導階層的自信，相信中國終於有能力擺脫美元的控制。若上述的事件成真，那麼這將會成為現代國際金融體系史上一個深具時代性的發展。若中國成功執行這條戰略，中國就能移除支持美國全球力量四大支柱的其中兩項支柱，而剩下的兩項支柱則是美國軍隊，以及美國在大多數（但不是全部）科技領域所保持的領先科技力。

結論

雖然經濟不是一切，但經濟幾乎涵蓋了我們用來了解影響美中關係的所有面向與動力。經濟能對政治、社會穩定、環境、國際關係與軍事產生深遠的影響。考量到中國政治系統的性質，中國領導人對於政策的想法是所有全國重大決策的基礎，因此了解習近平經濟世界觀的複雜輪廓非常重要。若從一個人的本能來看，我會形容習近平為一位「馬克思主義的民族主義者」。馬克思列寧主義絕對是他思考時所用的分析框架，這也決定了他如何看待和解釋這個世界。他的政治經濟觀受到馬克思列寧主義影響，這彰顯了他對社會主義價值觀的信念（儘管其中參雜著一些中國傳統色彩），還有他為黨與國家掌權賦予極大的重要性。因此，他天生就不會是市場機制的信徒。最好的情況下，他將市場視為必要之惡——在提升人民生活水準與強化國家經濟實力方面極具重要性，但市場絕對不是自然出現於他意識型態中的概念。基於這些原因，如果在攸關市場力量與攸關黨的未來力量之間出現衝突，習近平絕對會本能性地站在黨的這一邊，這也顯示了他和鄧小平之間非常不同的世界觀。

民族主義也是習近平政治經濟觀的一部分。從這個方面來看，他在國內經濟方面所持的意識型態保守主義，強化了他對於全球市場下的國際相互依存性的本能性不信任，特別是當這種相互依存性會讓黨更容易受到「外國敵對勢力」的政策與偏見影響時。在習近平的觀點中，國際市場很容易受到其他國家操縱，因此中國會面臨很大的風險。在這個思考脈絡下，習近平選擇忽略北京過去也曾在適合自己的情況下操縱市場原則，轉而指控美國為了追求自己的國家利益，總是粗暴地利用政治干預自由市場（例如半導體產業）。因此，習近平的本能再次傾向於中國達成自立自強的目標，而不是靠著市場機制致富。就如同習近平心中最重要的事，仍是中國黨國體系，以及為了中國國家利益，黨國必須有能力進行強力干預一樣。

也因為這樣，中國共產黨與中國國家的政治機器占據了習近平經濟世界觀的中心位置。海外與國內市場，只在他心中占據次要位置。我們可以透過習近平自二〇一三年上任以來的經濟政策變化，找到證明上述觀點的證據。我們也可以從習近平決心改寫現今自由主義國際經濟秩序（例如全球數位治理），使其更加符合中國國內經濟模式一事，證明中國共產黨與中國國家體制是習近平經濟世界觀的核心。而中國、美國，以及世界要面對的問題，是習近平大膽的新經濟政策實驗是否奏效，抑或中國的經濟成長是否會走向衰退。

07

第四個同心圓：兼顧經濟發展與環境永續性

The Fourth Circle: Making Economic Development Environmentally Sustainable

如同世界上大部分的國家，隨著人民愈來愈感受到環境惡化對自己日常生活造成的影響，環境永續性也逐漸成為中國的政治優先事項。過去三十五年中國快速經濟發展的背後，是一個以犧牲環境換取經濟成長的悲劇。這導致嚴重且足以危害健康的空氣汙染與水汙染，以及沙漠化、生態多樣性大幅降低與水資源危機。中國現在正為當初對環境造成的破壞付出代價。儘管抗議在中國是一個有風險的行動，但在中國各地的城鎮與村莊，針對環境汙染與對於政府沒有盡到監督責任的憤怒示威活動還是很頻繁發生。中國的空氣汙染與水汙染嚴重到在某些區域造成新的呼吸道疾病與其他疾病，而有些地區的癌症盛行率之高，甚至被外界稱為「癌症村」。中國民眾對於食安問題的不滿也逐漸高升。食品生產商常為了節省成本而犧牲食品品質，例如二〇〇八年的毒奶粉事件就造成好幾位孩童死亡，引發公眾憤怒。

這些帶有政治色彩的環境挑戰使中國共產黨領導階層的經濟發展目標變得比起以前更加複雜。因為環境問題，中國共產黨被迫將環境永續性納入其鞏固自身政治合法性的重點項目之一。換句話說，除了經濟、就業與提升人民生活水準，一個乾淨的環境成了中國共產黨與人民之間的非正式社會契約裡的最新項目。

二〇一三年前，中國的發展模式重視經濟成長率而輕視環境限制。由於經濟成長率是絕對的優先事項，當地政治領導人會因此受罰或受賞。但在習近平接掌主席的那一年，他在中共中央政治局主持了一場關於對抗汙染問題的關鍵會議。在那場會議中，他宣示中國「絕不以犧牲環境為代價換取一時的經濟成長」。環境永續性，或用北京耐人尋味的說法則是建構「生態文明」，在那場會議後正式成為中國二〇一五年制定的第十三個五年計畫裡新經濟成長模式的一部分。雖然目前為止中國的水資源、土壤品質與空氣品質還沒有顯著的改善，但在習近平的領導下，國家與政黨官員的執政表現評估標準已經有了改變。環境保護已經在績效評估上正式享有與促進經濟成長同樣重要的地位。在過去，為了刺激經濟成長，幾乎什麼樣的行為都會被認可，這些行為對於環境造成的破壞也不會對官員產生任何實質上的政治或職涯負面影響。但現在的情況不再如此。儘管環境問題還是很有可能屈居於經濟成長這一優先事項之下，例如失業率問題（中國共產黨仍將其視為造成社會動盪的最危險因素）。

但是現在關乎人類生存的乾淨水資源、可耕作土地、未受汙染的可食用魚群、呼吸所要的乾淨空氣以及未受汙染的食品等問題，讓原本就在煩惱要如何持續促進就業成長、提高生活水準、處理人口老化問題，以及其他眾多其他問題的中國共產黨領導層，更加焦頭爛額。

這些環境問題不只是中國國內的隱憂，其影響也遍及全球。例如中國的溫室氣體排放對於全球暖化與地球的未來具有決定性的影響。中國的溫室氣體排放量是世界第一。因此中國對此問題的表態與採取的行動，對於國內與國外而言，都有無法比擬的全球影響。從二〇一一年起，中國的碳排放量以平均每年增加百分之一．五的速率上升。到了二〇一九年，中國的整體碳排放量第一次超過已開發國家碳排放量的總和。

二〇二〇年，中國貢獻了該年全球溫室氣體排放量的百分之二十八。在其他發展中國家的排放量持續上升（印度的上升狀況最為明顯），以及已開發國家加速脫碳的趨勢下，中國占世界的碳排量百分比將在二〇二〇年代繼續增加，並在二〇二〇年代末達到頂峰。相較之下，美國將在十年內把其二〇〇五年的碳排量減半——雖然美國的人均碳排量仍是中國的人均碳排量的兩倍。到了二〇五〇年，中國的溫室氣體歷史排放量也會達到跟美國相同的水準，這將使北京大肆宣揚的「發展中」與「已發展」國家在碳排放上的責任之說被外界更仔細檢視。

然而，由於中國共產黨關心的重點在於持續掌權，因此中國只會關注國內的環境與氣候問題，對這些問題所付出的努力與承諾，無法延伸到中國之外。中國在二〇一五年《巴黎協定》（*Paris Agreement*）的第一輪目標承諾於二〇三〇年達成碳排量峰值、在二〇三〇年將非化石能源比例提升至百分之二十，以及在二〇三〇年的每單位生產總值碳排放要比二〇〇五年減少百分之六十至六十五，並增加其森林面積。二〇二一年十一月，就在格拉斯哥舉辦的第二十六屆聯合國氣候大會（COP26）前夕，中國對其在《巴黎協定》的承諾數據做出小幅度的修改，以符合中國自身最新的發展狀況。但是根據氣候行動追蹤組織（Climate Action Tracker）的說法，除非其他國家比中國減少更多的碳排量，中國目前對於氣候變遷的承諾仍然不足以將全球暖化的溫度上升限制在攝氏二度之下，更不用說攝氏一．五度了。

對於任何關注國際氣候政策辯論的人來說，這一切都不令人意外。因為儘管歐巴馬政府大力遊說中國採取更具前瞻性的溫室氣體減量政策，中國在二〇一五年的《巴黎協定》只答應了當初預測中可以做到的減碳量。但是這比起二〇〇九年的《哥本哈根協議》（*Copenhagen Accord*）來說，仍是一個很大的轉變。包含我自己，許多人對於當初的哥本哈根氣候變化會議都印象深刻。當時我甚至必須親自向中國國務院總理溫家寶施壓，才能請他加入我與其他世界領導人的討論。事後為了顧及顏面，溫家寶堅持當初沒有出席是因為沒有收到該會議的正式邀請，且沒發邀請這件事本身便是「違反規則」的一件事，他的談判人員也藉此能在該會議中採取堅定的立場。中國最大的擔憂是發展中國家被迫答應降低自身的碳排放量，尤其是他們相信自己與其他西方國家一樣，有權利使用煤礦發展工業化。這項論點有一定程度的道德意義。但是對於避免全面氣候浩劫來說，這項論點禁不住任何數理或科學的挑戰。在當時已經有的新能源科技面前，特別是太陽能科技，這項論點也站不住腳。當初由我與馬爾地夫總統穆罕默德．納希德（Mohamed Nasheed）共同提出的「全球氣溫升幅限制」這一構想也接收到許多反對的聲音。但是我們兩個一起努力說服一個又一個的發展中國家支持此構想。我曾在一場徹夜的會議中，一度說服中國外交部副部長何亞非——一位出色的外交官——支持最終被大家熟知的《哥本哈根協議》，只是該協議最終還是難逃被推翻的局面。國務院總理溫家寶之後因為何亞非答應簽署協議而將他貶職。

這樣的歷史背景下，中國在《巴黎協定》的第一個承諾期只答應了在二〇三〇年前可以輕易達成的國家目標就一點都不令人意外了。中國的行為確保了當中國沒有達成本來預定的目標時，不需要在國際上面對任何的尷尬，同時也讓北京有轉圜空間，得以選擇是否要在未來調整其對於氣候問題的國家承諾。中國對於氣候變遷承諾的這種內部遲疑，在川普當選美國總統，且宣布美國會退出《巴黎協定》後變得更加強烈。突然之間，中國不再像二〇一七年以前一樣，持續受到來自美國的壓力，必須一直提升自己在《巴黎協定》中做出的承諾。然而，中國沒有直接放棄《巴黎協定》，我認為就這點而言，全世界都欠中國一點感激之情。如果當初習近平和川普做出一樣的決定，《巴黎協定》勢必會瓦解。比起過去四年來成功減少一半的碳排放量，中國的年度碳排放量從二〇一七年起，在川普主政的時期逐漸提升絕非偶然。這個趨勢似乎顯示，中國認定當美國對氣候議題展現出頑強的反抗態度時，中國在氣候議題上也不會再受限於那麼多的國際監督。跟美國直接缺席國際氣候會議相比，中國只需要出席會議做做樣子即可，即使沒有做出什麼實質成績也會被接受。北京決定暫緩處理中國的溫室氣體排放量一事，也反映了二〇一八至二〇一九年的美中貿易戰對國內經濟造成的壓力、中國從二〇一五年採取錯誤的國內經貿政策，以及二〇二〇年新冠肺炎大流行而造成的經濟衰退。上述的這些事件對於中國共產黨而言都是最迫切需要解決的問題，氣候與環境議題也因此屈居後位。中國國內碳排交易機制適用範圍縮減就是中國共產黨在氣候與環境議題上開倒車的一個例子，目前只有發電行業為此機制的管制對象。另一個例子則是中國決定新建大量燃煤發電廠，儘管中國已經成功達到其煤炭的碳排放峰值。

話雖如此，北京在二〇二〇年似乎又在此議題上重新打了一次算盤。在該年九月的聯合國大會上，習近平出乎眾人意料的演說顯示中國在對抗氣候變遷議題上已經過了一個不可逆轉的地緣政治關卡。習近平宣示中國將在二〇六〇年達成碳中和，這是即將成為世界第一經濟體的中國首次為其脫碳目標建立一個時間軸。這個目標也被納入中國的第十四個五年計畫之中，最終的計畫包含了欲達成的具體碳強度目標以及再生能源目標。中國也預計設立其國內碳交易市場，並訂出針對特定行業的碳排規範，儘管中國還尚未有可信的具體計畫以達成短期內必要的減碳目標。

是什麼因素大大地改變了中國在氣候議題上的政治路線？最有可能的原因，是中國共產黨領導階層發現了一些多層次的戰略機會。首先，北京發現自己極有可能一石二鳥：如果妥善地處理氣候議題，北京即可正面回應其人民針對惡化的環境逐漸高升的憂慮，並向這日益焦慮的世界展現中國有能力領導全球。這個轉變出現在川普政權末期，那時美國很明顯在全球舞台上缺席，給了中國一個絕佳機會向世界展現自己對氣候議題上的國際共同義務非常重視，是一名負責任的全球夥伴。中國此舉特別討歐洲國家的歡心，也反映出中國對布魯塞爾（譯按：指歐盟）的整體戰略，即離間美國與歐洲。中國過去企圖在貿易、投資、科技與資本議題上對美歐的跨大西洋關係創造長期的間隙，現在這個離間計則被用在氣候議題上。

再來，中國的新減碳承諾與習近平的經濟、工業與科技目標一致。減碳目標提供了中國一個機會將國家投資導向改建中國的能源與交通基礎建設，並讓中國有機會引領具高需求的新興能源科技領域，例如再生能源、電動車、智慧城市、進階儲能技術以及碳捕捉技術。換句話說，達成減碳目標除了能滿足國內的政治需求，還能盡到其在國際氣候政策上的義務。中國的再生能源產業已經成為國家引導的工業政策裡核心的一環，與中國第四次工業革命關注的其他面向同等重要。

最後，習近平評估中國若在氣候議題上採取行動，可能會對美中關係產生助益。

他知道未來拜登政權很有可能會要求中國在氣候議題上付出更多努力，所以先發制人地將該壓力轉嫁給美國，從而在之後的談判中占美國上風。而在川普政權時經歷四年的戰略競爭與局部經濟脫鉤後，習近平也將氣候議題視為重新穩定美中關係的潛在施力點。然而，美國在氣候議題上願意與北京合作一事對於增進美中關係能發揮多大程度的影響仍然沒有確切的答案。但是從現階段來看，發生正面影響的可能性不大。

達成中國的碳中和目標不是一件簡單且便宜的事。獨立分析報告認為未來三十年，中國需要花費至少五兆到十五兆美元的投資才能達到目標。除此之外，中國的經濟模式也必須經過根本性的結構轉型。特別是在煤炭的使用上，中國至今仍高度依賴燃煤發電，但若想要達成習近平的碳中和宣言，中國就必須在二〇四〇年前完全排除使用煤炭，且必須立即限縮對煤炭的使用需求，而不能等到十年後才開始考慮轉型。對於中國來說，這是一件非常有挑戰性的事。在二〇一九年，單中國一國的煤炭使用量就超過了全球總和。而全世界百分之二十的碳排量來自中國的燃煤發電廠。事實上，燃煤發電仍占中國能源消耗總量的一半以上，雖然在二〇一九年時所占比例已經從二〇一六年的百分之六十二降到五十七・七。比起煤炭，中國只有四分之一的能源來自再生能源，水力發電是其最主要的形式，但也有風力與太陽能發電。而整體供電量中只有百分之五來自核能。如上述所提及，在取消二〇一八年的建設禁令後，中國計劃興建一系列新的燃煤發電廠，而在二〇二〇年初新冠肺炎疫情重挫中國經濟時，新的建設批准很快就下來了。結果就是現今中國建設中的燃煤發電廠數量，比起美國所有運行中的燃煤發電廠還要多。中國興建燃煤發電廠的決定讓世界各地的氣候科學家、協調談判員與非政府組織都感到擔憂，特別是這個決定發生在習近平做出碳中和宣言幾個月之後。原本世界都希望他的宣言代表中國在氣候政策上終於轉彎。可惜的是，中國沒有打算改變自己的現行計畫，至少目前還沒有。

中國政府對煤炭的偏愛不僅是中國的國內問題，它也已經成為一個國際問題，因為中國在一帶一路倡議經過的發展中國家內大量投資燃煤發電設施。中國境外興建的所有燃煤發電廠中，大概四分之一，或者說超過一千億瓩的發電能力，都受益於中國財務機構或公司的投資，或者是利用中國的設備或人力興建。接受中國資助所產生的發電量是德國整體燃煤設施發電量的兩倍。許多一帶一路倡議下的燃煤發電廠都是由中國的國有企業興建，這些國有企業之後再將國外的營收回流進中國的經濟。此外，在海外興建電廠所需的中國勞力也幫助抵消二〇二〇年前因為國內燃煤發電廠興建需求降低所造成的勞力空洞。過去其他燃煤發電廠項目的國際投資主要來自日本與韓國，但當兩國因為國際壓力停止投資後，中國也跟著在二〇二一年的九月宣布跟進。然而，習近平正式宣布停止投資中國海外燃煤發電廠的決定是否會造成中國內部民營企業與國有企業的資本外流，以及是否會影響到那些已經在興建中的發電廠，都還有待觀察。我們也必須持續關注中國是否會選擇使用碳排量一樣高的瓦斯，當作煤礦的簡易替代品。除此之外，大量中國勞工是否會繼續參與在海外興建燃煤發電廠也是值得注意的議題。上述這些議題都會成為中國能否將一帶一路倡議從根本上轉型為「綠色一帶一路」（Green BRI）的關鍵考驗。中國一直以來都希望能達成這個目標，但也擔心自己的行為看起來會像是屈服於外界壓力而不得不為之。但是到了二〇二一年，習近平很清楚知道改變的時候到了：不只是參與一帶一路倡議的國家開始迴避北京對於其燃煤項目的支持，拜登政權也在對中國握有影響力的國家大力推行替代與乾淨能源的投資計畫。如果習近平再不行動，到了本世紀中葉，一帶一路參與國的碳排量將會占據世界碳排量的一半，讓中國對內的所有措施與努力都白費。

不管如何，全世界的國家與中國都必須接受「地球不會說謊」的現實，不管世界各國與中國的政府怎麼說，這是鐵證如山的科學現實。如果不成功，溫室氣體就不能被穩定並迅速降到能讓我們的地球在這個世紀把升溫合理控制在攝氏一．五度以內。而中國、美國、歐洲（與之後的印度），都必須為會影響我們地球之未來的許多關鍵決定負起責任。

因此對中國而言的殘酷政治現實是，在氣候變遷議題上，中國與美國正逐漸被用同樣的標準審視。而使上述事實更加複雜的因素在於，許多發展中國家（也就是中國同樣身為會員國的七十七國集團〔Group of 77〕中的國家）會是氣候變遷下最脆弱的受影響者。這表示這些發展中國家期待中國用實際行動對抗氣候變遷，而不是只靠政治口號。除了停止支持海外燃煤發電廠的投資，中國的另一項關鍵考驗則是最快能否在二〇二五年達到碳排量峰值，而不是原訂的二〇三〇年。若中國失敗了，中國不僅沒有遵守其在《巴黎協定》上做出深具意義性的溫度目標，也顯示中國政府沒有準備好必要措施，無法完成習近平在二〇六〇年達成碳中和的願景，人民對他的可信度也會因此而受損。

因此，氣候政策在習近平的整體戰略中逐漸成為重要的優先事項。這是受到三個主要的政黨利益驅使所致：（一）持續惡化的環境對中國共產黨與習近平自己的政治合法性造成的影響。特別是若習近平想繼續掌權，接下來的十五年內將是氣候變遷對中國影響最劇烈的時期，人民所承受的影響將會有顯著的惡化跡象；（二）若氣候變遷的影響繼續增加，水旱災、風暴與極端氣候將會變得更嚴重且頻繁，這會對中國產生政治與經濟的影響；（三）失敗的可能性——中國的碳排量若降不下來、再加上「不環保的」一帶一路倡議，將會破壞習近平利用氣候變遷議題作為讓中國成為模範國際公民，甚至全球領導者的大計。而此時此刻，全世界都在觀察中國在未來會起什麼樣的領導作用。

08

第五個同心圓：軍隊現代化

The Fifth Circle: Modernizing the Military

軍事面向從最一開始，就包含在習近平定義的中國夢裡：「實現中華民族偉大復興是中華民族近代以來最偉大的夢想。這個偉大的夢想，就是強國夢，對軍隊來講，也是強軍夢。沒有一支強大軍隊，國家的發展就會失去安全保障，中國夢就難以真正實現。」習近平認為中國的軍事力量是影響中國未來與其鄰國、區域與世界間力量關係的關鍵因素。

他同時也視自己為一位偉大的戰略家。在他掌權前，他對於中國人民解放軍缺欠實戰經驗與缺乏打贏戰爭所需的戰力感到很不滿意。從二〇一二年開始，他便著手整頓解放軍的領導階層、組織架構與軍力。在習近平看來，解放軍是一支毛澤東時代留下的陳舊人民兵團，其重心只專注在保衛中國的內陸與陸地邊界。他想要將解放軍徹底轉變成一支高科技部隊，使其具有將空中與海上力量投射到中國海域外的能力。鄧小平曾在「四個現代化」中提出了對「國防現代化」的指導，企圖將解放軍從一支實施人海戰術與專打毛澤東時代游擊戰的部隊，變成一支更常規的軍隊。而現在，習近平則對解放軍發起了一系列更根本的轉型。他在解放軍的領導階層中推動反腐敗運動，意圖專業化其領導階層、重新建立紀律，並強制軍隊領導層服從黨的政治領導層，特別是服從作為總司令的習近平本人。反腐敗運動拔除了數千位被習近平認定對自己不夠忠心的高階人員。

就美軍而言，美軍在一九五〇年代與一九六〇年代將中國視為其區域性的戰略敵手，到了一九七〇年代與一九八〇年代則認定中國為對抗蘇聯的戰略合作者，二〇〇〇年代早期中國則變成其新興的戰略競爭者，而現在中國又再次回歸其敵手身分。在美方對於今日中國軍隊的官方評估中，中國已經是其在東亞的「對等競爭者」（peer competitor），在世界局勢上則是「長期戰略競爭者」。美中兩軍今日的軍事競爭重點是台灣、南海、東海，以及一系列發展中的新安全威脅，包含人工智慧領域、太空競賽與網路安全議題。

儘管中國認為美中之間的整體力量平衡正穩定地偏向中國，中國的領導階層仍認定前方的道路充滿危險。這些危險包括美國為了應對中國快速發展的軍事能力所研發的複雜反制手段，以及美國為了防止台灣回歸中國主權而發動不可預測的干預行動。美國在印太地區建立或重新恢復的盟友與夥伴關係（例如與澳洲、日本、印度的四方安全對話〔Quad〕），以及目前聯合起歐洲共同對抗北京的做法，也為中國帶來了麻煩。

習近平心中的強大解放軍夢

習近平對於現代化人民解放軍的堅持很大程度是受到自身性格的影響。習近平是一位戰略現實主義者，他認為儘管繁榮的經濟固然重要，但是軍事力量最終才是一國實力的核心所在。在中國近代史中，特別是「百年國恥」期間中國多次成為先進西方和日本軍隊的手下敗將，這些慘痛經驗使習近平，以及黨和全體中國人民誓言絕對不再讓該恥辱重演。

習近平對軍隊現代化的態度也受到他在一九七九年到一九八二年的兵役經驗影響，那時正是他職業生涯的起點。而他父親在革命戰爭時擔任高階軍事將領的經驗，對他的態度也具有一定影響力。他對於解放軍的軍事傳統抱持著一股正向的欣賞態度。與前幾任領導人不同，習近平願意在重大紀念場合穿著戰鬥服亮相。他的服役經驗，儘管只是初階的軍職，也讓習近平體驗到解放軍的作戰能力限制，例如解放軍在一九七九年中越邊境戰爭後就完全沒有實戰經驗，且當時中國軍隊在該戰爭中表現不如人意。對於中國來說更糟的是，人民解放軍海軍從一九四九年隨著中華人民共和國成立建軍後，沒有經歷任何一場重大海上戰役。

習近平也堅信軍隊是執行政治控制的終極工具，可用來對付任何對黨權力的內部挑戰。這種觀點能從解放軍仍受黨直接管轄（中央軍事委員會領導解放軍），而非由中國的國家行政機構管理見得。其中一個讓習近平如此篤定解放軍需在自己的完全掌握之下的原因，在於他對蘇聯共產黨於一九九一年未能出動紅軍以控制那些發生反共示威的地區，最終導致蘇聯解體的公開不屑。習近平絕對不允許解放軍內出現任何如上述對布軍與否的遲疑，所有解放軍的高階將領都被要求必須向黨與習近平本人宣誓效忠。習近平已經解散了幾個勢力龐大，但被他認定為反對或阻礙解放軍改革的軍事機構。此舉同時鞏固了他對於解放軍指揮結構的個人控制權，並移除任何在未來可能會挑戰自身政治領導權的來源。

從解放軍建軍以來，黨的領導階層就一直指導著該軍的戰略方針，到目前為止已經發展出九大正式戰略方針。前五套方針在一九八〇年前制定，針對目標是中國在面對美國或蘇聯入侵時該如何反應。那之後的四套方針，分別於一九八〇年、一九九三年、二〇〇四年與二〇一四年制定，則涉及與台灣有關的局部戰爭、中國對東海與南海的海權主張，以及朝鮮半島可能發生的突發事件。中國在所有上述事件中的主要潛在敵手是美國。此外，中國的軍事突發事件也包含和印度的長期邊境衝突。

基於這些原因，包含習近平在內的所有中國領導人，都盡可能密切注意美軍的歷史發展演變，以及其各式的技術發展現況。美軍在第一次波斯灣戰爭、巴爾幹衝突，以及二〇〇三年入侵伊拉克時展現的致命火力深深吸引、震撼到中國的軍事將領。特別是美軍在「軍事事務革新」（Revolution in Military Affairs）上的發展，深深刺激了他們：透過衛星與電子資源提供的即時戰略與戰術資訊能與空軍、陸軍與武器系統整合，並運用在戰場上。美軍經歷的軍事事務革新促使中國共產黨對於解放軍的官方戰略方針進行許多改革。

中國的軍事與政治領導階層研讀了阿爾弗雷德．馬漢（Alfred Thayer Mahan）研究海上力量與國家力量之間關係的經典之作，並常常引用該書。除此之外，他們也很常引用十九世紀與二十世紀英軍與美軍海上力量的歷史實例。這套觀點下，海上力量與全球大國地位有著不言自明的關聯性，其中的例子包含百年國恥時征服大清帝國的力量。中國共產黨領導階層認為上述的例子對二十一世紀的中國而言，是非常重要的戰略教訓。因此，中國共產黨高層認定中國必須拓展解放軍的海上力量，這不僅是為了保衛中國的海域，也是一種宣揚與樹立中國在更廣泛的印太地區之力量、影響力與威望，甚至在未來，有機會將這三者推廣到其他區域。

中國共產黨對解放軍的官方指導文件旨在回答下列四個關鍵問題：中國會與誰戰鬥？中國會在哪裡戰鬥？中國將會參與的該場戰爭之特色是什麼？中國會如何戰鬥？雖然這幾十年來，這些核心問題的答案已經改變，但是在所有解放軍必須處理的突發事件中，台灣一直以來都是最重要的議題。追根究柢來看，習近平認為中國的軍事力量與中國的經濟實力與影響力，以及其不斷發展的科技成就，最終會是逼迫台灣與中國大陸實現國家統一的必要手段。

習近平的中國軍隊現代化手段

習近平對解放軍的最新指導方針發布於二〇一四年（該方針則於二〇一五年重新以《中國的軍事戰略》為名，作為中國的公開國防白皮書發布），並在二〇一六年初的解放軍大規模結構改革計畫中實施。二〇一五年的文件是在習近平第一個任期的前兩年內起草的。這是第一份他針對解放軍發出帶有個人特色與權威風格的指導文件。該戰略中有四項新的重大元素：明確宣示被眾多軍事戰略家所稱的「信息化戰爭」（將電子資訊與數據情報和戰鬥部隊結合以進行聯合軍事行動）在所有軍事面向的重要性；加倍強調一體化聯合軍事行動（在統一戰場行動中結合空軍、陸軍、海軍，與其他部隊）；建立新的理論確保中國海軍與其海域在中國整體戰略下的中心位置；將解放軍在「領海上的作戰行動之範圍」定義從中國的「近海」拓展到更寬廣的公海甚至是遠洋地區。而上述這些行為都是讓分析師形容中國的新軍事戰略正朝向「積極防禦戰略」的原因。

信息化戰爭

二〇一五年的白皮書將軍隊部署資訊科技平台一事放在戰略的中心位置。這包含武器裝備遠程化、智慧化、隱形化與無人化的趨勢，以及網路空間「成為各方戰略競爭新的制高點」。中國過去只將信息化戰爭視為成功打贏現代戰爭的條件之一，但是現在，信息化戰爭已被視為想打勝仗就必須具備的最基本條件。在二〇一三年初的一場演講中，習近平對於解放軍還未完成全系統整合（例如情報體系、電子戰，與後勤）表達不滿，稱其「還未獲得根本上的解決」。為了解決這個問題，他著手在中央與地方階層建立新的聯合服務架構，並強調解放軍需依據美國與中國軍事文獻中的「體系」（system of systems）[1]，或是以資訊為基礎的聯合作戰方式。

重海輕陸的新戰略優先順序

雖然在二〇一五年的軍隊全面改革前，中國人民解放軍海軍的擴張與現代化已經進行了十五年，但是最近的理念轉移對美國與其盟友而言至關重要。軍事重點的轉移代表著解放軍演變的下個方向：解放軍的目標將從過去著重內部安全與中國的陸地邊境防禦，轉變為將中國的軍事力量投射到中國海域之外。新的戰略中特別提到：「（中國）必須突破重陸輕海的傳統思維。」並點出「（軍事鬥爭準備基點放在）突出海上軍事鬥爭和軍事鬥爭準備」。

作為官方強調海權與海上力量的邏輯延伸，二〇一五年的白皮書對中國「維護海洋權益」的戰略任務做出具體規定。此舉讓中國的軍事行動延伸到中太平洋，透過反介入／區域拒止戰術（antiaccess/area denial, A2/AD）阻擋美軍在西太平洋地區的軍事行動，得以讓其更容易捍衛對台灣、東海，與南海的領土主張。這些行動的另一個目標則在於讓中國逐漸興起的全球海軍與海上力量有能力獨立保衛其海上運輸線，該條運輸線從海上為中國帶來重要的貿易與資源，也能在海外僑民遇險時提供保護，並鞏固中國投射於全球的國家聲望。這些都是中國海軍治軍方針的重要改變，即使這些方針與中國自一九九四年起制定的戰略方針沒有不一致，但它們代表了中國急欲將自己的海軍打造成一支能成為美國同行競爭者的軍隊。中國的第二架航空母艦，也是第一架國產航母（山東號）於二〇一九年十二月開始服役。根據報導，中國將在二〇三五年之前再建造四架航空母艦。將於二〇二二年下水的第一艘船艦較為龐大，幾乎與美國的〇〇三型相同。中國的水面艦艇、潛艇與兩棲運輸能力也在快速地發展。解放軍的海軍戰力、武器與組織的成熟度開始能與美國在西太平洋地區部署的軍力匹敵。

此外，中國海軍半定期巡航台灣，模擬未來可能發生在該島的海軍封鎖，並測試台灣與美國的海軍會如何回應該情況。中國巡航台灣的舉動被二〇一七年到二〇一九年擔任台灣參謀總長的李喜明海軍上將形容為「（對台灣）採取蓄意、漸進的軍事挑

1. 編按：又稱「由多系統組成之系統」。

釁，其目的是壓縮台灣軍隊的活動空間，同時恐嚇台灣人民」。中國也強化並部署了自己的海岸警衛隊與大量的海上民兵部隊（由數百艘連網的，而且通常是武裝的漁船組成），以協助維護中國的離岸領土主張。

除了主要的海軍部隊，中國持續發展其他的能力，以加強中國的整體戰略態勢。在南海、東海，與台灣周圍，中國定期進行被軍事戰略家稱為「灰色地帶」的行動。在此戰略下，北京會透過部署非軍事性質的資產（例如海岸警衛隊或海上民兵），讓其能在不引起與美國或其盟友的全面軍事反應情況下，逐漸將戰略情勢改變為有利於自己的情況，以強推自己在該區域的領土主張。如此一來，中國就能藉由「事實上的手段」達成其「法律上的目標」，或用中國戰略文獻的行話來說，則是「不戰而勝」。而中國這樣的行動部署時常違反既定國際法的這一事實，似乎一點也不讓中國覺得困擾。事實上，自從二〇一六年仲裁小組[2]依據《聯合國海洋法公約》否定了中方以「九段線」作為對南海主權的法律主張依據後，中國的騷擾試探行為更是變本加厲。

空軍與陸軍的現代化

在中國人民解放軍空軍的現代化進程中，中國除了生產出第五代隱形戰鬥機，也正著手開發長程轟炸機、空中預警機、空中加油機，以及戰略空運能力以應付一系列全方位的突發事件。與此同時，解放軍的地面部隊在習近平的改組之下，有了三大主要功能：有能力領導對台灣發動的兩棲突擊；應對來自中國西部戰區的威脅，其中包含中印邊界上的衝突；以及處理來自新疆或西方國界外（例如阿富汗與巴基斯坦）的恐怖威脅。但在一個能反映出習近平對於未來衝突可能在哪發生，以及該衝突的形式為何的決定中，習近平下令將地面部隊人數減少三十萬人，使陸軍的常備役人數達到八十五萬人的歷史低點，同時卻增加了海軍與空軍的人數與預算。

新的解放軍火箭軍

作為中國軍隊指揮架構重整的一環，習近平也創立了新的中國人民解放軍火箭軍，作為與陸軍、海軍及空軍齊平的獨立部隊。火箭軍整合了中國的傳統與核子導彈部隊。它的常規能力，包含中國最新的導彈與飛彈，已經成為解放軍非對稱反介入／區域拒止戰術的核心要素，旨在遏止美國海軍與空軍在太平洋第二島鏈上的行動。中國快速擴編的火箭軍包含了一系列瞄準台灣的中程對地攻擊彈道飛彈，能夠鎖定任何接近的美方航空母艦戰鬥群的反艦導彈飛彈（包含所謂的「航母殺手」飛彈）、遠程

---

2. 編按：屬設於荷蘭海牙的常設仲裁法院。

對地攻擊飛彈（俗稱「關島殺手」飛彈），以及設計來摧毀位於太空中的美國衛星的導彈，都是中國整體的反介入／區域拒止戰術的核心。

著重海上戰區的新版區域指揮結構

習近平建立了中國人民解放軍戰略支援部隊以整合中國所有的太空、網路、偵查和電子戰能力，並支持所有跨軍種的聯合信息化作戰行動。為了強化解放軍的新戰略結構、指揮鏈與重心，中國將原本的七大軍區裁撤為五大戰區，從原本優先保衛中國國內安全，轉為強調統合、做好戰鬥準備的聯合行動，其中三個戰區包含海上範圍，涵蓋了中國東部與南部沿岸，該戰區內的假想敵為美國、台灣與其盟友。

習近平對世界一流軍隊的願景

就如習近平將二〇三五年設定為新的基準，作為全面達成中國在二〇四九年成為發達經濟體之目標的中間點，他最初也將二〇三五年設為中國達成軍隊現代化的時間點。然而二〇二〇年秋天，在中國共產黨預計完成第十四個五年計畫（計畫時間涵蓋二〇二一至二〇二五年）之際，軍隊現代化的完成時間點突然被提前至二〇二七年。大家對於習近平為何做出此舉的原因眾說紛紜。但我們可以想像主因純粹是因為一個較近的目標，能夠較有效地激勵充滿野心的軍事將領們，透過加快改革腳步以證明自己的價值。我們也可以想像，由於習近平打算持續掌權至二〇三〇年代，因此他希望自己最早能夠在二〇二〇年代末期，擁有能夠以武力解放台灣的軍力，或至少到時有足夠的軍力能牽制美國，使台北向北京尋求政治談判。

一支能達成習近平台灣目標所需的解放軍，很可能就可以滿足黨對於擁有世界一流軍隊的目標，這個目標第一次在二〇一七年黨的第十九次全國代表大會中由習近平提出。正如同熟悉解放軍理論演變的公認國際權威傅泰林（Taylor Fravel）所表示，「世界一流」這個說法被相對廣泛地應用於中國其他現代化目標中，適用的項目包含大學、科學研究，以及中國對各個經濟部門的野心。然而在中國的戰略文獻中，世界一流軍隊被具體定義為能夠和任何世界級敵手進行有效整體對抗的軍隊，具有「與之相匹配的實力與威懾力」。事實上，中國人民解放軍軍事科學院的分析員曾寫過，除上述兩點之外，世界一流軍隊也需擁有「跨區域與跨洲際武力投射的能力」。

二〇一一年，中國完成了位在吉布地的海軍基地，並繼續在印度洋沿岸尋求額外的海軍基地，例如東非海岸。潛在地點為中國已經投資或簽署大規模民用海港基礎設施合約的地區，包含柬埔寨、緬甸、巴基斯坦與斯里蘭卡（斯里蘭卡與中國簽署了一項長達九十九年的租約，讓中國租借漢班托塔港〔Hambantota〕以抵消積欠中國的債務）。中國軍艦（包含核子潛艇）航向位在印度洋港口的次數也穩定增加中。

與此同時，中國輸出了大量的勞動力至非洲與中東，許多都為一帶一路倡議的項目工作，其他則在當地經營自己的事業。這讓解放軍宣稱其必須擁有能在全球部署軍隊的能力，好在天然災害或當地重大政治動亂發生時，得以保護自家的海外僑民，以及他們的海外資產。中國的熱門電影，例如《戰狼2》與《紅海行動》，常常生動地描繪這樣的狀況。如上所述，中國也辯稱必須有能力保衛其穿越印度洋的海上運輸線，特別是因為中國為了滿足自身能源需求，對於通暢地進出波斯灣有長期的依賴。

儘管如此，中國在西太平洋戰區外的軍事行動尚未反映出定期在國外部署的全面戰略。我們還無法從中國的海軍行動上看出中國是否想成為美軍在全球而非只是區域上的對等競爭者。不管如何，中國至今為止的海軍行動展現了其建立全球政治與後勤網路的決心，使其在未來有辦法達成上述目標。

網路空間

在網路戰中——攻擊方，而非防守方，絕大部分時候是掌握科技優勢的一方。考量到網路戰能以相對較少的投資獲得巨大的潛在回報，它也是一種成本效益相當高的不對稱戰爭形式。而且這種戰爭形式更是符合中國長久以來「不戰而勝」的戰略本能。

不過，網路戰也非常有利於製造動亂且危險，對重要社會與經濟基礎設施的未來完整性與安全——從醫院到交通運輸設施；從通訊系統到電力供應系統——都帶來真正的風險。在網路戰中，發動攻擊的一方有可能會在緊張或危機時刻「蒙蔽」軍方的指揮、通訊、控制，以及情報系統，利用網路攻擊破壞一國平常保守的國家安全決策過程。這些受攻擊的國家，不管是否出自合理的擔憂，都可能擔心自己已被對手刻意蒙蔽，對即將發生的軍事甚至核武攻擊毫不自知。在這樣的情況下，立刻發動反擊的選項將變得難以抗拒。

另一個危險則是駭客或網軍最初往往可以隱藏起自己的身分或所在地。來自俄羅斯或北韓的國家流氓行徑，或是從世界上任何地點發出的個人惡意攻擊，都有潛力讓人對錯誤的對象發起軍事或其他形式的報復行為，特別在緊張或危機時刻更是如此。中國與美國在網路戰的範疇上都存在著潛在的脆弱性，兩國不僅是被攻擊的對象，也有可能被誤認為發動攻擊的黑手。

習近平已經加速發展中國進行網路攻擊與反擊的能力。如同人工智慧，網路被視為一系列新資訊科技平台之一，可以高速提升北京現有的軍事能力，讓中國得以超越美國。中國已經看到偷偷取得關鍵美國軍事資料，與利用該資料設計出攻擊性武器系統所帶來的絕佳戰略優勢。這個系統包含解除美國指揮、通訊與控制系統的能力。然而，中國同時也認知到自己面對網路攻擊的脆弱性——不只是對軍事與經濟層面，也涉及公民社會層面。中國的敵手可以取得並在網路上釋放政治敏感資訊，可能導致中國的政治領導階層失去正當性與穩定性。這也是為什麼中國擁有世界上最嚴苛的審查制度與最嚴格的網路監控，並對在網路上「散布謠言」處以重刑的部分原因。（謠言可以包括人民對任何事情的即時報告，從工安意外到環境災害，以及新冠肺炎在武漢如何傳播的新聞。）考量到習近平的核心優先事項是包含維護中國共產黨的政治地位，我們因此可以理解習近平為什麼在二〇一四年決定出任中央網絡安全和信息化領導小組組長，當時他擔任中國共產黨領導人的時間甚至還不滿一年。

中國負責網路戰的機構由三大機關組成，主要攻擊對象為美國、西方世界，以及其他重點敵手。第一個機關由中國人民解放軍管理，工作重點在軍事網路作戰；第二則隸屬中華人民共和國國家安全部（中國的對外情報機構），負責竊取任何類型與主題的資訊；第三則受中華人民共和國公安部管轄，專注於國內目標。根據獨立網路安全分析師所述，這三個機關都有能力透過部署非國家機構來執行自己的任務。它們有時候會利用中國國有和私營企業作為資料蒐集與傳輸的幌子與通路，或是聘用中國網路犯罪者祕密為國家工作。同時，中國的網路防禦行動以中央網絡安全和信息化委員會為中心，根據習近平的要求，委員會在處理網路攻擊時「應依據防禦自我防衛，以及反擊原則處理」，這包含採取「除非被敵方攻擊，我們才會還手，但當我們遭受攻擊時，我們必定還手」的立場。這項政策反映於許多新的中國法律，旨在保護國家免於任何屬於此類的攻擊。這些法律有效地迫使所有在中國營運的數據持有公司，不管是外資或本土企業，在有關當局要求時交出它們手上握有的資料。事實上，其中一條法律——《國家情報法》——要求境內與境外的中國公司配合提供自身持有的數據資料，這讓中國政府從而有機會取得存放於中國境外的資料。

中國最近在網路領域的立法與行政創新顯示了近期海外與中國有關的網路攻擊逐漸增加。根據位在華盛頓的戰略與國際研究中心（Center for Strategic and International Studies）統計，中國是世界各地「重大網路事件」的最主要來源，而且這個現象已經持續了好一段時間。至少從二〇一八年起的許多年內，針對國家與非國家目標的網路攻擊五大發起國依序為：中國、俄羅斯、伊朗、北韓，與印度。美國則位居第六。相較之下，網路攻擊的首要目標則為美國、印度、南韓，與中國。舉例來說，戰略與國際研究中心列出了在二〇二〇年與二〇二一年間，有超過五十五次的攻擊紀錄，而截至二〇一九年的十年內，中國對美國政府與美國企業發動了二十起重大網路攻擊（還有數百起規模較小的攻擊）。這些攻擊中最引人矚目的案例，即是二〇一四年針對美國聯邦人事管理局（US Office of Personnel Management）的攻擊。中國從中獲得了數百萬美國聯邦雇員的機密人事資料，包含在安全審查調查與面試時取得的高敏感資訊，很有可能被中國利用以辨識美國情報人員。

儘管北京與莫斯科很可能會質疑戰略與國際研究中心（CSIS）這個位於華盛頓的智庫的報告客觀性，但是該中心的結論並沒有與其他追蹤國家全球網路活動的科技報告所調查出的趨勢有太大差別。二〇一八年，當時的美國司法部副部長羅伯．羅森斯坦（Rob Rosenstein）表示，「過去七年來，司法部處理的經濟間諜指控案中，超過九成的案件都涉及中國」。我們沒有被報導的中國對此說法的回應。然而就戰略與國際研究中心與其他報告所顯示，美國在網路攻擊方面也不是全然清白。華府已經針對中國目標發動攻擊，儘管美國政府聲稱會避免攻擊人民或企業目標，且只完全針對中國共產黨、國家與軍事資產執行正常的情報蒐集活動。但是北京方面也定期否認自身進行過任何形式的網路攻擊，並強調根據中國法律，駭客行為是違法行為——然而北京並未針對自己是否具有如此廣泛的能力提出異議。

美國已經部署了廣泛的防禦措施，應付針對人民與軍事目標逐漸增加的中國網路攻擊。在一系列立法、監管與組織措施中，美國設立了網路安全及基礎設施安全局（Cybersecurity and Infrastructure Security Agency）、通過了二〇一四年的《網路安全強化法案》（*Cybersecurity Enhancement Act*）、持續強化美國網路司令部（US

Cyber Command），以及國家網路安全及通訊整合中心（National Cybersecurity and Communications Integration Center）。

二〇一五年，為了緩和逐漸升高的網路緊張情勢，歐巴馬政府向習近平施壓，要求他限制針對私人智慧財產權的網路攻擊，並與中國達成了一項協議。然而這項協議只是暫時有效：監測網路攻擊的美國克洛德史崔克（CrowdStrike）公司調查報告指出，從簽訂該協議的幾個月內，源自中國的網路攻擊少了百分之九十。但是到了川普執政前期，中國恢復了之前的網路攻擊模式，攻擊的力道與二〇一七年來陷入惡性循環的雙邊關係惡化程度相符。事實上，川普政府在二〇一八年發布《國家網路戰略》（*National Cyber Strategy*）之前，就明確地表示，關於網路的雙邊合作協議已經不再是美國官方政策的一環。面對一個對穩定性深具破壞力的領域，雙方曾探討過許多雙邊與多邊機制，試圖找出並執行可以規範此領域的規則。但沒有一項協議獲得共識，更不用說執行了。

如同中國在軍事相關科技與能力的最新進展上，假設中國一直是，也永遠會在網路戰領域處於主導地位是一件愚蠢的事。美國在這方面的能力仍然很強大。基於中國一黨專政的體制，以及其高度集中化的政治、經濟，與軍事決策系統，中國對於針對自身的複雜與持續性網路攻擊的脆弱性特別高。中國面對全面性網路攻擊的國家脆弱性，是否會收斂中國最近對網路戰的熱中，還是反而激起更進一步的網路戰，仍有待觀察。

太空

習近平很清楚地表示，中國「發展航天事業，建設航天強國，是我們不懈追求的航天夢」。他還把中國的太空雄心作為中國應該進一步達成國家科技自立與創新的原因。中國決心在「二〇三〇年成為主要的太空強國」，並「在二〇四五年成為航空設備和科技領域的世界領先國家」。這不僅是局限於如同二〇一九年的中國般，成為首降月球暗面的太空船，或者像中國計劃的那樣，在十年內讓人在月球上著陸以考察建造月球基地的前景。中國認定美國獨霸太空的計畫是在所有全球戰場與所有戰略情境中，有效部署「視線之外」的美軍的核心。中國也因此認為自己必須做出與美國一樣的部署，不管是用來威懾，或反擊美軍未來針對自己的任何軍事行動。解放軍非常清楚在可預見的未來，衛星會是全面整合軍事行動的耳目。美國國防情報局（US Defense Intelligence Agency）公開承認「解放軍將太空優勢、控制資訊領域的能力，以及不讓敵手獲得資訊的能力，視為執行現代化信息化戰爭的關鍵元素」。

在習近平的領導下，中國投注大量資金發展美國目前擁有的各種太空能力。這包含了發射任何高度運載火箭的先進火箭技術；一系列有能力監視並評估相關天氣條件、敵軍訊號情報、敵軍軍事部署，以及即時戰場損失的情報、監視與間諜衛星；涵蓋全球精準定位、導航與時間資料的專門衛星；能夠偵測任何彈道飛彈預備行動，或提供任何敵對飛彈發射預警，並執行攻擊與／或反擊行動的軍事用命令與控制系統。這些太空任務是當代中國軍隊的核心中樞。

中國也在研發其攻擊性「反太空能力」。這些能力包含從地面站或太空站系統（例如雷達、雷射、訊號，與光學）追蹤敵人的衛星；用於干預地面基地發射器、衛星與接收器間通訊完整性的電子系統；旨在摧毀敵軍衛星的動能武器（通常是地面反衛星導彈）；以及使用雷射、微波或其他地上或太空無線波頻率的導能武器，屏蔽敵軍衛星或使其失效。

雖然中國的軍事太空計畫由習近平擔任主席的中共中央軍事委員會直接管轄，實際的軍用太空基系統（space-based system）任務部署則交由新成立的解放軍戰略支援部隊執行。根據美國國防情報局的說法，該部門「將網路、太空，與電子戰能力整合進所有跨解放軍軍種的聯合軍事行動中」。與此同時，國家國防科技工業局負責整個太空計畫的預算分配，包含研究、系統開發，與軍事採購計畫。解放軍戰略支援部隊與國家國防科技工業局都從中央政府獲得了強大的預算支持，儘管這兩機構實際獲得的預算多寡缺少透明度，但這筆數字無疑是很大的。與上述同樣重要，甚至可能更為重要的一點則是，中國的太空計畫主要由國家政治和軍事領導人掌握，美國則相對較分散。

截至二〇二一年，太空中大約有三千三百七十二顆主動衛星繞行地球。其中有一千八百九十七顆衛星屬於美國（其中至少三百顆屬於美國軍方），而中國只有四百一十二顆（其中至少八十顆，或有可能更多顆衛星，已知由解放軍管理）。然而，中國正迎頭趕上新發射衛星總數。中國在二〇二〇年發射了三十五顆衛星，同時期的美國只發射了四十顆，俄羅斯則發射了十七顆。中國的天基情報、監視與間諜系統在範圍廣度與精細度上僅次於美國，它擁有超過一百二十個獨立的太空資產，其中一半由解放軍持有。這讓中國首次真正擁有了觸及全球的情報網。

同時，在軍民兩用領域，中國已經發射了三十五顆衛星，透過中國的北斗衛星網，中國已經成為全球衛星導航系統（Global Navigation Satellite System, GNSS）的主要資訊提供者，而且有潛力成為全球定位系統（Global Positioning System, GPS）真正的全球對手，該系統由美國長期營運與維護。中國已經期待將自身的全球衛星導航系統延伸運用至「太空絲路」上。中國目前正和一帶一路倡議參與國、上海合作組織（Shanghai Cooperation Organization）成員國，以及金磚國家（BRICS）（巴西、俄羅斯、印度、中國，與南非）討論合約，向參與國提供上述衛星導航服務。儘管北斗衛星的雙向通訊系統能夠追蹤地面接收器的位置引起了對於隱私權的擔憂。然而在二〇二一年，越南、泰國與柬埔寨都決定和中國簽署合約，而且有更多國家有意願加入。

因此從多方面來看，中國正快速地縮短自身與美國在太空科技上的差距。現實中當然仍存在一些困難，例如中國在開發可靠的高空大型運載火箭時經歷的難關，這類火箭將為中國在未來開發載人太空飛行器發揮必要的協助。但不管如何，中國急起直追的速度比任何外界分析師十年前預期的都還要快。

核武器

中國自從一九六四年開始就一直是個核武國家。從那時起，中國研發且持有一個規模中等的核武庫，分散在陸基、海基與空基運載工具中。當時中國開發核武的目標是為了避免遭俄羅斯（在中蘇分手之際）核武勒索，現在則變成嚴防遭美國勒索。北京將其核戰略定義為「最低限度威懾」。這項方針立基於不率先使用核武的聲明政策，在足夠強大的核武力量支持下，能夠從敵手的第一波攻擊中存活，並有能力發動確實可靠的報復打擊。此戰略至今讓中國大部分的軍事現代化努力集中在提升其傳統能力，如同我們之前討論到，這一特色反映在習近平最近於二〇一五年發表的《中國的軍事戰略》中。

然而，考量到最近美中關係產生了結構性的惡化，有跡象顯示中國正在重新檢視之前的核武戰略。在這麼做的過程中，中國的軍事領導人檢討了幾個問題。首先，美國與中國核戰略的長期穩定性，在多大程度上受到新科技發展的挑戰？這些新科技包括彈道飛彈防禦、高超音速導彈、由演算法驅動的各類型戰爭，還有前述的網路與太空攻擊能力。第二，第三國（例如俄羅斯、北韓、伊朗）在核武上的努力，對美中未來的核戰略能發揮多大程度的影響？第三，恐怕也是最重要的一點即是，美中的核武能力、作戰理論，以及聲明政策，在多大程度上能減少正規衝突的實際風險？還是它們反而開始產生反效果：核武因素被認為與台灣、南海，和東海爆發正規衝突的風險毫無關聯，以至於核武衝突升級被認定為「風險極低」，反而在實際上加劇了正規衝突爆發的風險？這些都是對未來的重要考量。在美中辯論中，這些問題太常被推到一旁，因為它們都太複雜、太少人了解，或太遙遠。我認為我們必須重新考量美中之間核武衝突升級的風險。

就北京而言，它似乎已經得到了一些令人不安的答案。根據估計，中國在二〇二〇年擁有大約二百九十枚核彈頭，總共由大約九十枚洲際彈道飛彈、六艘核子潛水艇，還有戰略轟炸機組成。然而中國現在似乎已經開始了大規模的核擴張。在二〇二一年，衛星影像顯示中國開始在其北方沙漠建造超過二百多個新的導彈發射井。雖然某些發射井很有可能是空的幌子，但即使實際上只有使用部分的發射井，也表示中國現役的核彈頭數量大量增加。此外，在二〇二一年八月，中國據報測試了一架具有核能力的高超音速乘波載具（HGV），該飛行器成功繞行地球一圈後才飛向目標。報導中提到，該飛行器能夠躲避美國的飛彈反擊，而這場成功的測試則讓美國情報官員對中國武器現代化的速度感到吃驚。「我們不知道他們怎麼辦到的。」其中一位消息人士如此告訴《金融時報》（*Financial Times*）。與此進展同時發生的是，有愈來愈多跡象表明中國的領導階層正在思考從「不率先使用」或「二次打擊」戰略（一種只有從別人發動的核武攻擊中倖存後才發動反擊的戰略），轉為使用「接獲預警後發射」的戰略（此為只要偵測到可能的攻擊就發動核武）。這些發展與轉變都顯示習近平與中國的軍事領導人認為，變得更加惡劣的外在環境，特別是再加上與美國陷入長期鬥爭的可能性，使中國有必要大力提升其戰略核威懾能力。

最近幾年，中國也透過加強導彈的射程、精準度，與生存能力，提升解放軍現有的作戰能力，其中包括研發新的公路機動導彈，以及部署其他先進的彈道飛彈，例如東風-41型洲際彈道導彈（DF-41），其多彈頭的設計能夠更好地躲避敵人的飛彈防禦系統。中國也預計在二〇二〇年代部署一系列新世代的09VI型戰略核子潛艇（Type

096），該類潛艇搭載射程長達九千公里的新型巨浪-3型潛射彈道飛彈。然而，這些能力與美國相比仍是相形見絀。相較之下，美國目前擁有六千顆核彈頭，裝載於大約四百個洲際彈道飛彈、十四艘能發射潛射彈道飛彈的核子潛水艇，還有六十六架具有核打擊能力的戰略轟炸機上。美國核三位一體戰略中的每一項能力都有相對應的持續現代化與更換計畫。因此，即使中國的軍事規劃人員已經改變了解放軍的戰略，要在核武力上與美國達成平衡還是需要一段不短的時間。

美國的核武理念也與中國的理念大相徑庭，這些不同之處通常能從下列四大理論支柱中看出：第一點，威懾任何針對美國的正規或核武攻擊；第二點，為隸屬於美國「核保護傘」下的盟友做出一樣的威懾行為，讓它們沒有必要發展自己的核武力；第三點，當威懾行動失效時，能戰勝敵手；第四點，抵消任何可能威脅到美國未來國家安全的常規與核武軍事科技發展。最近的二〇一八年美國《核態勢評估報告》（*Nuclear Posture Review*）重申了這四大理論支柱。最重要的是，《核態勢評估報告》特別點名中國與俄羅斯威脅到美國核態勢，以及未來美方威懾行動效益的兩個國家。《核態勢評估報告》也拒絕「不率先使用政策」，以在美國的敵手眼中維持戰略模糊性，讓它們不知道華府會在何時考慮使用核武回擊。正如《核態勢評估報告》指出，「我們針對中國所制定的戰略，意在避免北京錯誤地認定其有能力透過自身有限的核武能力，取得對美優勢，或認為使用核武器，無論多有限制地使用，是可被接受的……」美國已經準備好果斷地回應中國的非核或核攻擊。除了其他目標，美國在亞太地區的演習，以及增加美國總統可使用的核武回擊選擇，展現了美國對於果斷回擊中國的準備。換句話說，美國明確地表示在東亞使用任何常規、戰術性，或戰區等級的核武攻擊，都有可能引發一系列的核武回擊。當然，中國的政治與軍事領導人是否認為美方的聲明值得採信，則又是另一個問題了。舉例來說，解放軍領導人定期質疑美軍是否真的相信未來的美國總統會願意在以犧牲舊金山作為在核武攻擊中保衛台北的代價。不管如何，這代表解放軍決定對美國的戰略議題放手一搏，這是一個重大，甚至可能有致命影響的決定。

美國在二〇一六年於南韓部署戰區高空防禦飛彈系統（薩德反飛彈系統），以反制來自北韓逐步高升的核武與彈道飛彈威脅，此舉凸顯出部署天基監測系統會如何危及一國的核威懾效力。薩德反飛彈系統旨在透過陸基雷達與衛星偵測早期預警、追蹤與瞄準系統，擊落從空中進入末端航程的彈道飛彈。從中國軍方的觀點來看，這點特別是問題所在。解放軍預計在未來與台灣有關的突發事件中部署飛彈，也會在軍事衝突發生時對美國的船艦與基地部署飛彈，而薩德反飛彈系統會對解放軍的戰略造成麻煩。這些擔憂也延伸到其他美國海基科技的部署（例如神盾彈道飛彈防禦系統，Aegis

Ballistic Missile Defense System），因為在中國的眼中，這些科技也會造成類似的麻煩。毫不意外地，中國反對美國在南韓部署薩德反飛彈系統。中國認為該系統將會破壞其第二次核打擊能力的完整性，此能力為中國長期對美整體威懾戰略的核心。中國也對美國的常規即時全球打擊計畫感到非常憂心，此系統旨在發展一套新的能力，得以在接受指令的一個小時內打擊位在世界任何地方的目標。即時全球打擊系統為中國的第二次核打擊能力造成了又一個威脅，也再度破壞了中國整體的最小威懾理論的完整性。上述美軍的部署戰略可能促成了中國拓展其核武庫的決定。

美方的行為同時也讓中國採取了一系列其他的反制措施。中國決定部署新的高超音速導彈（DF-ZF，也就是 WU-14 高超音速飛行器），該系統是為了以其極高的速度與機動性閃避任何彈道飛彈防禦系統所設計，為正在發生的美中核武競賽增加了另一層面向。中方持續的擔憂也刺激了中國開發自家的彈道飛彈防禦系統。但此舉卻也同時造成事態升級，加深了美方對於自身武器庫是否足以應付中國武力的懷疑，雙方都持續確保對彼此擁有暫時性的武力優勢。

儘管有可能發生新的核軍備競賽，中國持續拒絕與美國就核武控制問題進行雙邊談判，或參與美中俄的核武控制三邊談判。看起來中國擔心其相對較小的核武庫，代表了相對高的脆弱性，因此中方可能已經認定，中國未來唯一的選擇只剩下快速提升其核武庫的體量與武器複雜度。公開核武競賽幾乎曾是美蘇關係的專利，但北京與華府間開展核武競爭很有可能會成為新的常態。

美中之間的整體軍事平衡

所以二〇二一年的區域力量平衡現況是什麼呢？就如最近幾年的許多研究強調，美中之間的軍事平衡無法單靠雙方作戰序列內機械性、數量化的比較衡量，也就是說，粗略地計算部隊數、船艦數、戰機數、火箭數等無法精確反映出雙方的力量關係。相反地，難以估量的因素則是一大串，其中包括：

- 軍事平台、系統，與武器的相對複雜性與生存能力。
- 戰場經驗與訓練的有效性。
- 整合與維持有效的聯合作戰所需的指揮、控制、溝通與情報系統穩健性。
- 軍事預算在一段時間內的可持續性。
- 在這樣的戰略情況下，華府、北京及相關盟軍政府是否有意支持並繼續部署軍事力量。
- 在展開軍事行動的過程中，能夠動用非軍事面向的整體國家實力的能力（例如外交、經濟、金融、科技資源，以及形塑全球輿論的能力）。

- 核威懾對於任何常規衝突的範圍、強度，以及時間長度的影響。
- 而最關鍵的即是，當不同地區出現危機時，個別領導者如何應用上述這些定性與定量變數，處理每一場各自獨特的危機。

舉例來說，美中之間是否達成武力平衡的答案，會根據我們將兩國武力應用於台灣海峽、南海、東海，或朝鮮半島等不同情境而有所改變。更不用說像是印度洋或其他更遠地區的潛在戰區了，在西太平洋以外的地區，中國的力量投射能力日益吃緊。

但是，一些明顯的趨勢正變得更加清晰。首先，幾乎在所有類別裡，中美雙方的能力差距都在縮小。而在某些類別上（例如網路），中方縮小差距的速度甚至快過美方軍事戰略家的預期。第二，從華府、東京（譯按：指日本），與北京針對台灣情勢模擬的桌上型兵棋推演中，據報美國連續吃下敗仗（根據某些報告，美國連續輸了十九次，且在某些情況下，美國甚至與其一系列最強的區域盟友並肩作戰，還是吃下敗果）。第三，然而在美國與日本聯合回應發生在日本附近的東海軍事危機時，兵棋推演給出了比較好的結果，這也反映出地理的極端重要性。第四，同樣的情況卻不適用於南海情勢，中國在此區行動基本上易如反掌。這個結果特別解釋了為什麼比起南海的南沙群島與西沙群島，北京更加小心謹慎地對待其在東海附近的釣魚台（日本用語：尖閣諸島；中國用語：釣魚島）領土主張。在南海，美國除了菲律賓以外，並沒有其他特別的條約義務規範美方必須在該區行動出擊。與此現實相符的是，美國在二〇一四年與二〇一五年，並沒有對中國在南海的造島工程做出軍事回應。這讓北京對於自己在該戰區的整體軍事地位更加有信心。第五，中國對美國的整體軍事淨優勢，會在地理上離中國海岸線愈遠的地方，消逝得愈多。不過這點會隨著時間而改變，因為中國的長程打擊能力、藍水海軍、部隊防護系統，以及維持能力都在持續上升。但是直到中國對於靠近自家門前的戰略地位有十足的自信之前（特別是有關台灣情勢），中國也不會急著大幅度地到處分散自身資源。最後一點，考量到美中兩國非常不同的政治與經濟系統，華府應該要認知在任何衝突中，中國的國家機器動員中國經濟全數資源的能力，比起美國還來得強大。

不過說了這麼多，習近平執行其軍事現代化的目標時仍舊遭遇許多困難，尤其是經費問題。斯德哥爾摩和平研究院（Stockholm International Peach Research Institute）估計中國的國防預算從二〇〇八年到二〇二〇年大約成長了百分之二百三十三，從一千零八十億美元來到二千五百二十億美元。截至二〇二〇年，中國的國防預算占了中國整體政府預算將近百分之十。習近平會意識到中國政治經濟模式所面臨的阻力，包含中國未來由私營部門推動之經濟成長率可能降低，以及這對中國未來的政府預算所帶來的影響。習近平也知道，中國人民的國內政策需求逐漸升高，特別是用來支持一個快速老化的人口結構所需的衛生與健康、老年照護，以及退休金政策。而在這些政策預算不足的情況下，為國防預算投入大筆資金有可能會被視為一個充滿風險的政治主張。

此外，習近平也搖醒了處於戰略冬眠期的「美國熊」。經過伊拉克戰爭後的國防預算下降，從二〇一七年起，美國的國防預算再次以每年平均超過百分之五的程度增加。雖然拜登的第一個年度預算申請總額達到七千一百五十億美元（只增加了百分之一．六），但此預算的重點明確地轉移到以遏止中國為目標的系統上。這些包含為新設立的《太平洋嚇阻倡議》（*Pacific Deterrence Initiative*）投入超過五十億美元的預算，此倡議旨在於太平洋地區發展並部署先進的長程打擊武器（因為中國的反介入／區域拒止戰術已被證明為美國海軍規劃官帶來很大的麻煩）。作為美國在東亞三大主要盟友中的其中兩國，日本與澳洲也表明它們將會大幅度地增加軍事預算。事實上，我在二〇〇九年時就在準備澳洲的《國防白皮書》時表明了此事，包含將澳洲的潛艇艦隊數量增加一倍，並增加三分之一的水面艦隊數。北京已經意識到，向外界如此張揚自身的軍事能力可能不是一個最好的主意。而從二〇一八年起，中國的官方媒體公開提及習近平的「世界級軍隊」的次數確實急劇減少。這個現象似乎與中國因為擔心引來更多國際反應，而去掉所有談及中國製造二〇二五的高科技戰略的決定相呼應。

然而最終，撇開理論性的戰爭遊戲來看，我們仍舊不清楚習近平的軍事改革與擴張計畫，是否真的創造了一支「能打勝仗」的人民解放軍。二〇二〇年時，解放軍仍處在巨大的內部動盪期，因此任何近期發生的區域危機，都還是會交由一支處在體制轉型期的軍隊處理。軍事改革一事在中國也帶有很強的政治敏感性。復員三十萬士兵的決定，最終引起許多被強制退休、對於自身經濟條件與待遇不滿的退伍軍人公開抗議。與此同時，其他資深將領也因為貪腐或不忠（不管實情是真是假）而被肅清、拘留，或監禁。這其中還包含幾位曾經位高權重的將軍，讓軍隊指揮鏈出現經驗上的斷層，並在軍隊中造成可能上升至潛在危險程度的怨恨。被解僱的軍事指揮官們也成為中國政治體系內潛在異議的可能強大來源。除此之外，習近平還發起了一場無情的政治運動，以重新鞏固黨對於人民解放軍的權威，這包含他決定將中國強大的準軍事機構（中國人民武裝警察部隊）納入黨的直接控制之下，將其完全踢離國務院的監督。

雖然他的中共中央政治局同僚不太可能會對上述決定發出什麼根本上的反對，但是如果更多的政治與軍事力量集中在習近平一人手上，就會引起專業與政治上的憂慮。這也進一步加深了習近平在中國的政治體系中，被稱為「萬能主席」的名聲。此舉同時也帶來一定的危險，會增加任何黨內早已在積累中的政治「抗體」。但截至目前為止，習近平已經證明了自己是一位剷除潛在對手的高手，他的手段之優異，能在任何對手有效地組織或反對他之前下手為強。

儘管存在這些不小的挑戰與困難，但如同前述，習近平認為整體區域的軍事力量平衡正穩健地偏向中國。習近平會對美國國防部正式稱中國為「對等競爭者」一事感到一定的自豪。二〇一八年前，中國的軍隊可不是能和美國旗鼓相當的。根據中國的分析模型，中國相信「客觀的」武力平衡會隨著時間偏向有利於中國的方向。中國對美國進行的整體「力量相關性」（correlation of forces）內部統計強化了這個想法。這套計算方法運用了其計算各國綜合國力的統計模型，該模型將一國的整體軍事與非軍事能力納入考量，並列出一張精心比較的國際排名表。到二〇〇九年為止，中國都會發布這些統計。現在中國卻不這麼做。這反映出與促使中國減少其官方媒體報導任何有關中國增長中的能力、巨大的野心，以及公開的必勝心態相似的內部政治敏感性。然而，就中國軍事力量的基本現實而言，中國的內部計算認為區域平衡正逐步轉向有利於自己的方向。

但是資深的中國軍事領導人也知道，儘管中國正在縮小與美國和其盟友間的能力差距，中國仍舊面對著強大的對手，特別是美國與日本兩國。卸任第二任澳洲總理任期後，我加入哈佛大學的甘迺迪政府學院（Kennedy School）擔任高級研究員。當時我參加了一場辦在中國人民解放軍國防大學內的晚宴，有許多中國的中將與上將也出席了這場開懷暢飲的晚宴。那時我受邀到學校進行有關美中關係的公開演講，而國防大學政委、以身為強硬派著名的劉亞洲上將也在現場。那是近年來我與中國軍方共同參與過的眾多會議之一，會議相當熱烈。但在享用完晚餐與許多杯茅台酒之後，我們那晚的對話內容轉向了具體的軍事情境。當時中國與日本的關係因為東京將有爭議性的釣魚台「國有化」而陷入谷底，兩國海軍與空軍間的交流對峙愈來愈多。我清楚地記得我的中國同事們對於單獨在東海與日本進行大規模交戰所抱持的高度軍事謹慎態度，他們甚至不太考慮日本是否會獲得美國海軍與空軍的協助。中國軍隊非常清楚自己缺少的是直接的實戰經驗。他們並不缺乏勇氣，絕對不缺，但他們所持的專業審慎程度高的令人吃驚。

對於習近平來說，解放軍所有部門的政治忠誠度與有效的現代化是他整體戰略中的核心。中國人民解放軍與他未來持續掌權一事有直接的關聯，也對於確保與維持國家統一有根本性的影響，其中最有關係的則是台灣問題。但不可否認的是，推行解放軍現代化改革對於中國的預算而言絕對是一大負擔：為了長期且有效地提供解放軍現代化所需的預算，中國未來的經濟發展模式必須成功，否則中國將會比起現在面臨更嚴苛的預算抉擇。但就如同我們將在接下來的章節中看到的，北京的角色在區域與世界舞台上逐漸加重，而中國的軍事力量正漸漸成為支持其國際政策野心的根本，就如同中國的經濟實力長久以來已經是中國政策雄心的基礎一樣。

09

第六個同心圓：經營中國的鄰國關係

The Sixth Circle: Managing China's Neighborhood

目前為止，我們討論了中國官方世界觀的核心元素。這些元素大抵向內聚焦在中國的內政挑戰，雖然中國軍方理所當然是一個既對內也對外的元素。剩下的五個利益同心圓向外延伸，覆蓋了習近平在中國疆界以外世界的雄心。這是傳統和古典的中國邏輯推演：內部強盛為習近平對外潛在雄心的基礎。

第六個同心圓是關於中國的十四個鄰近國家。除了俄羅斯有相同鄰近國家數量外，中國是全世界有最多鄰邦毗鄰的國家。綜觀中國大部分的帝國時期，國家安全的威脅通常來自於其廣袤的疆界。這反映在草原游牧民族接連的外族入侵，像是漢朝的匈奴、十二世紀的蒙古和十七世紀中葉的滿人。萬里長城即是傳統中國對保護陸地邊境衍生出的最佳象徵。

其後，新的威脅來自海上，其中包含讓中國措手不及的十九、二十世紀西方和日本帝國主義強權。然而，中國的陸地疆界仍然是北京當局根本的戰略考量，特別是因為一九四九年後打了四場邊境戰爭（一九五〇年和美國的韓戰、一九六二年中印戰爭、一九六九年中蘇衝突與一九七九年中越戰爭）。以上衝突都至少部分是源自於未解決的領土糾紛或中國廣義上的領土完整和主權擔憂。

歷史的發展讓中國學習到，純防禦性的措施並不總是可以成功應對鄰國的威脅。因此，現代中國的戰略思維採取各種不同的途徑。當中首要為戰備，但也同時包括政治和經濟外交。中國目標透過這些途徑獲致和所有鄰國正面、包容性甚至順服的關係。

中國今日的核心利益為減少並最終消除邊界任何主要的威脅。這包含美國在其鄰國持續的戰略存在及影響。這適用在十四個陸地鄰國（北韓、俄羅斯、蒙古、哈薩克、吉爾吉斯、塔吉克、阿富汗、巴基斯坦、印度、尼泊爾、不丹、緬甸、寮國和越南），亦特別適用在與中國有海上國土糾紛的南韓、日本、菲律賓、印尼、馬來西亞和越南。作為一個戰略原則，中國寧可和這些國家各自透過雙邊形式解決任何糾紛，也不欲鄰國將分歧上升至多邊機制增加額外的政治和外交籌碼，遑論正式的國際仲裁論壇或美國的介入。

中國的戰略布局同時受到官方對美國門羅主義歷史研究的影響。北京當局觀察到華府在這個政策下無情的決心，以及美國如何在近二百年的時間，試圖透過拒絕任何其他強權進入所謂「美國半球」，保全其更廣的戰略環境。在這個政策的延伸下，美國不斷採取行動確保美洲地區的鄰近國家遵循華府的政治和戰略利益。門羅主義在一九〇四年的「羅斯福推論」（Roosevelt Corollary）推動下正式生效，宣告美國在中美洲及加勒比海國家無法償還國際債務的情況下，有權介入這些國家的內部經濟事務。這個政策促使政治漫畫描繪老羅斯福總統在美國的「加勒比湖」巡邏，用他的「巨棒」威脅小國。

北京的論理在於，倘若這對崛起中的美國是個符合道義且具有戰略性的行為，中國沒有理由不能在東亞也採取相同行動。換句話說，如果美國可以有西半球，中國為何不能有符合自身戰略的東半球？這並不必然表示中國門羅主義即會以軍事干涉的方式實行。但這代表強權有權建立其勢力範圍的想法存在當代中國的戰略思維中，即使中國公開否認這是官方政策的一部分。

然而，自一九八〇年代晚期以降，中國為了優先經濟成長而軟化對鄰國的政策，其中尤以二〇〇三年的睦鄰政策（Good Neighbor Policy）為其代表。雖然未從重大領土糾紛中的立場退讓，中國一有機會便完全運用經濟實力和外交來極大化自身的籌碼和影響力。即便如此，中國並未放棄利用軍事和準軍事勢力的灰色地帶施壓來推進領土主張，實則恰恰相反。在許多案例中，這些行動的強度確實隨著時間顯著增強，但謹慎的執行方式又避免和鄰國全面軍事衝突的風險，尤其對那些和美國有正式盟友關係的國家又特別謹慎。通常在遭遇足夠的抵抗或衝突白熱化前就會縮手。另一方面，中國對其鄰國的總體戰略卻是在經濟上壓倒對方，使它們高度依賴於持續接觸中國的貿易、投資和資本市場，從而使任何既存反對北京領土主張的外交和安全政策都是枉然，不論是政治上徒勞或使經濟衰弱。中國將同樣的原則應用於在全球秩序中扮演更大的角色，目標使其他國家因為中國的經濟規模、動力和決心，而得出抵抗中國崛起是枉然的結論，尤其是在各國可能認知到美國強權表面下出現裂痕時。

俄羅斯

從剛掌權開始，習近平就比任何前任領導更投入於改善北京和莫斯科的戰略關係。確實，自毛澤東以來，沒有一個領導如此優先處理中俄關係。相較於毛澤東和莫斯科的緊張關係（其中包含中蘇一九五九至一九八九年長期分裂期間爆發的一波邊境戰爭），習近平和俄羅斯總統普京的交涉在戰略上愈來愈有餘裕。這對中國共產黨領導階層而言十分獨特。事實上，習近平曾公開形容普京是「他最好的朋友」，致電祝福生日快樂，還公開表示他們兩人「有相似的人格」。對一個中國領導人而言，表露個人對外國領袖的觀感是不尋常的。在中俄四百年關係緊張的歷史下，這又顯得更加突出。俄羅斯沙皇最早在十七世紀向東往太平洋推進，並逐步從清朝手中奪取大片中國疆土。儘管官方時常否認，但多虧了習近平和普京透過緊密的個人關係與共同戰略利益，將兩國關係由宿敵轉化為實質上的政治、經濟和戰略盟邦。

近年歷史發展為今日中俄關係創造良好條件，而習近平是受益者。鄧小平在一九八九年和戈巴契夫的會面導向兩國長期邊境糾紛的解決。其後，莫斯科在蘇聯於一九九一年解體後就不再對中國構成嚴重戰略威脅。另外，一九九〇年代俄羅斯相對經濟衰退和中國經濟快速成長，更加讓中國不將中俄之間接壤的廣大國界視為威脅。這些變化根本性地改變了兩國之間的互動，也使莫斯科隨著時間不情願地接受自身在這段關係中較弱勢的地位。這對俄羅斯人而言並不是件容易接受的事，特別是較之南方中國廣大的人口，俄羅斯在遠東少量的人口已引發他們的脆弱感。同時，俄羅斯持續對中國非法移民構成的邊境安全威脅有所疑慮，而俄羅斯大眾中持續存在對「黃種人」（Asiatics）的歧視態度又加深這種疑慮。儘管如上有所保留，雙邊關係自二〇一三年至二〇一四年以來仍有可觀的轉變。

習近平巧妙地解決了俄羅斯的擔憂，對俄羅斯的自豪感和威望大加讚賞，恭敬地暗示北京和莫斯科仍然將對方視為政治和戰略上的平等，儘管這顯然不再是事實。兩位領導人皆對自由價值和西方支持的「顏色革命」給各自政權一直帶來的威脅有共同的政治疑慮。然而，維持莫斯科和北京的新關係中最重要的黏膠是經濟。自從西方制裁俄羅斯和個別政要，莫斯科前所未有地將焦急的目光轉向中國。這些制裁始於二〇一二年美國《馬格尼茨基法案》（*Magnitsky Act*）的通過，以及俄羅斯在二〇一四年入侵克里米亞後進一步的措施。隨著經濟制裁的傷害開始顯現，加上石油和天然氣的價格下滑，普京認知到只有中國可以緩解俄羅斯的經濟情勢。隨著兩國愈加追求共同的目標，對抗共同的戰略對手——美國，莫斯科和北京之間的政策合作加深，並試圖聯手打造一個較為「多極」、較不自由主義和較不以美國為中心的全球秩序。

莫斯科和北京之間持續深化的戰略和外交合作不只存在雙邊關係中，同時也在多邊組織中如二十國集團、聯合國、上海合作組織、亞洲相互協作與信任措施會議（Conference on Interaction and Confidence-Building Measures in Asia）和金磚五國。與此同時，兩邊安全合作的水準全面性提升，以共同軍事演習和海上操演上升的頻率和規模為代表，操演區域包含太平洋、大西洋，甚至擴及地中海、黑海和波羅的海。

因此，俄羅斯在過去三十年間從中國的戰略對手變身為愈加有用的戰略資產。俄羅斯的油氣供給將隨時間降低中國長期對波斯灣能源進口的依賴，緩解中國從荷莫茲海峽和麻六甲海峽關鍵能源進口被中斷的潛在弱點，這兩個海峽也是中國軍事戰略家一直擔憂的戰略咽喉地帶。俄羅斯一向善於採取各種破壞性的行為轉移和占據美國和歐洲的戰略焦點，而這些方式是北京較為謹慎的戰略文化不會採用的。敘利亞就是個經典的案例。這也讓中國在過去十年大部分的時候在太平洋得以有更多不被挑戰的地緣政治空間來追求其戰略目標。

雖然除了驚人的軍事實力外，習近平視俄羅斯為缺乏全球影響力且衰弱中的經濟體，他仍體認到莫斯科比中國更願意冒險的價值。莫斯科始終比北京在軍事和外交政策上更有侵略性地對抗歐美。這正合習近平的意，俄羅斯在國際上潛在全球「麻煩製造者」的名聲使中國可以在廣大國際社會眼中，投射一個行動更保守、更有諮詢價值和更負責任行為者的形象。這些特質在北京眼裡都更適合世界下一個超級強權。以上種種皆讓中俄關係對中國整體的戰略利益大有幫助。

印度

相較之下，對習近平來說，印度已經成為一個愈來愈棘手的鄰國。北京和德里（譯按：指印度）看待彼此的戰略稜鏡，根本上形塑於兩國之間未定的三千四百八十八公里邊界、印度和巴基斯坦在喀什米爾的領土爭端以及中國與巴基斯坦的長期結盟。長久以來，北京將德里視為中國主要對手的戰略夥伴，先是中蘇分裂漫長歲月中的蘇聯，隨後是最近的美國。印度也一直是中國爭取廣大發展中國家好感和支持時的長期宿敵。雖然在本世紀初，印度和中國被視為具有相當的經濟潛力，但二十年後，中國的經濟規模變成印度的五倍。這讓德里產生了一種新的戰略脆弱感。再加上持續的邊境糾紛和中國在印度洋日益增長的海軍存在，使用斯里蘭卡和巴基斯坦等印度鄰國的港口設施，這使德里在過去十年擴大了與華盛頓的雙邊軍事關係，並發起與美國和日本的三邊海上軍演。然而，儘管出現這些變化，印度似乎仍決心維持其長期以來的中立外交政策傳統。

在二〇一八年，習近平和印度總理納倫德拉・莫迪（Narendra Modi）在武漢舉行為期三天的峰會後，北京和德里都有了改善雙邊關係的新政治決心。這是源於德里想穩定邊境區域並吸引更多的中國投資，以及國內對美國的長期戰略和經濟可靠性愈加存疑，尤其是當時川普政府根本上的不穩定。對習近平來說，這是自一九六二年邊境戰爭以來印度首次被視為在外交上「可被運作」。此外，中國公司渴望在其美國競爭對手之前擴張進入印度這個龐大的發展中市場。總體來說，北京認為與其在自己海洋和大陸周邊地區有另一個重要的戰略敵手，還不如與印度建立友好關係可以有很多好處。

然而，這段萌芽中的關係在長期邊界糾紛於二〇二〇年六月爆發後迅速惡化。在喜馬拉雅山拉達克地區有領土糾紛的班公湖（Pangong Lake）附近，高海拔對峙演變成一場血腥的肉搏混戰，二十名印度士兵和至少四名中國士兵身亡。隨後，印度發生大規模民族主義示威活動，抗議群眾焚燒中國商品、習近平的肖像和中國國旗，並呼籲全國抵制中國商品。印度總理莫迪承諾做出強硬的回應，說印度人可以「為我們的士兵與中國人作戰而犧牲感到驕傲。」在北京最終將其控制住之前，中國媒體中對外交不敏感的「戰狼」們將衝突歸咎於印度，同時嘲笑印度軍隊的損失，助長情勢升溫。雖然得以避免軍事衝突的升溫，但到了九月，德里禁止幾十類中國產品的進口，包含抖音和微信在內的超過二百五十個中國軟體應用程式在印度被封鎖。這對中國的科技公司來說是一個重大挫敗，他們曾將印度市場視為未來全球擴張的基石。與德里的緊張關係因新冠肺炎疫情的影響而進一步惡化，特別是該病毒從武漢開始傳播，而在印度造成了災難性的人員和經濟損失。

在戰略方面，德里迅速更進一步加強與美國的安全關係，立即擴大與美國海軍的海上演習，簽署數個國防和情報合作協議，並首次在南海部署了一艘印度軍艦。印度還突破與華府和東京的三邊軍事合作，終於接受由美國、日本、澳洲和印度組成的四方安全對話。這一對話由川普政府重新推動，首次邀請澳洲參加四邊海上演習。印度外交部長蘇傑生（Subrahmanyam Jaishankar）解釋道，從印度的角度來看，四方安全對話在邊境衝突後產生了「更大的共鳴」，而且德里和華盛頓對「更積極交涉國家安全事務」的需求有了更高的「舒適度」。這種多邊安全合作的新境界使中國的海洋戰略環境變得相當複雜。我們會在下一章更深入討論這個問題。

綜合來看，二〇二〇年的這些發展代表了習近平兩年來改善與印度關係的嘗試遭遇重大戰略挫折。習近平不想讓自己在每個方面都有戰略敵手。隨著印度更堅定地加入美國的戰略布局，同時台灣海峽、南海以及東海與日本的緊張局勢也在加劇，習近平恰恰陷入了他一直試圖避免的困境中。

二〇二〇年的下半年，北京努力尋求以最低調的方式來緩解印度邊境危機。當一名解放軍士兵被印度軍隊俘虜時，中國大抵保持沉默，不太有說服力地聲稱他不小心追趕牧民丟失的犛牛而越過控制界線，同時試圖透過低調的協商使他獲釋。中國同時提出與新冠肺炎疫情有關的支援和協助，但大部分被德里拒絕。據印度的說法，共同從未定區域撤軍並回復原狀的初步協議並未被中國軍隊遵守。經過一年多的時間，軍事指揮官之間舉行了十幾輪的會談，在二〇二一年夏天達成一項新的臨時協議，但情勢仍然緊繃而脆弱。作為緊張局勢持續升溫的跡象，印度已將五萬名軍隊從其宿敵巴基斯坦的邊境調離，重新部署到與中國的邊境，而中國人民解放軍則透過新的長程火砲和額外的冬季作戰裝備強化其在邊境的部隊。與此同時，習近平在二〇二一年七月針對性地突襲訪問邊境，成為自一九九〇年江澤民以來第一位這麼做的中國領導人。他高調地乘坐一條為迅速運送部隊和補給到西藏喜馬拉雅高原新打造的高速鐵路。

因此，雙方似乎都做好在邊境地區長期對峙的準備，很難預測北京和德里之間的關係能恢復到什麼程度。然而，正如鄧小平在一九八九年透過解決邊境爭端使中俄關係正常化，我們絕不能排除習近平對印度採取同樣做法的可能。如果中國這樣做，將從根本上改變北京、華盛頓和德里之間的戰略三角關係。

日本

在二戰的長期陰影下，中國與日本的關係斷斷續續地發展。日本占領期間的殘暴行為導致多達二千萬中國平民和軍人的死亡，包括對中國平民的大屠殺、廣泛的性奴役和對中國戰俘的生化戰實驗。日本戰後一些領導人對這些戰爭罪行缺乏懺悔和贖罪之意，在政府支持反日民族主義的環境下，不時在中國引爆大規模公憤，這包含了對日本企業，甚至只是駕駛日本汽車的人被攻擊的暴力行為。

就在習近平於二〇一二年接任黨的領導人之前，日本政府從一個私人土地所有人手中購買有爭議的釣魚島（Diaoyu Dao），實質上將其「國有化」，這是一個極具挑釁意味的動作。（這實際上是意在先發制人地阻止極端民族主義者東京都知事石原慎太郎〔Ishihara Shintaro〕更加挑釁的購買計畫，但北京不接受這作為合理化的理由。）美國基於一九五四年《美日安保條約》（*US-Japan Security Treaty*）的考量將尖閣諸島（譯按：釣魚台列嶼或釣魚島）視為日本領土，而且自戰後這些島嶼一直由日本政府實質管理。中國卻不這麼認為。購島此舉一出，北京與東京的雙邊政治關係馬上惡化，雙方在釣魚台周邊區域部署大量的海軍、空軍和其他準軍事資產。當日本首相安倍晉三（Abe Shinzo）決定參拜紀念日本陣亡將士的東京靖國神社，其中包含十四名一級戰犯的遺體，緊張關係進一步加劇。對中國來說，這是一個非常具有政治煽動性的行為。

日本還拒絕支持中國的區域發展倡議，如亞洲基礎設施投資銀行（Asian Infrastructure Investment Bank）和一帶一路倡議，稱這些措施欲透過挑戰推廣善治的機構，顛覆一九四五年後全球以規則為基準的秩序。與此同時，中國在二〇一三年十一月進一步火上加油，單方面宣布在東海設立防空識別區（Air Defense Identification Zone），要求所有外國飛機提前通知中國民航當局計畫的飛行活動，以顯示其對該疆域的主權。日本和美國立即派出軍機穿越該區，挑戰這一前提。

然而，在某種程度上，雙方冰冷的關係在二〇一八年底開始解凍。當時，習近平和安倍晉三透過高層互訪試探性地正常化關係。安倍和莫迪一樣，似乎開始了在華盛頓和北京之間長期戰略避險的過程，不希望在川普或後川普時代，美國若戰略上偏向孤立主義，被拋下成為對抗中國的「最後一人」。川普政權對其傳統盟友的整體態度、北韓政策的混亂處理以及對日本和韓國加徵關稅的威脅，都讓安倍感到特別警覺。因此，安倍在二〇一七年九月採取改善與北京關係的第一步，突然現身於東京中國大使館舉行的中國國慶日活動，這是十五年來日本首相首次這麼做。安倍在那裡首次提到習近平訪問日本的可能性。同年十一月，習近平在越南舉行的亞太經濟合作領導人會議期間特意另外會見安倍晉三。安倍振奮地離開，報告說這次會面「非常友好和放鬆」，兩人「就包括北韓問題在內的國際事務坦誠交換看法」。他呼籲「盡快」就北韓問題舉行日中韓三邊峰會。而習近平要求日本在一帶一路倡議的框架下進行經濟合作，包括為區域基礎設施計畫提供資金，並表示這次會面「代表日中關係的新起點」。而在二〇一八年四月，兩國恢復在釣魚台危機後中斷八年的高階雙邊經濟對話。而在五月，安倍在東京接待中國總理李克強和韓國總統文在寅（Moon Jae-in）參加中日韓峰會，安倍和李克強在會上同意在東海實施新的海上和空中危機溝通機制。二〇一八年九月，安倍和習近平在海參崴再次會面，兩人「密切討論北韓問題」，安倍對中國承諾維持對北韓的制裁感到滿意。在二〇一九年十二月的另一次中日韓峰會之前，兩人在北京再次會面時關係已經大幅升溫。安倍談到「關係的新階段」，並起草「第五份政治文件」，加入構成戰後中日關係基礎的四項外交協定，這次將奠基於未來的全球合作。他邀請習近平在二〇二〇年春天訪問日本，並說這將是「一個展示日本和中國面對世界共享責任的好機會」。

然而，二〇二〇年日本因疫情而鎖國，其與中國在新冠肺炎起源問題上的摩擦漸增，以及全球對中國在香港和新疆鎮壓行動的反對聲浪上升，成功讓習近平的訪日計畫擱淺。此外，在這一年內，中國海軍、海警和準軍事部隊在釣魚台附近部署的任務強度增加。日本也強化與美國、印度和澳洲的軍事合作，不論是雙邊合作或透過四方安全對話。且在二〇二一年，東京宣布將大幅增加安全方面的開支，踏出歷史性的一步，摒棄長期以來每年國防支出占國內生產毛額百分之一的上限。日本防衛大臣岸信夫（Kishi Nobuo）向日本人民解釋道，儘管日本有和平憲法，但「日本周圍的安全環境正在迅速變化且不確定性增高」，東京必須「適當分配所需的經費保衛我們的國家」，包括透過發展「太空、網路和電磁戰等新領域」。他說已經到了「我們必須醒過來，我們必須做好準備」的時候。

也許最重要的是，東京在二〇二一年首次就台灣問題公開發言，反映了防衛省白皮書的結論，認為區域權力平衡正危險地朝有利於中國的方向轉變。岸信夫宣示，日本有義務「保護台灣作為一個民主國家」，而日本副首相麻生太郎（Aso Taro）則警告說，對台灣的攻擊，或「各種情況，如無法通過台灣海峽」，將對日本構成「存亡威脅」，日本「需要認真思考下一個可能是沖繩」。他指出，「如果是這樣的話，日本和美國必須共同防衛台灣。」二〇二一年八月，東京和台北首次舉行了雙邊安全會談。這代表了東京外交和戰略途徑的根本轉變。傳統上，東京總是極為謹慎地緩和其說詞和作為區域安全行為者的形象，即使其已經加深與美國的合作。北京方面立即威脅說，如果日本與美國一起干預北京和台灣的衝突，將是「自掘墳墓」。

當安倍晉三政治上短命的繼任者菅義偉（Suga Yoshihide）辭職，並於二〇二一年九月由更左傾的岸田文雄（Kishida Fumio）接任時，新政府開始進行政策微調，包括不再推動安倍晉三指標性的「安倍經濟學」經濟政策。然而，東京對中國處理方式的軌跡明顯沒有改變，岸田很快設立了一個新職位，監督與日本對中國市場依賴性有關的經濟和安全風險，並投入最終將國防支出翻倍的計畫。

因而，東京似乎正處於重新評估其對中關係整體戰略立場的過程中，並可能繼續嘗試和美國一起加強自身軍事實力，以嚇阻東京感知到中國在該區域的擴張。儘管如此，針對中美權力平衡的長期軌跡和美國繼續偏向孤立主義的可能性，日本整體的戰略算計不太可能會有實質性的改變。因此，東京將如何繼續平衡做法值得小心和詳細審酌。

至於習近平，雖然他繼續試圖以定期海上巡邏來確認中國對東海有爭議島嶼的「管轄」，但他的整體利益似乎在於減少和日本——如果可能的話還有印度——這兩側的戰略摩擦。鑑於美國兩黨共同對中國政治情緒突然轉變，如果還有可能的話，他寧願單獨面對美國。習近平也通過中國全球貿易、科技和投資利益的視角看待仍是世界第三大經濟體的日本，尤其倘若美國繼續朝著更大程度與中國經濟脫鉤的方向發展。

朝鮮半島

朝鮮半島對中國來說是一個難題。中國和韓國不僅在地理上鄰近，有著悠久的歷史關聯和深厚的文化親近，還有韓戰持久的影響，中國在一九五〇年韓戰期間派遣一百多萬部隊，以逆轉美國在朝鮮半島的進展。那場戰爭在中國的政治心理上具有特殊的重要性，因為它象徵中國共產黨國家即使在開國初期，就有能力對強大的美軍造成軍事上的失敗，或至少為其帶來僵局。然而，即使共享這段歷史，至少在二〇一八年以前，習近平與北韓領導人金正恩（Kim Jong-un）的關係無疑是六十多年來兩國領導人之間最糟的。原因在於北韓加快了核子武器和彈道飛彈的發展計畫，最終在二〇〇六年至二〇一八年間進行一系列核子和長程飛彈測試，違反多項聯合國安全理事會的決議。令平壤（譯按：指北韓）不平的是，中國支持這些決議，包括決議附帶的經濟制裁。鑑於金正恩的行為使他與韓國和美國間產生了前所未有的緊張關係，讓美國再次直接介入半島的災難成為可能，金正恩對習近平來說更多是個戰略問題，而不是一個寶貴的盟友。

但讓習近平鬆一口氣的是，川普單方面決定於二〇一八年和二〇一九年在新加坡、越南和韓國與金正恩進行直接的高峰外交，這使習近平得以解凍與金正恩的政治關係。北韓已經成為中國的問題兒童，因為對平壤持續的政治支持，正在破壞中國作為一個負責任的新興超級大國建立全球聲譽的努力。現在萬萬沒想到是一個美國總統來解決習近平的難題。川普就核子問題與金正恩打交道的過程中，習近平只向他提供表面上的協助。這是基於中國的算計，即金正恩永遠不會放棄他的核武器，嘗試迫使金正恩這麼做而破壞中國與北韓的戰略關係並不符合中國的利益，但幫助川普徒勞無功的追求可以得到政治和外交上的好處。習近平的結論是，川普總有離開的一天，但中國的北韓鄰居一直都會在。

無論習近平與金正恩之間個人的矛盾如何，他都不希望看到北韓政權垮台。屆時，他將必須處理從北韓流入中國的難民潮。後金正恩時代的政府會是什麼樣子也還沒有一個定數。在最壞的情況下，它可能冒著北韓被首爾（譯按：指南韓）統一，並在中國的直接邊界上建立一個強而統一親美國家的風險。儘管如此，習近平認為，即使平壤沒有做出實質性去核化的承諾，美國也不太可能對北韓採取軍事行動。此外，北京的看法是，任何北韓的核打擊能力雖然對中國來說是個麻煩，但大概只會針對美國及其亞洲盟友，包括韓國和日本，而不是中國。事實上，相較對中國的影響，北韓的核打擊能力大概會對美國在東亞和西太平洋地區的戰略規劃影響更大，使其變得更加複雜。這也可以說會改善中國的整體戰略情勢，考量美國（和日本）會需要應付來自中國和北韓的重大區域安全威脅，而不是只有中國。

至於韓國，雖然關係時而緊張，例如前一章討論的薩德系統部署問題，但習近平仍然樂觀認為長期的戰略、經濟和文化因素將持續牽引首爾進入北京的政治軌道當中。川普政權要求重新談判美韓自由貿易協定，以及要求韓國政府增加相當費用留下美國駐軍的政策，都將韓國民眾對美國的好感破壞殆盡。中國經濟的拉力、高漲的反日情緒，以及對中國不支持北韓武裝統一的更多認知，能夠改善韓國對北京的政治情緒。日韓關係的持續破裂且美國未能如以往在兩者之間有效調解，也代表中國相對於首爾的地位愈加強勢。另外，在首爾出現一種新觀點，認為中國可能比美國更能為韓國提供長期保障，以防北韓恢復敵對狀態。雖然韓美關係持續融洽，但上述的一切都指向首爾和北京之間的關係正日漸和解。

韓國政壇右派的持續政治混亂增強了中國的信心，包括中國認為韓國的世代變化正在削弱老一輩對美國的政治和情感依附。事實上，在北京最有信心的時候，它相信自己最終可能可以將首爾從美國的軍事懷抱中剝離，從而讓美軍撤離目前靠近中國大陸的位置，並使韓國回到其在中國世界觀中適當的歷史位置，也就是待在中國的勢力範圍內。無論如何，中國愈不用擔心韓國及其他鄰國，就愈能開始將目光投向東北亞最緊鄰的國家之外。

東南亞

在朝鮮外，東南亞大陸和群島是中華帝國幾個世紀以來最密切發展其朝貢體系國家網路的區域。正式承認中國皇帝優越地位的使節得到接見，帶來禮品作為貢品，並接受回贈禮品作為一種有用的、儀式化的貿易形式。在過去幾百年內，這裡也是吸引最多中國移民的地區。即便是今日，近年中國一半左右的向外移民就是到東南亞，通常是為了尋找商業機會。據估計，生活在國外具有華人血統的人中，約有三分之二在東南亞定居。

基於這些原因，北京極力培養與該區域的緊密連結，目標透過外交、貸款、投資和貿易的結合來建立東南亞的從屬國一點也不令人意外。儘管中國在南海的島嶼和海域主張持續挑戰其與至少五個東協國家的關係，但從北京的角度來看，中國與東南亞大陸的關係進展順利。寮國和柬埔寨日漸成為中國的藩屬國，柬埔寨在東協內部的討論中扮演了事實上的中國代理人。泰國雖然在名義上仍是美國的盟邦，但自二〇一四年曼谷被軍方接管以來就受到美國一系列的制裁，且正逐漸往中國的方向移動。至於緬甸，中國十分投入與翁山蘇姬政府的關係，以克服二〇一五年和她打交道以來的任何挫折。緬甸軍方在二〇二一年二月發動政變掌控國家，這最初在中國被視為令人沮喪的挫折。然而，北京很快隨現實情況調適，對軍方政權採取愈加堅定的支持政策。

如同在其他區域，中國今日在東南亞發展的外交關係是被務實的自身利益導引，政治意識型態和與之打交道政府的類型不太是考量的因素。

不令人意外地，中國與越南的關係比較複雜，鑑於他們可以追溯到一千年前且常常是敵對關係。在越戰期間，中國幫助獲勝的越共對抗在南越的美國盟邦。然而，不久之後，兩國在一九七九年發生了激烈的邊境戰爭。在一九八〇年代兩國關係緩慢回溫，儘管在二〇二〇年為紀念兩個社會主義國家間外交關係正常化七十週年，官方精心策劃慶祝活動，但今日的關係狀態是幾十年來最緊張的。即使如此，就算越南在北京升級南海爭端後於二〇一〇年與美國展開初步安全合作關係，也在戰略上透過持續調整其和中美之間的關係兩邊押寶。北京因此有理由希望，雖然兩國有敵對的歷史，但河內（譯按：指越南）還不是一個無法挽回的地緣政治目標。

至於馬來西亞，即使馬哈迪總理（Mahathir Mohamed）在二〇一八年選舉中發表反華言論使他重新掌權，但中國重新協商其在馬來西亞更具爭議性且債務累累的一帶一路倡議，使吉隆坡（譯按：指馬來西亞）的新政府感到滿意。事實上，即便馬來西亞政局持續動盪不安，馬哈迪倒台後換慕尤丁（Muhyiddin Yassin）上台，而二〇二一年慕尤丁倒台後依斯邁．沙比利（Ismail Sabri Yaakob）上台，中馬關係似乎已經實質上重新正常化。與此同時，作為美國軍事夥伴但非正式盟友的新加坡，在二〇一五年由於決定允許美國軍艦將新加坡作為母港停泊，招致中國的盛怒。但自從在二〇一八年正式「重新開始」與北京的關係後，新加坡承諾會對北京的利益更為關切，特別是考量到它與中國龐大且不斷成長的經濟關係。拜登政府上任後刻意迅速派遣多名高階官員到新加坡，包括副總統賀錦麗（Kamala Harris）和國防部長勞埃德．奧斯汀（Lloyd Austin），以強化與這個城市國家和更廣泛東南亞地區的關係。儘管如此，新加坡長期的戰略軌跡仍有待觀察。

在中美區域戰略影響力的競逐中，最戲劇性的變化是在民粹主義羅德里戈．杜特蒂總統（Rodrigo Duterte）政權下的菲律賓。菲律賓和泰國一樣，是有和美國簽署盟約的正式盟友。但在杜特蒂主政下，馬尼拉（譯按：指菲律賓）根本性改變和北京關係的發展方向，特別是在處理與中國在南海相衝突權利主張的歷史爭端上。杜特蒂反覆無常地試圖平衡菲律賓傳統上跟華盛頓的親近以及拓展與北京的關係，這使馬尼拉放棄聯合國常設仲裁法院[1]（UN Permanent Court of Arbitration）於二〇一六年的歷史性裁決，就算法院對菲律賓前任政府抗告中國在南海主張的合法性，已經做出有利於菲律賓的決定性裁決。杜特蒂的總統任期在判決做出前一個月才剛開始，他稱裁決「只是一張紙」，並說他會把它「丟進垃圾桶」以改善與北京的關係。他試圖從與北京的緊密關係中獲得經濟上的好處，同時經營菲律賓與華盛頓傳統上的親近，這使他的決策過程如坐雲霄飛車一般。但在二〇二一年七月，他再次向美國傾斜，重新簽署一項他曾威脅要放棄的協議，允許美軍在該國行動。整體來說，杜特蒂的中國戰略使國家分裂，他的政敵聲稱他把菲律賓降到中國一個省的實質地位，促使他反悔。最終，該國在二〇二二年五月的下屆總統大選將很有可能決定菲律賓是和北京關係更緊密，抑或重新把焦點放在華盛頓。

然而，在所有東南亞國家中，大國權力競逐最重要的展現可以說是在印尼展開，在那中國正與美國、日本和澳洲積極競爭戰略影響力。這場博奕茲事體大，在二〇二〇年，印尼有二．七三億精通科技、年輕，並持續增長中的人口，是東南亞最大的新興市場，注定要成為中國和西方公司之間全球經濟競爭的關鍵戰場。此外，印尼地處關鍵的戰略地帶，它位於重要的麻六甲和龍目海峽之間，處於影響南海進出和控制的決定性地位。雖然印尼在歷史上始終維持嚴格的中立外交政策，但美國和中國都知道印尼有潛力成為廣大亞太地區「大國博弈」中爭奪戰略影響力的關鍵搖擺國。時至今日，中國共產黨在一九六六年積極尋求介入印尼，提供武器支持共產黨的未遂政變的歷史，不再像以前一樣形塑印尼政府的決策過程，現在經濟發展的必要性才是首要考

1. 編按：常設仲裁法院事實上不在聯合國系統內。

量。這意味著中國的潛在經濟利益對雅加達（譯按：指印尼）來說非常重要，尤其是北京還在新冠肺炎疫情期間還成為了必要的疫苗供應和醫療協助夥伴。因此，從習近平的角度來看，印尼是可被運作的，他正在積極考慮邀約印尼加入金磚國家集團，試圖進一步誘使雅加達進入中國的戰略圈子中。

在整個東南亞地區，三個重大變化讓習近平有信心該區域正穩定向中國的方向靠攏。首先是中國相對美國而言的更為巨大的區域經濟足跡。東南亞是中國的第二大貿易夥伴，而中國是東協的最大貿易夥伴。相較之下，東南亞是美國的第四大貿易夥伴，而美國是東協的第二大貿易夥伴。同時，日本是東協的第四大貿易夥伴，而東協是日本的第二大貿易夥伴。在對東南亞的外國直接投資方面，局面則較為複雜：日本是東協外部外國直接投資的首要來源，其次是中國和美國。無論如何，中國經濟的離心力對該區域國家來說愈來愈不可抗拒，並正在形塑有利於中國的長期政治和外交趨勢。

第二，在習近平的領導下，中國已經修改其相對東協鄰國南海主張的戰略。在二〇一六年之前，中國對其他聲索國採取具侵略性的策略，而在過去幾年中，我們普遍看到中國在該區域追求更有效的外交。聯合國常設仲裁法院裁定，根據國際法，中國在該區域的擴張性海洋權利主張是非法的。中國拒斥作結後，現在尋求將相衝突的權利主張擱置一邊，同時推進與其他聲索國的潛在聯合發展夥伴關係作為一種替代方案，以眼前的經濟利益利誘他們放棄嚴格的主權主張。同時，北京持續預示與東協國家就南海行為準則達成談判協議的可能。自二〇一七年以來，中國沒有在南海建造更多的「島嶼」，但它繼續將已經建造的七個「島嶼」軍事化。近期的一個例外是，中國派遣一支由近三百艘武裝準軍事「漁船」組成的大規模艦隊，去占領菲律賓聲索的牛軛礁（Whitsun Reef）附近海域。這個行為旨在向馬尼拉施壓，使其不以改善與拜登新政府的關係來扭轉其外交政策路線。雖然這和其他中國行動——如中國船隻和飛機愈加頻繁侵入馬來西亞附近的海域——繼續在該區域引起政治動盪，但與該地區國家的公開衝突整體上沒有前十年那麼激烈。

第三，橫跨東南亞的共同心聲是，美國自歐巴馬重返亞洲政策的全盛時期後，近年來在軍事、經濟和政治上愈來愈缺乏行動。儘管川普政權加快自由航行行動（Freedom of Navigation Operations, FONOP），並在二〇一九年警告說，在美國海軍的交戰準則下，會比照外國海軍處理中國海巡和海上民兵船隻的敵對行為，但這兩步都沒有嚇阻，遑論消除中國在南海的強硬存在。同時，川普決定放棄《跨太平洋夥伴自由貿易協定》，並拒絕與東協和其他五個區域國家透過區域全面經濟夥伴關係接觸，這在整個區域一致被解讀為相當於美國的全面經濟退出。在外交上，川普政權幾年來甚至都懶得出席總統級的主要區域峰會，包括亞太經濟合作會議和東亞峰會（East

Asian Summit）。這在該區域留下長久的負面影響，拜登政權還未能扭轉局面，特別是考量其對多邊自由貿易協定猶豫的態度。

川普從東南亞的退縮並未讓中國在該區域變得受歡迎，但它確實讓中國在該區變得更有競爭力。習近平下的中國再次放眼長期發展，運用其經濟實力，就算不時遇到挫折仍堅持不懈，並且有信心美國在東南亞愈加是個昨日勢力。

審視戰略地圖

當習近平從戰略角度審視中國的周邊地圖，他大概會對大部分出現的趨勢感到滿意。從北京的角度來看，俄羅斯幾乎完全站在它這邊。日本在兩邊押寶，但可能無法擺脫對中國的經濟依賴。印度的情況倒退但猶未晚矣。韓國有正面的發展，東南亞更是如此。美國自滿的處理方法助長中國的地位，錯誤地以為北京更強勢的行為本身就會在整個區域引起足夠的反中反應，從而減輕華盛頓進一步努力提供替代方案的必要性。實際情況絕非如此。中國在其周邊區域整體利益的進展當然有些起伏，但由於中國的主要經濟優勢，以及美國似乎在政治上無法給予相對的貿易、投資和潛在科技（例如華為的5G），因此從北京的角度來看，趨勢還是正向的。即使如此，目前的情況對中國來說並不是一個完全正面的局面。華盛頓的一項成就特別值得注意，即透過四方安全對話從既有框架出發，集合了泛亞太區域的反中勢力。這在北京引起了極大的警覺，也構成下一章大部分的焦點。

10

第七個同心圓：鞏固中國海上周圍區域——西太平洋、印度太平洋區域與四方安全對話

The Seventh Circle:
Securing China's Maritime Periphery—the Western Pacific, the Indo-Pacific, and the Quad

過去一百八十年以來，中國最大的安全威脅皆源於海上。在第一與第二次鴉片戰爭中，英國與法國在海上成功聯手攻破中國軍事防線。一八九五至一九四五年期間，日本數次成功對中國發動海上軍事行動。美國海軍更是稱霸世界數十載，一海之隔的台灣也因此躲過被中國共產黨收復的命運。因此，我們不難理解中國對其東部海上區域抱持的敵意。

在習近平的整體策略中，鞏固中國海上防線，同時擴大亞太地區戰略深度至關重要，包含將美國勢力推出第二島鏈之外（北起日本列島，經關島、巴布亞紐幾內亞，向南直至澳洲）。其必要性能從下述角度切入。首先，此舉得以迫使美國偵察機與艦艇終止在中國沿海數十年的常規活動。第二，協助中國解決懸而未決的對台灣、南海與東海的領土主張。第三，中國海軍戰略家將此戰略稱為「披荊斬棘」（break through the thistles），換言之，中國海軍勢力終將攻破地理限制，突破第一島鏈（日本、沖繩、台灣、菲律賓，以及印尼群島），成為實至名歸的藍水海軍。

美國因素

中國正確地認為，美軍在東亞的前沿軍事布局對於美國在該地區的力量投射和維持是不可或缺的。中國也清楚美國的東亞軍事布局以長期基地關島為錨地，其一系列軍事、海軍、海軍陸戰隊和情報設施散布於美國的盟國日本、南韓、澳洲，以及鬆散地相連的北太平洋島國的領土上，還在較小程度上得到新加坡、泰國與菲律賓的支持。在檀香山美國印太司令部領導下，美軍能力本身即相當可觀。不過，美國在幅員廣大的印度洋—太平洋海域的前沿部署能力還得到這些盟友和其他戰略夥伴的戰略資產的極大補充。這就是為何中國持有的長遠戰略目標是一旦有可能就要瓦解美國的同盟體系。中國的戰略邏輯十分清晰，失去同盟的美國即使不是一舉被迫退出印度洋—太平洋海域，其勢力也將大幅消退。不過中國目前仍無法以戰略滲透美國在太平洋區域的盟友，因此美國仍占有極大優勢。這是習近平欲扭轉情勢的一個情況。

中國將軍事實力視為鞏固海上勢力的核心條件，即快速擴大海空實力，同時強化陸基飛彈和網路系統，旨在壓倒美國以及其同盟。以量取勝與控制資訊戰是中國致勝的關鍵。不過，中國的經濟戰略也能強化軍事戰略。中國以龐大的市場利誘美國重要同盟，長期下來，這些同盟將意識到對抗中國的經濟成本過高，因此逐漸減少對美國的忠誠、承諾與義務。此外，中國也尋求利用政治、外交以及經濟手腕懲罰阻撓中國國家利益的美國盟友。中國的意圖在於使用這些懲罰性措施警告其他國家，不理睬中國政治訴求會有怎樣的後果，舉措包含中國市場限制，甚至干涉國家資產，強制將其居民拘留於中國。相對地，中國也會獎賞拒絕與美國政治合作的國家，如亞洲的菲律賓和歐洲的希臘。上述三個面向目的相同，皆為削弱美國盟友間的團結。中國的戰略在川普執政時期可謂是大獲成功，除了戰略本身，川普風潮的負面影響也損害美國同盟關係的韌性與和諧。

四方安全對話（Quad）起點

四方安全對話，又稱 Quad，為二〇一九年美國、日本、印度與澳洲的對談，揭開印度洋—太平洋區域聯盟的新序幕。四方安全對話遠非一個正式的同盟結構，沒有共同防禦義務（印度並非美國的或其他 Quad 成員的條約盟國），不過在北京採取愈來愈強硬的戰略態勢後，該對話已然演變成為區域最直接的回應。對此重要挑戰，習近平的態度也有所轉變。

在二〇一七年十一月馬尼拉東協高峰會上，日本首相安倍晉三邀請美國、澳洲與印度外交官參加工作會議討論深化合作的可能性，不過當時北京對此不予理會，認為這對其戰略利益影響不大。中國外交部部長王毅在會後表示四方安全對話不過是為奪新聞版面的噱頭，並不足為懼，就像太平洋或印度洋的海水泡沫般，可能會暫時博得關注，但終將消散。彼時北京戰略界認為這四國的國家利益過於分歧，無法協調合作。該想法情有可原。

畢竟四方安全對話在十年前，約二〇〇〇年代中期曾被提起。不過當時我前一任澳洲總理約翰．霍華德斷然拒絕該可能性，該對話淪為官員間的晨間閒談。安倍的四方安全對話設想最初可追溯至二〇〇四年大海嘯，當時東南亞與南亞多數區域受重創，奪走十四個國家二十二萬七千人的性命。當時日本、美國、印度與澳洲聯合制定一個稍嫌雜亂的自然災害回應機制。安倍設想四國應齊心合作，協力面對區域挑戰，包含區域安全。

然而，這只是安倍單方面的想法，並未得到其他國家正面回應。當時美國副總統迪克．錢尼（Dick Cheney）對此表示支持，不過總統小布希則持觀望態度。他擔心四國加強安全合作的表現會疏遠中國，因而拒絕協助美國解決北韓和伊朗核擴散議題。同樣來自澳洲的維基解密創辦人，朱利安．阿桑奇（Julian Assange）隨後揭露小布希曾於二〇〇八年十二月的外交電報私下向區域政府確保四方安全談話永無存在可能。印度總理曼莫漢．辛格（Manmohan Singh）則公開排除任何與四方安全對話實質化安全合作的可能性，同時表述北京為德里的「緊迫必要」。在澳方政府尚未發表對四方安全對話的看法之際，辛格已開誠布公表示對話「絕不可能發生」，並將之塵封於歷史中。與此同時，霍華德帶領的澳洲保守派政府也表示欲與中國保持經濟互惠的關係。他堅決反對將印度納入現有的美、日、澳三方戰略合作關係。在維基解密日後揭露的一份外交公報中，澳洲政府在二〇〇七年七月於美、日、澳三國的華府面談暗示將退出四方安全對話，且隨後向北京宣布這一消息。因此當四方安全對話的推手安倍於二〇〇七年九月意外請辭時，四方安全對話 1.0 就此告吹。繼任首相福田康夫（Yasuo Fukuda）也未再談起四方安全對話。二〇〇七年底我成為澳洲總理後，四方安全對話已沉寂數月。了解其他國家的態度後，重啟四方安全對話似乎並不必要。

四方安全對話 2.0 的誕生

然而，十年後，安倍重返政壇，他致力促成四國的對談，區域的戰略情況終於發生重大改變。二〇一七年美中關係陷入膠著，四國也重新評估對中國的戰略。不過，北京這時並未重視這些改變。

二〇一七年四國在馬尼拉首次會面，然而此次會面延續先前內部的失序，沒能發布有任何共同戰略目的的公報。相反，四國各自發布了未經協調的聲明，凸顯四國對重大議題的分歧看法。美澳聲明皆提及應於印度洋—太平洋海域建立「連結」，言下之意，提供中國一帶一路倡議之外的選擇，不過日本仍在考慮與一帶一路倡議合作的可能，因此未使用相同措辭。而印度的聲明則剔除其他三者提及之海上安全、航行自由及國際法等內容。四國唯一共識為每年定期會面。

直至二〇一九年九月，四國領袖終於在紐約進行首次部長級會面。在該次會面中，四國原則上達成一致想法，認同建立一個自由開放的印太區域，並以此為合作基準。不過北京對此仍不為所動。直至二〇二〇年十月，四國外交部長於東京再次會晤，北京才開始關注該對話。七個月後，四方安全對話第一場延伸會議於南韓舉辦，南韓、紐西蘭、越南與四國一同討論貿易、科技與供應鏈的合作。此舉終於引起中國的擔憂。二〇二〇年六月，中印邊境爆發軍事衝突，成為四方安全對話發展至今最重要與最具催化作用的事件。如上一章詳盡的討論，這場衝突使德里重新評估國防考量。昔日最被動的國家一改其態度，積極深化參與四方安全談話，建立一個更為正式的安全框架，與中國潛在戰略平衡抗衡。二〇二〇年秋天，印度十三年來首次邀請澳洲參與美、日、印共同舉行的年度馬拉巴爾海上聯合軍事演習。此舉並不容易，雖然自二〇一七年開始，印度與其他三國關係較為親近，不過印度仍拒絕讓澳洲參與二〇一八、二〇一九年馬拉巴爾演習，擔心會激怒中國，並將四方安全對話視為軍事導向的合作。然而，二〇二〇年六月中印邊境爆發衝突後，德里不再猶豫。

當四方安全對話同年十月於東京展開時，中國的地緣政治圍棋危機四伏。美國國務卿邁克．蓬佩奧（Mike Pompeo）直言美國目標為將四方安全對話「制度化」；「建立一個真正的安全框架」；並在「適當時間」擴大對話，以「因應中國共產黨帶來的對我們所有國家的挑戰」。對北京而言，四方安全對話不僅健在，且規模可能會進一步擴大。

中國對四方安全對話的態度轉變

目睹二〇一九年至二〇二〇年的事態發展後，中國將四方安全對話視為對中國安全利益的潛在威脅，戰略產生極大改變。中央黨校內深具影響力的兩位學者警告四方安全對話「逐漸制度化」的危險。此外，中國社會科學院的一位學者也表示四方安全對話已從「非正式合作框架」轉變為「正式的區域組織」。二〇二〇年十月的四方安全對話部長會議似乎坐實中國共產黨的擔憂。

但是，這些分析似乎指向一個明顯的結論：中國仍可能對這四國採取威逼利誘的手段，凸顯國家利益衝突，盡可能在四國間產生隔閡。四國中，亞洲國家對中國市場的經濟依賴更成為北京極好的施力點。目的就是讓四方安全對話分崩離析。

二〇二〇年四方安全談話會議結束後，北京立即執行該策略。中國外交部部長王毅態度一轉，不再將之視為無關緊要的海中泡沫。他大力抨擊建立「印太北大西洋公約組織」的想法，並表示四方安全對話的印太戰略本身對區域就是一「潛在的巨大安全危機」。中國快速找到可以施壓的對象。「殺一儆百」是中國的一個經典道理。這次，目標是藉由懲罰澳洲警告日本與印度。

北京先前似乎有意改善與坎培拉的關係。不過如今北京改變姿態，未給出明確解釋便限制澳洲煤炭進口，而肉類、棉花、羊毛、大麥、小麥、木材、銅礦、糖、龍蝦與葡萄酒等商品也紛紛受波及。與此同時，中國官媒連連抨擊並譴責坎培拉利用四方安全對話「提升國際地位」，並質問「澳洲經濟與人口規模有限，能有多少實力？」中國警告「若坎培拉意圖激怒中國，澳洲將面臨嚴重後果。」中國非正式官媒《環球時報》被授權遞出政府和中國共產黨不會直言說出的強硬消息。一位《環球時報》分析人員斥責「澳洲作為美國的喉舌，對抗中國將會失去大量工作機會」。中國外交部發言人汪文斌隨後在北京記者會中呼籲澳洲「檢討其行為」，否則無與中國重建貿易關係之可能。儘管四方安全對話並非左右中澳關係的唯一因素，北京此時的表態再明顯不過。

中國對澳洲的經濟制裁持續延燒，且澳洲已然成為中國對外最好的警告，任何被華府「牽著鼻子走」的國家將失去中國龐大的國內市場。北京十分清楚在四國之中，澳洲最不可能實際上與美國決裂；最容易受經濟脅迫（四國中經濟體最小）；且對中國利益威脅最小（比日本、印度和美國權力長臂距離更加遙遠）。

中國戰略的第二步為同時修復與日本和印度的關係，上一章節已花些許篇幅說明中國採取的做法，本章將再次簡短說明。為解凍與日本的關係，中國國務院總理李克強於二〇一八年與南韓總統文在寅前往日本參與中日韓峰會。安倍與李克強同意建立一個新的海空危機溝通機制，旨在處理充滿爭議的東海議題。安倍和習近平曾於多場多邊論壇的空檔進行會晤，兩國關係短暫獲得緩解，且習近平也預期於二〇二〇年春季訪日，卻因新冠肺炎而被推遲。

二〇二〇年十月四方安全對話落幕後，北京安排習近平與日本下一位首相，安倍的繼任者菅義偉會面。中國外交部部長王毅於二〇二〇年十一月訪日，試圖緩解兩國的外交困境，然而卻受到冷漠待遇。菅義偉官邸被示威者民眾層層包圍，抗議王毅到訪，以示對中國於新疆、西藏和內蒙古人權侵害的憤怒。與此同時，菅義偉代表的自由民主黨起草了一份呼籲正式取消與習近平會面的決議。菅義偉的官房長官加藤勝信則轉達東京對「中國官方船艦於釣魚台列嶼周圍活動的關切」，說明局勢「相當嚴峻」。二〇二一年初，習近平的訪日行程正式取消。此行最終因中國多次侵犯日本主張的東海水域，以及日本公眾與官方對中國侵犯人權的擔憂而告吹。

與此同時，北京設法緩和中印邊界危機，還以經濟誘因與新冠肺炎疫苗援助試圖緩解與印度的緊張關係。然而此舉絲毫不減印度朝四方安全對話邁進的步伐。儘管眼下邊境僵持可能已經解決，但印度對中國的戒心已難以消除。

隨著四方安全對話日益堅固，且活動範圍逐漸擴大，一系列新的雙邊與多邊安全協議和演習不斷湧現。北京瓦解四方安全對話的信心開始動搖。中國似乎還未明白其種種行為反而使四國更加團結。此外，其擁護極端民族主義的戰狼外交官的脫序行為經常成功激怒世界各國，嚴重削弱中國同時實施軟（印度、日本）硬（澳洲）兼施的戰略能力。舉例來說，中國共產黨於社群媒體嘲笑印度新冠肺炎疫情死亡人數，引起印度及西方，甚至中國用戶的憤怒與反感。

最後一點，拜登總統的當選以及他對盟友、區域和多邊參與的關注改變了局勢。首先，中國在川普「美國優先」時代的優勢，即相對自由的外交國際手段不復存在。美國新任政府快速著手處理與日本、南韓等盟友於川普時期的貿易和軍事基地爭議，穩定與盟國的關係。川普執政時，北京大體上以開放姿態努力強化中國於亞洲的影響力，然而，目前中國面對的是更為團結的華府與其盟友和夥伴。

敲響四方安全對話警鐘

二〇二一年三月，四國首次舉辦第一屆領導人高峰會，北京再次調整對四方安全對話的策略。在此次關鍵的會晤中，四國首次發表一致的聯合公報。公報標題為「四方安全對話的精神」，在此聲明中，四國同意「致力建構一個自由、開放、共融、健康、秉持民主價值且不畏強權的區域」；「促成海洋安全等合作，以規則為基礎的海上秩序面對東海與南海的挑戰」。

四國領導人在印太區域發起聯合疫苗分配倡議，共同生產與分配十億支疫苗，意圖挑戰中國的「疫苗外交」。四國還設立疫苗專家工作小組、氣候變遷工作小組和重點與新興科技工作小組以鞏固技術供應鏈，旨在深化合作，共同面對區域挑戰。當印度總理納倫德拉．莫迪表示「今天的高峰會證實四方安全已經成熟，這將是區域穩定的重要支柱」時，中國最擔憂的事發生了。

對北京而言，該場峰會證實最糟糕的情況，四方安全對話將取代中國，為區域提供基礎建設發展資金、貿易倡議與其他公共財，多樣的區域供應鏈等多邊資源，很快地，該四國對中國的威脅將從安全波及至經濟層面。此外，北京擔憂四方安全對話將迅速與五眼聯盟（Five Eyes）、七大工業國組織（G7），以及北大西洋公約組織緊密合作，孤立中國，很快，這樣的擔憂被證明是其來有自。

中國對四方安全對話的全面攻擊

二〇二一年三月高峰會結束後，中國快速展開對四方安全對話的第三波戰略，這一次中國掀起全面的政治攻擊。很快地，中國官方大力譴責四方安全對話為「小圈子」。二〇二一年五月，習近平表示在北京眼裡，四方安全對話以「多邊主義作為藉口……挑起意識型態的抗爭」。北京宣稱他們的集體目標不外乎是「發動一場新的冷戰」。相較而言，中國不斷將自己塑造為與「聯合國體系密不可分」的「真誠的多邊主義」勇士，也是該體系與全球治理的捍衛者與改革者。習近平與其他領導人頻繁提到「大國擔當」，聲明中國為一個負責的國際領導者。

北京公開譴責的戰略意圖使四國受到外交孤立與邊緣化。中央黨校的一位學者表示中國應該「深化戰略互動」並提高與東南亞國家協會的海上安全合作，作為「制衡」四方安全對話的手段之一。另一中國學者寫道，透過《區域全面經濟夥伴協定》與《跨太平洋夥伴全面進步協定》等貿易協定強化泛亞太經濟合作，將能「緩解」四方安全對話，以及其對區域秩序帶來的負面影響。本質上，此戰略旨在讓中國比這四國集團影響範圍更大，以遏制四國在區域和全球的影響力。

然而，這些譴責至今效果十分有限，並未阻礙四國對中國的多邊抵禦進展。二〇二一年六月，拜登總統延長對歐洲的訪問，參與位於英國的七大工業國組織高峰會，澳洲與印度也出席。拜登隨後訪問歐盟官員與北大西洋公約組織。在每場會面中，與中國的關係往往成為討論焦點。此外，南韓總統文在寅於同年五月訪問白宮，美國力求南韓加入四方安全對話新設立的三個工作小組，並發表支持四方安全對話的聲明。

儘管文在寅過去不願在中美戰略競賽中明顯表態，華府此次的遊說卻成功了。在兩國的聯合聲明中，他們「認同建立公開、透明與包容的區域多邊關係，包含四方安全對話的重要性」，以及「維護台灣海峽的和平與穩定至關重要」。二〇二一年九月，四方安全對話的領導人首次於華盛頓高峰會實體會面，同意擴展疫苗、氣候變遷與基礎建設資金，以及重點與新興技術如半導體、5G供應鏈和網路安全合作。

這項聲明加劇北京的極度恐懼，不僅是因為四方安全對話可能吸納南韓，成為五方安全對話（Quint），該擴張更可能成為反中多邊聯盟的基石，吸引北美、歐洲與亞洲自由民主國家加入。二〇二一年五月，中國駐孟加拉國大使向達卡（譯按：指孟加拉）發出措辭強硬的警告，強調若孟加拉國加入或與四方安全對話協調行動，將「嚴重危害」與中國的關係，此舉無疑證明中國日益增加的擔憂。該警告令人震驚，因為孟加拉國（稱此言論「具侵略性」且「非常不幸」）一直保持堅定的外交中立政策，且此前未曾有任何與四方安全對話合作的跡象。該事件似乎證明中國對四方安全對話潛在的擴張與活動有種近乎偏執的擔憂。

澳洲與四方安全對話的南太平洋側翼

在習近平的領導下，中國與澳洲、紐西蘭以及太平洋區域的十四個獨立島國的關係也倍感壓力。長期以來，中國將澳洲視為中等程度重要的貿易與投資夥伴，且高度依賴澳洲的鐵礦和天然氣資源。澳洲也成為繼美國之後全球第二大中國學生留學的目的地。

然而，中國領導者長期不斷攻擊美澳之間強大的軍事同盟，稱其為「冷戰殘餘」，也是在更大範圍遏制中國的戰略的一部分手段。此外，在四方安全對話復甦之前，中澳關係於二〇一七年滕博爾（Malcolm Turnbull）政府推出《外國影響力透明化法》後降至冰點，該法旨在減少外國（普遍理解為中國）對澳洲政治的影響，包含對澳洲華人的影響。隨後澳洲推出一系列措施，縮緊中國與澳洲政府、其他政府組織及公共實體的接觸，以及控制中國外國投資活動，這對境內投資流動幾乎立即產生影響。

中國展開反擊，對坎培拉實施一系列前文提之前所未見的報復性貿易措施，至二〇二〇年末，中澳關係墜入自一九七二年外交正常化後的歷史冰點。到二〇二一年，北京已經將澳洲視為美國戰略利益的沒有頭腦的傀儡，必須加以嚴懲，防止其他國家效仿。與此同時，澳洲政府持續強化與華府、東京和德里，以及倫敦、柏林、布魯塞爾與渥太華（譯按：指加拿大）的關係。

中國清楚紐西蘭不如澳洲般親美。一九八〇年代，威靈頓（譯按：指紐西蘭）毅然斷絕與華府和坎培拉戰後成立的三方聯盟關係，時至今日，紐西蘭政壇的想法未曾動搖。

且紐西蘭正是第一個與中國簽署自由貿易協定的已開發國家。自此，北京便將紐西蘭視為美國在西南太平洋區域影響力的軟肋。

然而，中澳之間戰略關係的緊張使威靈頓難以持續在中美兩大強權日益加劇的衝突間維持低調。紐西蘭與澳洲共享深厚的歷史淵源與價值觀，且雙邊安全關係歷史悠久，因此，儘管中國已經超越澳洲，成為紐西蘭最大海外市場，紐西蘭仍不得不加入反對北京對坎培拉懲罰性經濟措施的行列。坎培拉的加入為中國帶來新的挑戰，讓紐西蘭遠離澳洲和「五眼」安全與情報夥伴（美國、英國和加拿大）的目標更難達成。不過，在紐西蘭二〇一九年國防白皮書中，紐西蘭與澳洲立場相左，表示將「加強與中國的國防合作」，認為「中國已經深陷以規則為基礎的國際秩序」，凸顯威靈頓經濟與政治不同考量的衝突。紐澳相異的做法也反映在兩國對中國海外影響行動抱持不同的政治態度，換言之，威靈頓的反應較坎培拉放鬆。

中國對十四個太平洋島國的經濟影響更為龐大，其中許多是小型國家。島國人口總和僅有一千萬人，國內生產總值為三百五十億美元，不過專屬經濟區水域卻高達二千七百萬平方公里，是中國陸地面積的三倍。北京對太平洋島國有著濃厚興趣，主因為這些島國與台灣的關係。直到最近，在台灣逐漸減少的外交夥伴中，有六個是太平洋島國。北京藉由提供基礎建設資金與其他甜頭，鞏固其在太平洋區域的影響力，目前已成功讓吉里巴斯和索羅門群島與台灣斷交，目前台灣僅剩四個太平洋島國盟友。

此外，北京對巴布亞紐幾內亞豐沛的礦物、能源儲備以及該區漁業資源深感興趣。中國近乎耗盡中國周圍海域的漁業資源，此外，民眾也擔心所剩不多的漁獲品質受海洋汙染影響。因此，中國放眼更廣闊的南太平洋，設法滿足國內市場對海鮮的龐大需求。這也引起島國，特別是以漁業為生的國家擔憂糧食安全，以及專屬經濟區的主權與安全議題，尤其過往已有中國漁船非法捕魚的案例。

中國於太平洋區域的情報、安全與通訊利益不斷增加。例如，中國正沿著帛琉向南延伸的第二島鏈南側部署海底感應器與水下浮標網絡。該網絡得以監控海底活動，包括靠近南海的潛艇。此外，中國軍事學者認為在太平洋島國，特別是巴布亞紐幾內亞、斐濟和萬那杜等地設置軍事基地擁有諸多優勢。例如，中國將取得靠近俾斯麥海與勇士號海峽的戰略位置，三條澳洲主要海上貿易路線（共五條），以及日本百分之六十至七十的煤炭與鐵礦進口皆會經過此地。中國能藉此選擇一安全地點，並將之設為南半球基地，確保北斗衛星導航系統能夠全面覆蓋地球。或許這是中國近期長期租下整座圖拉吉島（位於索羅門群島）的原因，如此一來，中國便能建造地面站，補足與完善南半球的衛星覆蓋。

最終，中國正積極爭取於部分區域建造海底通信電纜的合約。迄今為止，儘管澳洲成功向區域政府提出更優惠方案，也曾與美日合作，在最近的一次競標中成功擊敗中國，取得通往帛琉的光纖電纜建設標案，不過，該區未來建設與重要基礎建設的控制權將會愈演愈烈。中國下一個階段將交棒給華為建構區域的5G網路。

中國在太平洋島國的戰略與其他區域十分雷同，主打貿易、投資和貸款援助。中國於二〇一四年超越澳洲，成為太平洋島國最大的貿易夥伴，在二〇〇〇年至二〇一七年期間，貿易量已成長十二倍，中國也成為該區最大外國直接投資來源。發展援助為類似的模式，儘管澳洲勉強仍是該區最大的捐助國。二〇一一至二〇一七年期間，澳洲對該區域的援助總額達六十三億美元，中國為十二億美元，位居第三，僅次於紐西蘭。雖然澳洲已經恢復自二〇一三年起減少的對該區域的金援水準，不過中國於二〇二〇年代承諾的金額正在逼近澳洲。澳洲也撥款十億美金給澳洲出口信貸機構支持區域貿易，此外，澳洲政府亦規劃價值十四億美元太平洋島國基礎建設基金。這些金援為「強化太平洋交往」（Pacific Set-Up）戰略的一部分，是為因應中國於太平洋島國區域積極部署的行為。在二〇一七年外交政策白皮書中，澳洲已清楚指出中國為坎培拉的區域直接戰略競爭對手，總理史考特·莫里森（Scott Morrison）曾說中國覬覦的區域屬於澳洲。

面對中國在太平洋島國崛起的區域影響力，澳洲雖以強硬姿態應對，不過澳洲政府對氣候變遷的漠然態度使成效十分有限。對許多太平洋島國而言，氣候導致的海平面上升已經嚴重危害他們的生存。因此，太平洋島國領導人於二〇一三年發布《馬久羅氣候變遷宣言》（*Majuro Declaration*），該宣言具有里程碑意義，將氣候變遷視為「對太平洋人民的生計、安全與福祉最嚴峻的威脅」，此宣言也成為一重要轉捩點，島國從此開始積極投身氣候變遷倡議。斐濟軍隊總司令曾說：「南太平洋面對三大勢力的影響：美國、中國和氣候變遷」，然而，保守的澳洲政府多次輕忽《太平洋島國論壇公報》（*Pacific Island Forum communiqués*）對氣候行動的訴求，拒絕制定積極的國家碳減量目標，並阻礙國際氣候變遷行動，種種行為皆嚴重破壞澳洲在太平洋區域長年的歷史領導地位。

北京抓準這一契機，中國不僅自詡為「全球南方」的捍衛者，且於二〇一五年大力支持《巴黎協定》，這些皆為北京在太平洋島國區域創造寶貴的政治機會。二〇一九年太平洋島國論壇於吐瓦魯舉行，同時也是該區受氣候變遷影響最嚴峻的島嶼，論壇落幕後，中國指責澳洲對島國「頤指氣使」的態度，意圖淡化此次會議公報對氣候危機的措辭，並建議澳洲「反思」其與該區域的關係。不僅如此，太平洋島民對澳洲也傳達類似的憤怒情緒。當地一位總理當時表示他十分「訝異」莫里森政府對於氣候變遷「事不關己」的態度，一副「拿了錢就閉嘴」的姿態。雖然太平洋島國區域可能並非處於中國長期戰略利益的核心地位，其重要性卻不容小覷。中國強大的經濟實力，以及澳洲政府對氣候變遷議題的延宕使北京在該區域取得進展。

過往美國將南太平洋的區域安全交付澳洲的有效處理，不過，華府近期愈來愈直接參與該區的軍事與外交行動。此舉是對中國加強該區戰略行為的直接回應。此前，南太平洋一直被視為一個安靜且相對安全的戰略封閉區域。

即將登場的印太軍備競賽

在此脈絡之下，澳英美安全夥伴關係（AUKUS）於二〇二一年九月正式亮相，早於四方安全對話領導人的首次會面。三方領導人，莫里森、拜登與英國首相鮑里斯．強森（Boris Johnson）私下商討該協議，欲處理因中國而「大幅升級」的區域安全問題。首先，根據此協議，英美將與澳洲分享核子潛艇推進技術，預期在阿得雷德製造至少八艘核動力攻擊潛艇。該協議涵蓋更廣泛的安全合作措施，例如澳洲考量接收美國轟炸機；澳洲取得遠程精確打擊飛彈；以及三國在「網路能力、人工智慧、量子技術與海底能力」等合作。不出所料，這項協議引起北京不滿，稱該協議「極其不負責任」，且「嚴重破壞區域的和平與穩定，並加劇軍備競賽」。考慮到澳洲的戰略位置與中國相對薄弱的反潛能力，北京的反應從安全角度來看並不令人吃驚。

整體而言，習近平於中國海上側翼戰略取得不同程度的進展。中國在戰略外交上已經取得了一些成功，而針對中國在經濟與外交政策方面不斷增強的自信，四方安全對話的興起將地緣政治的抵制轉化為直接的制度性回應。若南韓與印尼（短期內可能性較低）未來加入四方安全對話或是四方安全對話延伸，這將大幅增加該對話整體的戰略籌碼，且嚴重危害中國的野心。即便四方安全對話並未擴張，仍能夠影響其他區域國家，特別是東南亞國家，它們未來與中國來往時得以大膽地伸張自主權。四方安全對話為以戰略協作抗衡新興強權的典型例子，根據國際關係理論學家，此舉或許能遏止川普時期浮上檯面的小國跟隨中國腳步。即使這些國家公開反對四方安全對話為區域帶來極化效應，私下仍坐享四方安全對話帶來的額外優勢。這些可能性並非不相容。

習近平對四方安全對話以及澳英美安全夥伴關係的戰略回應可能會針對首爾、雅加達、東京與德里展開，此次中國將加強力道，分化並遏阻這些協議長期的戰略團結擴張與成效。此外，中國也可能持續在國際機構中詆毀四方安全對話。不過習近平更可能採取經濟與軍事做法，成為更廣大區域不可或缺的經濟體，同時加倍推進中國軍事擴張計畫，使廣泛區域意識到中國將於接下來數十年在支出和建設上超過任何戰略競爭對手，包含四國加總的軍事實力。四方安全對話的崛起，以及中國對此的反應將會使進行中的區域軍備競賽加快步伐。

11

第八個同心圓：往西前進——一帶一路倡議

The Eighth Circle: Going West—the Belt and Road Initiative

習近平下一個同心圓瞄準中國近鄰之外，穿越廣闊的歐亞大陸與印度洋，將戰略、外交與經濟力量向西投射至中東、非洲與歐洲。為了完成這一願景，北京積極利用上海合作組織與亞洲相互協作與信任措施會議等機構工具。不過該戰略的核心為一帶一路倡議，共有兩條路線。一條為橫跨歐亞的絲綢之路經濟帶，另一條則是橫跨印度洋、穿過紅海抵達地中海的海上絲綢之路。一帶一路旨在同時達成多個目標。例如，加強與歐洲和中東的經濟交流；為中國建造良性的戰略環境；以及為伊斯蘭教為主的中亞與南亞帶來穩定。中國將此戰略布局於廣闊大陸上，比起東亞海域，陸地更不容易受到美國戰略影響。中國也希望建立新的市場，即便未來失去美國與其盟友的經濟機會，經濟衝擊也較小。

一帶一路倡議

美國官方對一帶一路的評論多聚焦於項目建設不力、剝削當地勞工、環境標準低下、缺少透明化，以及向合作國家隱瞞「債務陷阱」，普遍認為眾多失敗足以使一帶一路踏上自我毀滅之途。不過截至目前，事態並未如此發展，且接下來十年也不太可能發生。一帶一路雖然飽受西方抨擊，不過該倡議卻受發展中國家（略有保留）的歡迎。對這些國家而言，一帶一路與相關機構往往是它們唯一能取得的基礎建設融資管道，因此不論中國的貸款項目多麼不足，並不減發展中國家對其的支持。儘管一帶一路被形容為中國一個龐大笨重、協調不良、數兆美元的地緣政治籌碼，不過冷酷的事實是，美國於川普時代唯一提出的反制計畫為建立稱作《建設法》（*Build Act*）的一千億美元貸款。相較之下，截至二〇二一年，一帶一路已於一百個國家資助二千六百項計畫，耗資三．七兆美元。

拜登上任後宣布「美國必須立即重返世界舞台」，與此同時，他迅速向英國首相強森建議民主世界應該建立一個能與一帶一路抗衡的基礎建設建造計畫。當拜登和強森於二〇二一年六月與七大工業國組織領導人會面時，領導人紛紛同意「重建更好世界」（Build Back Better World, B3W）倡議。該倡議普遍被視為一帶一路的替代選項，目標調動七大工業國的發展融資資金，每年將私營部門的一千億美元投入四個領域：綠色能源與氣候適應、醫療衛生、數位連結與性別平等。該計畫要求投資篩選應參考下列「高標準」，如「良善治理」、「價值導向」與「永續經營」。拜登政府一名資深官員向媒體表示「重建更好世界」並不僅是一帶一路的替代選項，「我們相信這能提供一個更高品質的選擇，以擊敗一帶一路。」然而，目前我們仍不確定七大工業國能多快完成計畫細項，成功使該倡議落地，調動的資本金額與速度也未知。過去發展中國家偏好中國資助的原因之一正是因為中國對合規的限制較少，而這種態度可能會影響民主國家資助計畫的意願。在中國方面，中國官媒迅速撻伐該倡議，其中一間媒體稱「重建更好世界並非一個替代方案。該倡議不過是官話，私營部門絕不會投入資金完成建設，而且該倡議缺乏嚴謹的組織、凝聚力或任何統一的手段」。與此同時，北京仍持續展開一帶一路倡議，調整失誤戰略，並仍然堅信一帶一路為贏得世界影響力的重要工具。

中亞「一帶一路」倡議

一帶一路倡議對中亞國家具特殊意義，因為它們是一帶一路於中國西部邊境之外第一個據點。安全考量為中國在中亞最看重的利益。中國不顧國際社會譴責，一意孤行地鎮壓與控制新疆的穆斯林維吾爾族，值得注意的是新疆與五個穆斯林中亞共和國相鄰，且部分國民與新疆維吾爾人民擁有共同民族情感。美國從阿富汗撤兵後，伊斯蘭恐怖活動在該區捲土重來的可能性加劇中國的安全擔憂。因此，中國堅信強化與中亞國家的政治、經濟與安全關係能減緩中國國內與國際社群對維吾爾族的實質支持與聲援程度。面臨宗教極端主義、恐怖主義，以及跨國泛伊斯蘭主義團結等議題，中國認為區域經濟發展為最有效的長期解藥。

二〇一三年，習近平選擇哈薩克首都——努爾蘇爾坦（當年的阿斯塔納）作為一帶一路的起點。自那時起，哈薩克政府開始稱他們的國家為習近平「世紀工程」的「皮帶扣」（buckle）。中亞為中國能源與原物料的重要來源，因此，中國決定資助並建造一條從裏海哈薩克油田延伸至新疆，長達二千五百公里的石油管線。像許多其他一帶一路項目一樣，中國視中亞為中國建造業有用的新市場，此時國內建造需求逐漸放緩。

然而，成為中亞最大經濟夥伴後，中國立即面臨新的外交與安全挑戰。部分中亞領導人日益擔憂一帶一路貸款，以及對中國市場的依賴，將使國家於未來幾十年轉而依附中國。莫斯科對此也十分關注，不久前這五個共和國還是蘇聯正式成員，直到現在，中亞仍是俄羅斯重要戰略利益區域，因此後者於二〇一四年與白俄羅斯和哈薩克建立歐亞經濟聯盟（Eurasian Economic Union, EAU），基於過往區域經濟基礎，加深與前蘇聯成員間的合作。中國謹慎地確保一帶一路不會危害歐亞經濟聯盟的利益。習近平與普京曾於二〇一五年同意在兩國之間設立爭議處理機制，雖然這可能是雙方暫時的權宜之計，不過中國在廣泛區域的長期經濟主導地位可能會波及安全層面，屆時，中國領導人面對的將不僅是目前對穆斯林少數民族的掌控力問題了。基於上述原因，中俄於中亞各自勢力範圍內仍可能再次出現戰略緊張關係。不過中國一直善於照料莫斯科的感受，因此美國戰略分析家也警告不應過度期待中俄因中亞分裂的可能性。除此之外，中俄仍須考量中亞另一重大利益：避免區域長期伊斯蘭化，這將嚴重威脅兩國的國家安全。

南亞「一帶一路」倡議

中國的「全天候合作夥伴」巴基斯坦對一帶一路整體戰略架構至關重要。鄰國巴基斯坦（二．二億人口）為中國為數不多的長期盟友，對中國而言，最重要的利益為極力避免巴基斯坦因經濟體系失靈，以及政治動盪不安淪為失敗國家。中國十分擔憂巴基斯坦政治長期伊斯蘭化的影響，以及激進伊斯蘭恐怖組織於該國崛起的安全後果，因為這將嚴重威脅中國於巴基斯坦的一帶一路重要投資。

陸地與海上絲路將於價值七百億美金的中巴經濟走廊交匯。中巴經濟走廊於二〇一四年啟動，二〇三〇年結束，其十五年計畫分為三階段執行，涵蓋多項能源、公路、港口、工業與通訊計畫，也是中國一帶一路倡議最大的項目。這將改善巴基斯坦國內能源供給與大眾運輸基礎建設，自二〇二〇年起，巴基斯坦將邁入快速工業化發展。在第三階段，中巴經濟體之間的貿易將能無縫接軌。若快速的基礎建設發展成功帶動巴基斯坦的經濟現代化，巴基斯坦有可能成為中國商品與服務的另一重要新興市場。

中巴經濟走廊的盡頭為位於巴基斯坦西南海岸的瓜達爾港，靠近伊朗—巴基斯坦邊界。中國於二〇一七年接手一個為期四十年的租約，用於建設一個深水港、一座三百兆瓦的燃煤電廠，和一個特別經濟區。巴基斯坦的瓜達爾港、以及既有的卡拉奇港與卡西姆港未來皆可能成為兩用港，供中國海軍與商業船隻使用。另一方面，海上絲路以中國南海作為起點，橫跨印度洋，延伸至波斯灣、紅海和蘇伊士運河，目前也有許多港口建設如火如荼進行，未來也可能有雙重用途。

然而，中巴經濟走廊計畫不斷出現安全挑戰。為抵達瓜達爾，中巴經濟走廊會行經俾路支省，一處活躍的叛亂分離主義運動的所在地，他們大力抨擊該計畫，認為這是剝削資源的殖民占領。近年來，該區中國項目的襲擊事件頻傳，且情況愈演愈烈，如二〇一八年中國駐卡拉奇領事館的襲擊事件；二〇二一年四月中國大使居住酒店的自殺爆炸案；同年七月班車爆炸事件，運送水壩工程師的出勤班車於途中爆炸，奪去十三條人命，其中有九位中國國民。多年來北京對巴基斯坦政府的無力日感挫敗，不斷迫使伊斯蘭馬巴德（譯按：指巴基斯坦）投入更多軍事力量保護中巴經濟走廊，不過效果甚微。

對中國而言，鄰國阿富汗的情況更為複雜。截至今日，雖然中國於阿富汗發揮的安全作用微乎其微，不過中國已經成為阿富汗最大外來投資國家，看準該國未開發、價值約一兆美元的礦物資源。中國試圖擔任更具影響力的戰略角色，與巴基斯坦部分利益保持一致，並反對印度和美國的利益。然而，自二〇二一年美國混亂撤離阿富汗，以及塔利班於同年八月快速席捲阿富汗全境後，中國面臨更為嚴峻複雜的戰略形勢。

塔利班僅花一週的時間拿下喀布爾，遠短於拜登政府最初預測的十八個月。喀布爾淪陷的那個月，全球媒體不斷播放曾為北約效力的阿富汗人民驚慌地試圖登上美國班機，逃離阿富汗。在這片混亂之中，中國立刻察覺到戰略好處。中國官媒迅速將苗頭指向美國，稱這次的失敗撤退嚴重打擊美國於盟友眼中的可靠性和權力地位。新華社稱這是「美國國際形象和信譽的崩塌，敲響美國霸權的喪鐘」。鼓吹民族主義的《環球時報》評論更為直接：「一旦台海爆發戰爭，台灣的防禦系統將在數小時內全面崩潰，且美國軍隊並不會前來救援。」

然而，比起戰狼政治主導的宣傳部門，北京國家安全機構中的強硬派對現在局勢有著更清醒的認識。無論美國全球聲譽受到何等影響，都會產生兩個主要問題。首先，若美國國內政治與同盟聲譽確實受損，華府對印太區域，以及任何與中國相關的事件反應將比以往更為激烈。其次，美國不再保護與維持阿富汗的穩定，中國因而成為阿富汗唯一相鄰的大國，不過中國既無恢復國家穩定的軍事經驗，也缺乏詳細的路線圖。

即便中國樂意看到美國在阿富汗二十年的努力化為烏有，阿富汗的穩定對中國的安全利益也至關重要。北京已經制定與塔利班建立工作關係的外交倡議，試圖為喀布爾政府與塔利班達成和平協議。藉由中國與雙方，以及塔利班與巴基斯坦情報部門（ISI）的關係，中國於北京主持與塔利班的會談。即便如此，塔利班贏得控制權後，中國被迫暫時從阿富汗撤離許多中國公民，同時也與塔利班開啟新一輪直接談判。根據中國「尊重執政主權」政策，中國外交部向塔利班表示，只要他們遵守一個月前在北京向中國外交部長王毅做出的承諾，即「絕不允許任何勢力利用阿富汗領土從事不利於中國的行為」，中國將持續優先考慮「與阿富汗合作，且中國將為阿富汗和平與重建發揮建設性作用」。該警告證實中國政府最迫切的擔憂：阿富汗可能成為新疆分離主義運動，如東突厥斯坦伊斯蘭運動（ETIM）和東突厥斯坦解放組織（ETLO）的大本營，也可能淪為中國邊境恐怖主義和毒品貿易的溫床。

中國極有可能維持以往作風，以經濟誘因強化與喀布爾的政治安排。舉例來說，若塔利班遵守北京制定的規則，中巴經濟走廊計畫將會行經阿富汗國土。但實際上，北京十分擔憂這一前景。畢竟中國十分清楚七月班車爆炸案（本章稍早提及）的罪魁禍首為塔利班一個巴基斯坦分支，該場爆炸案造成九名中國公民死亡。喀布爾的動盪局勢可能會讓北京認為明智之舉是在阿富汗和中亞發揮更大的政治、經濟與安全角色，填補美國離去後的戰略真空。除了這條路，別無他法。二〇二一年九月習近平與普京的線上談話提到該可能性，兩位領導人皆表示要齊心維護阿富汗與更大區域的穩定性，包括共享情報與定期舉辦安全談話。有鑑於此，阿富汗於未來十年極有可能身陷中國的戰略與經濟軌道，不過目前中國外交與安全政策尚未決定將以什麼程度介入阿富汗這個「大國野心的墳墓」。畢竟中國近年並無直接介入他國內政的相關軍事行動經驗，遑論像阿富汗如此政治動盪的國家。

一帶一路倡議與印度洋

在中國國家安全戰略中，若全球或區域爆發危機，包含中美之間的武裝衝突，部分考量為盡可能降低中國石油供應被攔截的風險。中國約百分之八十的石油進口會經過波斯灣與阿曼灣之間的荷莫茲海峽，以及印度洋與南海之間的麻六甲海峽等戰略咽喉。中國對中亞、俄羅斯，以及伊朗的陸上石油與天然氣管線的掌控便是為了減少能源供應的風險。然而，中國仍持續依賴海上能源進口，另外值得注意的是占全球海上貿易總額百分之八十的貨物皆會行經印度洋，這詮釋了中國對發展軍力以保護其通過印度洋、連接波斯灣和中國東岸海上交通路線的濃厚興趣。

為了達到該目標，解放軍已著手規劃橫跨印度洋區域的港口建設，以支持中國海軍勢力的長期發展。美國分析師將之稱為中國的「珍珠鏈戰略」。這與習近平領導下的中國海軍理論演變一致，中國應「保護海外利益」，不僅是近海，「遠洋」也同等重要。在本書寫作期間，大規模的中國港口開發項目於多國展開，如柬埔寨（戈公）、孟加拉（吉大港）、緬甸（價值一百億美元的皎漂港、特別經濟區、石油管線）、斯里蘭卡（因積欠債務而將漢班托塔港租借給中國九十九年、可倫坡港口條約）、吉布地海軍基地與巴基斯坦港口等項目。此外，中國可能會在東非沿海的坦尚尼亞新設港口設施。部分安排將使中國擁有專屬控制權，其餘港口則提供開放設施供其他國家船隻使用。然而，中國於戈公、漢班托塔港、瓜達爾港與吉布地的長期租約說明中國海軍極有可能建造專門補給、修葺與保養設施，用以維繫未來中國在印度洋的海軍勢力。考量到柬埔寨、斯里蘭卡和巴基斯坦相對有限的經濟規模，以及為數不多的國家貨物吞吐量，這些投資的經濟效益似乎十分有限。換言之，這些龐大投資目的不僅是商業機會，中國看重的是長期的戰略影響力，中國軍隊未來對臨近機場（如戈公機場）的使用權將協助深化中國於該區的空軍與導彈實力，由於航空母艦容易受到導彈攻擊，這遠比在印度洋部署中國航空母艦戰鬥群更具吸引力。

如果這聽起來似曾相似，它確實如此：中國似乎在模仿美國過往行為，打造全球港口設施與機場等門戶，建立藍水海軍。目前為止，中國似乎在該區域維持門戶開放政策，區域的反應普遍也相當正面。巴基斯坦、斯里蘭卡與緬甸政權的更迭也未干擾中國的計畫。此外，儘管設立在巴林的美國第五艦隊對華府重要性極大，不過中國的港口項目引起的美國反應迄今為止出乎意料地波瀾不驚。

一帶一路倡議與中東區域

過去十年，中國於中東與日俱增的行動在充分挑戰，甚至意圖在部分區域取代美國成為該區主要外來勢力。正如其他區域，一帶一路倡議帶動的貿易、投資、基礎建設、科技與創新等發展不斷擴大中國於中東的經濟影響力。該經濟外交迅速帶動中國於中東的政治和外交政策參與和影響。與此同時，中國的軍事能見度，不論是武器銷售或積極部署皆相繼穩定提高。雖然中國稱其區域軍事存在感的提升是為保護該區域不斷增加的中國公民與企業，以及經過波斯灣的重要能源供應路線。

中國於中東的戰略擴張快速且顯著。中國不僅善用其在所有主要國家的首都龐大的經濟影響力，更是巧妙地自區域複雜緊張局勢脫身，低調且快速地擴張區域影響力。中國並不偏袒任一方，而是與該區所有好戰勢力，建立、發展與維繫友誼，謹慎平衡與伊朗、阿拉伯國家和以色列的關係，若面臨二元外交選擇難題，中國也準備好以經濟誘因化解危機。美國過去三十年對中東的軍事干預付出高昂財政與政治成本。中國對此十分清楚，因此現階段北京無意取代美國，扮演提供區域安全的主要外來勢力。事實上，北京已經得出三個結論：區域爭端難以解決；整體而言，美國的干預十分愚蠢；此外，美國長期捲入中東的衝突嚴重消耗美國的財政能力與政治意願。

北京認為美國過去十幾年的核心戰略是一大錯誤，因此無意步上美國後塵，犯下同等錯誤。反之，一旦中國察覺可能會捲入中東政治與軍事行動的無盡漩渦中，中國將會遠離爭端。與此同時，中國樂見美國影響力持續衰退，警惕面對潛在戰略機會，且不論未來會扮演何等角色，北京皆保持開放的心態。中國未來的核心戰略任務仍聚焦東亞和西太平洋區域，不過在推動中東區域的經濟利益之際，中國也在累積政治資本，以備不時之需。

長期能源安全為左右中國對中東重要性認知的重大因素。中國百分之四十七的石油與百分之十二的天然氣皆來自中東，且未來中國對中東的能源依賴僅會持續攀升。反觀美國，水力壓裂技術於過去十年有重大革新，因此美國對中東的能源需求大幅降低。波斯灣國家也敏銳地察覺中國購買的能源占比不斷增加。截至二〇二〇年，中國占沙烏地阿拉伯石油百分之二十三的銷售額；伊拉克百分之二十二的銷售額；伊朗百分之二十八的銷售額；阿拉伯聯合大公國百分之九．四的銷售額；卡達液化天然氣百分之十四的銷售額。如今中國也是這些國家的最大出口國，短短十年內，最大出口國已不再是美國。光是中國與阿拉伯國家的貿易總額已超過二千四百五十億美元，自二〇〇四年以來成長約百分之七百。

此外，由於其他區域限制日益增加，中東成為中國海外投資的絕佳市場。中國對中東的外國直接投資於同一時期大幅增長，自二〇一六年起，中國一躍成為該區最大外國直接投資來源。中國占整個中東區域外國直接投資三分之一，多數集中於碳氫化合物產業的上下游項目，包括中國國有事業與波斯灣國家石油公司探勘、開採和精煉方面的聯合投資。中國也大力投資該區的運輸、通訊和特別貿易區基礎建設，包含以色列海法港、阿曼王國杜康港，以及埃及新設立的蘇伊士運河經濟特區等長期營運租賃。華為正在為整個中東區域鋪設新的5G行動通訊基礎建設，目前已取得所有海灣合作理事會國家（沙烏地阿拉伯、巴林、阿曼、科威特、卡達和阿拉伯聯合大公國）的營運許可證。中國積極爭取與管理區域內不斷增加的海底電纜。此外，中東也成為中國新北斗衛星導航系統不斷擴大的市場。

與此同時，中國於二〇一七年與以色列政府推動獨特的全面創新夥伴計畫，時任總理班傑明．納唐亞胡（Benjamin Netanyahu）稱該合作為天作之合。二〇一〇年，中國於以色列的外國直接投資總額僅有二千一百九十萬美元，不過二〇一八年該數值已增加至四十六億美元，中國一躍成為該國第二大外國投資者。中國十分重視以色列的高技術部門，如尖端監控系統，中國亦利用以色列創新技術與軍事和美國的密切聯繫，透過「後門」取得一些敏感、具雙重用途的技術。美國得知中國與以色列的互動後，立即引起國家安全機構的反彈，美國外國投資委員會也開始審查以色列近期對美國企業外國直接投資的相關國家安全影響活動。

此外，中國也在中東注入大量融資，並與該區許多主權財富基金開始聯合投資計畫。後續許多投資集中於中國，以及與中國主權基金合作的第三國家。簡而言之，自二〇二〇年代初期，中國逐漸成為中東不可或缺的經濟夥伴。

截至目前為止，中國十分熟稔地管理該區的政治、外交和安全政策利益。在所有中東國家中，中國與伊朗的關係最為悠久。不過伊朗，以及其對恐怖組織的支持，令其他國家如以色列、波灣君主國以及阿拉伯世界很大一部分極為反感。自一九七九年伊朗革命爆發以來，中國已成為德黑蘭（伊朗首都）的武器主要出口國，以及伊朗石油的主要進口國。不論是政治或經濟等層面，中國伊朗關係相當緊密。二〇二一年三月，兩國簽署一項重大協議，再次彰顯中伊友好關係。根據此協議，中國將於未來二十五年內投資伊朗四千億美元，項目十分多元，除了能源項目，還有銀行、電信、港口、鐵路、醫療和資訊科技，以此換取伊朗石油的大幅折扣。中伊兩國也尋求深化軍事合作，包含情報共享與聯合演習。

雖然中國近期對阿拉伯世界，包含沙烏地阿拉伯（伊朗的世仇）在經濟與政治上日益開放，且中國也參與西方限制伊朗核擴散的談判，不過兩國關係未受分毫影響，甚至更加密切。我們能夠肯定的是，中國仍十分擔憂伊朗可能對海灣區域能源供給的穩定性帶來威脅，包括伊朗對沙烏地阿拉伯石油公司設施的攻擊。中國在處理這些問題時，同時也強化與德黑蘭和利雅德（譯按：指沙烏地阿拉伯）的關係。北京也十分巧妙地處理敘利亞問題。儘管遭到波灣國家和埃及的持續反對，中國、俄羅斯和伊朗仍堅持繼續支持大馬士革的阿塞德政權。面對以巴衝突，中國再次展現其超然態度，在深化與以色列關係的同時，中國亦試圖達成中東安全進程，努力與拉馬拉（譯按：巴勒斯坦自治政府城市）保持可接受的團結程度。歸根究柢，在中國的經濟勢力面前，大家皆樂於和中國維繫良好關係。

此外，中國在該區的軍事展現日漸重要。中國於過去十餘年不遺餘力地參與亞丁灣的反海盜行動，並定期探訪區域內港口，且中國在吉布地也有海軍設備。然而在二〇一一年，解放軍被迫自利比亞撤走近三十六名國民；二〇一五年，解放軍出動巡防艦自葉門迅速撤走另外六百名國民，中國自此開始積極布局軍事資本，並參與區域國家的聯合演習。中國也逐漸成為區域內武器重要新來源，包括武裝無人機與精準打擊飛彈。受限於該類技術出口的政治限制，阿拉伯國家往往無法自美國、英國與法國取得這些武器。不過中國並未加入美國與其盟友支持的飛彈技術管制協定（Missile Technology Control Regime, MTCR）或其他相似協議，因此並無上述限制。根據斯德哥爾摩和平研究院的資料，中國近三分之二的軍售皆集中在中東區域。

中國錯綜複雜的安全和經濟利益關係在精密的外交操作之下良好運作，該成果歸功於不斷壯大的專業阿拉伯學家和波斯學家團隊、副部長級中東特使（習近平的個人特使），以及北京與該區一系列友好的高層級訪問。中國對中東經年累月的拜訪頻率、強度與情感基礎皆遠勝於美國。若中國外交與安全政策利益受到威脅，中國能向阿拉伯與更廣泛的穆斯林世界爭取外交支持，正如新疆穆斯林少數民族爭議，更加彰顯中國與中東務實關係的深厚程度。北京理所當然也拒絕加入西方政府與國際人權組織的陣營，拒絕譴責阿拉伯國家、伊朗，偶爾還有以色列的國內行為。

上述原因已清楚說明習近平在過去十餘年已在中東建立堅實的外交基礎，全面勝過美國。中國已經採取行動，迅速且全面地填補分心的美國政府留下的數個政治、經濟與安全真空，華府面臨的風險遠高過中國。在疫情期間，當美國近乎只關注國內疫苗需求時，中國提供大量國內生產的新冠肺炎疫苗給美國長期盟友，如沙烏地阿拉伯、阿拉伯聯合大公國與巴林。

不過我們仍需觀察中國是否能持續平衡與該區交戰國的關係。中東矛盾的政治議題不斷分裂該區域，當中國在接下來十年成為世界強權後，它將被迫對愈來愈多中東議題採取鮮明政策態度。截至目前，中國對戰略掌握拿捏得宜，保持中立道德，因此尚能避免該情況發生，與所有人維持友好關係。然而，在地緣政治中，戰略模糊並非長久之計。到了選擇的那天，屆時，北京最大的籌碼為中東對中國經濟的高度依賴，這將能協助控制任何重大政治後果。

一帶一路倡議的未來發展

中國一帶一路倡議仍持續推進，倡議並不缺乏參與國，不過中國吃緊的財政狀況卻成為一重大挑戰。大量的違約情況已在北京引起愈來愈多關注。中國的首選對策一直是沒收資產，如斯里蘭卡將漢班托塔港以為期九十九年的租約移交給中國。不過在其他案例中，如委內瑞拉，中國蒙受巨大財政損失。與此同時，經濟合作暨發展組織（Organisation for Economic Cooperation and Development, OECD）債權國巴黎俱樂部不斷向中國施壓，要求北京重新安排債務組合，避免在疫情過後引起公債危機。因此，中國共產黨內部也在爭論目前維持一帶一路的速度與規模是否明智。目前有些跡象指出北京可能會稍微調整原訂的目標，強調費用較低的數位、綠色能源與醫療保健，而非實體基礎建設。然而一帶一路倡議的大規模縮減並非一個政治選項，因為這是習近平提出的個人計畫，而在中國政治體系中，現任領導人永遠不會出錯。

同時，我們必須意識到一帶一路並非中國與廣大西邊區域的唯一交集。一帶一路為強化地緣政治和經濟載體的重要手段，不過這並非中國與中亞、南亞、中東和印度洋過往唯一的聯繫，更不是未來發展的全貌。在一帶一路框架之外，中國追求雙邊及區域更為廣泛的經濟項目，以及外交與軍事倡議。中國致力將歐亞大陸變成一個強大的市場、可靠投資目的地和良性戰略環境，藉此提高中國安全和經濟利益，同時夯實中國新興大國地位。

12

第九個同心圓：增加中國對歐洲、非洲與拉丁美洲的影響力，並插足北極圈

The Ninth Circle: Increasing Chinese Leverage Across Europe, Africa, and Latin America and Gaining an Arctic Foothold

中國的大戰略遍觀全球，並不只局限於區域。習近平的言論、對外訪問模式，以及中國於世界各地的外交與經濟資源強度一再反應這個世界觀。習近平顯然十分重視中國與美國、俄國、日本、印度、以及東亞、南亞與中亞等大國關係，不過中國的利益實際放眼全球。

過往分析家認為中國在亞太（或我們近期說的印太區域）具有安全與經濟野心，中國僅看重其他區域的經濟利益。歐洲尤其深信該說法，因此當華府提出與歐盟和北大西洋公約組織建立更為強大的聯盟對抗中國崛起，歐洲拒絕了。然而，現況已有所改變。

中國的全球戰略為提高在各區域的經濟、外交與安全政策的影響力。歐洲、非洲與拉丁美洲皆為中國商品的重要市場，為緩解美國市場限制的影響，這些區域的重要性不言而喻。歐洲為中國外國直接投資與資本來源主要區域，同時也是新技術的潛在來源。此外，這三個區域對中國的外交努力也十分重要，他們盡力支持中國的政治立場和候選資格，並減少國際場域和組織對中國人權的批判。

中國的歐洲戰略

長期以來，中國一直以務實的角度從經濟機會和參與觀察歐洲。二〇一七年中美戰略產生分歧後，中國格外看重與歐洲的關係。在歐洲大陸的多元思想中，中國清楚有些觀點與其利益更為相容，因此開始關注歐洲小國，中國對這些國家的影響力更大。中國進一步利用這層關係，試圖分化歐盟與北大西洋公約組織對中國核心問題的看法。中國了解歐洲「三巨頭」——德國、法國與英國的重要性，不僅是因為這三者各自對國際局勢的影響力，更是因為他們（英國直到近期）足以動搖布魯塞爾最終立場。在三國之中，中國認為德國是關鍵，其前國防部長烏爾蘇拉．馮德萊恩（Ursula von der Leyen）於二〇二〇年被指派為歐盟執委會主席，凸顯德國經濟實力、相對政治穩定性與對歐洲的影響力。

如上所述，經濟為中國歐洲戰略的核心，尤其是貿易、關鍵基礎建設投資、高科技與進入資本市場途徑。在中國眼中，歐洲是唯一能與美國的群聚效應與技術成熟度抗衡的全球經濟實體。雖然美國大門已緊閉，不過歐洲似乎不急於拒中國於門外。歐洲也是一帶一路倡議的終點站。於是中國發揮一貫的戰略，利用經濟達到廣泛的外交政策目的。在川普執政時期，美歐傳統關係因外交政策、貿易政策與過度政治嚴重式微，因此中國得以輕鬆執行歐洲戰略。然而，更重要的是北京不斷利用歐洲內部潛在問題，試圖打破長期以來對中國人權侵害問題的批判共識。

儘管人權考量不曾左右川普採取的對北京的決策，然而中國清楚歐洲將人權視為普世價值。拜登政府當選後，中國仍不改其想法，持續將歐洲視為國際人權規範最重要的捍衛者。不過令人意外，該角色直接挑戰中國共產黨於國內外的政治合法性，使北京對歐洲深感頭痛。自中共成立以來，長達一個多世紀身處於反對政治自由主義的意識型態鬥爭之中，平息歐洲對中國的人權批判會成為黨的重大勝利。對中共而言，在西方政治家園內消滅西方對其自由民主傳統的信心深具吸引力。這一直是中共理論家的長期目標，如此一來，中共得以向擁護自由民主的國內外批評者證明自由民主並非人類不可避免的政治終點。

基於以上原因，歐洲繼美國與亞洲後，成為中國第三個未來優先考量的戰略區域。對北京而言，歐洲採取更加中立或更加傾向北京的態度將會是一個巨大的戰略成果，這不僅是意識型態的勝利，更是與美國在全球地緣政治與經濟競賽中的決定性因素。然而，基於經濟、網路與人權等一系列因素，歐洲仍然是北京的一塊難啃的骨頭。

以綜合經濟而言，中國在歐洲的優勢為貿易，而非外國直接投資或資本市場。不過近期雙方因為貿易有些爭議，北京不願給予歐洲進入中國市場的優惠條件。歐盟於二〇一九年成為中國最大的貿易夥伴。先前美國為中國最大出口市場，不過二〇一九年貿易戰爆發後，美國對中國出口金額下滑至四千一百九十億美元，少於歐洲四千二百九十億美元。同年中國與歐洲雙邊貿易總額為七千零五十億美元，商品和服務貿易順差為一千七百五十億美元，自中國加入世界貿易組織後每年增長約百分之十，主因為中國市場對歐洲服務出口的限制。不過對歐洲而言，美國仍是最重要的貿易夥伴。二〇一九年雙邊貿易額為一．一八兆美元，歐洲順差高達一千六百二十億美元，主要受歐洲出口以及相對開放的美國市場影響。外國直接投資的差異更為顯著。與歐美之間的投資相比，歐洲和中國之間的投資微不足道，二〇一九年美國在歐洲的國外直接投資總存量為二．三六兆美元，歐洲在美國的投資為二．五五兆美元；相較之下，歐洲在中國的國外直接投資總存量為二千三百五十億美元，中國在歐洲的投資僅有八百二十億美元。

與美歐之間相比，中國與歐洲的資本市場也受限於規模與範圍大小。二〇一七年，美歐之間的債務、股權和其他資本市場工具的投資合計約為七兆美元，而中歐之間僅有三千三百億美元。後者相對溫和的表現有許多因素，包含中國整體資本帳戶交易的重大限制；中國許多產業並不開放外國直接投資和證券投資，以及歐洲擔憂中國利用國有形式收購敏感的科技產業，因而日益提高對中國的投資限制。

即便中國已在世界貿易組織得到肯定，這些因素加深歐洲多年來對中國貿易、投資政策和實踐的公平性等諸多擔憂。因此，歐洲與美國對中國持類似反對意見，以致於以德國為首的歐盟對欲在歐洲投資的中國國有、國家補貼或是國家支持的企業增設更多限制。歐洲於二〇一七年徹底改變對中國經濟的政策與政治情緒，當二〇一九年三月歐洲理事會決定篩選未來所有中國投資時，情緒達到高峰。歐洲理事會建議成員國關於「關鍵基礎建設」、「重點、雙重用途科技」、「關鍵投入」、獲取個人資料，以及保護媒體自由與政治多元性等投資新增限制。這些準則為歐洲與中國整體經濟關係帶來重要轉折。

歐洲的經濟擔憂牽涉與北京更廣泛的政治、外交與安全關係。挪威諾貝爾委員會將諾貝爾和平獎授予監禁中的中國親民主異議人士劉曉波後，北京取消所有高級別雙邊會議，包括擬議的貿易協定和藝術與科學交流，並對挪威鮭魚實施制裁。六年後，挪威政府發表聲明，稱挪威「充分尊重中國的主權和領土完整，高度重視中國的核心利益和重大事項，挪威不會支持破壞這些利益的行動，並將盡最大努力避免損害今後雙邊關係」，隨後北京才願意緩解雙方關係。

與此同時，香港書商、瑞典公民桂民海（Michael Gui）因出售被視為冒犯中國領導人的書籍，遭綁架與逮捕，最終於二〇二〇年被判十年監禁，瑞典官方對此表示抗議，同年瑞典禁止設置華為5G設備，中國對此深感憤怒，雙邊關係就此進入寒冬。

這些案例再次說明其他國家不應該「干預中國內政」，尤其是新疆和香港議題。中國試圖利用對希臘和匈牙利等國的經濟影響力，採以否決或其他方式破壞歐盟內部對中國人權紀錄的共識，不過這僅加深歐洲的保留態度。布魯塞爾對中國分化歐洲的舉動感到盛怒，中國與東歐國家「十六加一」合作高峰會，先前為「十七加一」，直至立陶宛於二〇二一年五月退出，稱北京未能履行改善進入市場、人權問題等承諾，且與俄羅斯也持續交好。

未來國際數位治理是另一個飽受爭議的議題。歐洲不遺餘力推動優先重視公民隱私的制度，首當其衝的是《歐盟個人資料保護規則》（GDPR）。二〇二一年，中國通過《個人數據保護法》，其概念與《歐盟個人資料保護規則》十分相似，是為管制企業處理使用者數據設定之廣泛的數據隱私限制，包含防止中國國民的個人數據轉移至數據安全標準低下的國家（中國可能會將美國企業納入其中）。然而與歐洲政策不同的是，中國將國家主權、控制權與近用權置於該規則中心，根據該規則，中國政府能取得所有個人資料。雖然美國允許企業取得個人資料，與歐洲做法並不相同，不過對布魯塞爾而言，北京的做法問題似乎更大。

中美兩國對未來5G通訊並無戰略共識，而歐洲各國政府長期處於雙方分歧中心，尤其是中國通訊巨擘華為所應該扮演的角色。各國經濟部門與外交政策各持己見，前者認為除了華為，幾乎沒有其他可以負擔的通訊電網業者，而安全與情報部門則堅信與華為合作會損害國家安全，且會損害與華府，或是英國（五眼聯盟）的情報關係。

許多歐洲國家已排除使用華為系統，5G爭議的未來發展仍不明朗。若有足夠多的歐洲國家使用華為，美國與北大西洋公約組織將產生重大分裂，同時為中國與俄國帶來戰略優勢。

愈來愈多的證據亦指出北京與莫斯科的友好戰略關係，加劇歐洲的擔憂，認為中國的影響力將向亞洲之外發展。中國官媒於二〇一七年稱中俄兩國於地中海和波羅的海的聯合海軍演習為中國的「誠意」，此舉是為回報莫斯科於二〇一六年中國南海軍演對北京的支持。中國在聲明中補充「派遣我們最先進的飛彈驅逐艦……向可能挑釁我們的國家傳遞一個強烈的訊息。」在歐洲眼中，北京與莫斯科之間的全面合作，包含演習、訓練，以及兩國間增加的軍事裝備銷售皆令人不安。此外，中國雙重用途的人工智慧、網路和太空等實力日漸增強，歐洲政府意識到北京自認為全球安全的守護者，其與俄羅斯的密切合作對歐洲和全球安全構成愈來愈大的挑戰。

二〇一九年，歐盟執委會首次將中國視為「系統性對手」（systemic rival），並表示自二〇一六年以來，「風險與機會的天平」已大幅改變。執委會列出十點對北京的積極戰略。北約理事會也於二〇一九年首次將中國視為「北約需要共同合作應對的機會與挑戰」。這代表北大西洋公約組織官方語言的重大變化，過去，北約公報僅將俄國視為戰略重點，對中國隻字未提。此外，北約祕書長延斯・史托騰伯格（Jens

Stoltenberg）表示將於二〇二二年夏天通過的《戰略概念》（*Strategic Concept*）強調「中國崛起」。值得注意的是前一份《戰略概念檔案》於二〇一〇年釋出，並未提及中國。歐盟執委會新任主席馮德萊恩也公開呼籲歐洲應成為國際有效的地緣政治參與者，而非短視國內的繁榮與自由價值。

二〇二一年三月事件終於爆發，隨著愈來愈多新疆人權侵害的證據浮上檯面，歐盟、美國、英國與加拿大對中國實施自一九八九年以來首次的人權制裁。隨後北京立即展開反擊，絲毫未意識到可能的後果。中國對歐洲許多政策智庫、研究新疆的個人學者，甚至對多個歐洲委員會和歐洲議會成員實施制裁。

此行為嚴重激怒歐洲的立法者。於是歐洲再次改變對中國的態度與採取方法。歐洲議會不顧歐盟執委會的反對，投票凍結《歐中全面投資協定》（*Comprehensive Agreement on Investment*, CAI），該協定被視為中歐之間關係發展的重要里程碑。議會表示在中國制裁取消之前，議會拒絕讓步分毫。德籍的歐洲議會對中關係代表團團長包瑞翰（Reinhard Bütikofer）將此次事件描述為北京的重大戰略失誤，他說「中國成功利用《歐中全面投資協定》分化歐盟與美國的關係，達成其主要目標之一」，然而其魯莽的制裁行為卻是「一大失算，作繭自縛」。其他議員表示類似的看法，並強調華府的大門已敞開，希望與歐洲更緊密合作，從多角度制約中國。

不過歐盟執委會表示將設法通過《歐中全面投資協定》，其中主導的兩大強權——德國和法國皆為出口大國，能從與中國緊密的經濟關係獲得最大利益。與歐盟其他國家相同，兩者十分擔憂與華府關係過密可能導致新冷戰，將會嚴重威脅他們的經濟體。事實上，歐洲對中國的政治分歧已更為顯化。

以法國總統艾曼紐．馬克宏（Emmanuel Macron）為首的「戰略自主派」堅信歐洲應該在中美角逐全球和區域的地位保持中立，使歐洲的經濟機會發揮最大效益，促進歐洲的實力與獨立地位。華府的目標為建立多邊聯盟，與更多國家合作，因此該派別的含糊其辭對華府十分不利。雙方的緊張關係於二〇二一年九月澳英美安全夥伴關係的協議達成而爆發。根據此協議，澳洲將取得核動力潛艦，在未與巴黎協商的情況下，直接取消向法國採購高達九百億美元的柴電潛艦交易。巴黎對此十分憤怒，法國外長尚．伊夫．勒德里昂（Jean-Yves Le Drian）痛批澳洲的行為猶如在「背後捅一刀」，類似「川普先生過往的做法」。馬克宏將三者據稱是祕密談判的交易稱為「盟友和夥伴之間不可接受的」行為，甚至暫時召回法國駐澳洲和美國的大使（法國首次採取此下策）。對於馬克宏和其他抱持類似想法的歐洲國家而言，該事件加深美國並不值得信任的看法，不論該看法正確與否。馬克宏與歐盟外交政策高級代表何塞．波瑞爾（Josep Borrell）亦表示此次事件再次證明「戰略自主」的必要性。

另外一個派別對中俄合作、網路安全、市場進入與人權問題深感擔憂，他們認為中國與自由民主的西方分野十分清晰，歐洲與美國應該站在同一陣線。第三個派別則是擁護民粹與民族主義的歐洲極右翼政黨，以匈牙利總理維克多・奥班（Victor Orbán）為代表，認為中國不自由的政治與經濟發展模式沒有絲毫問題，堅信歐洲反而可以從中國經驗學習，並贊成與北京建立更密切的關係。截至目前，第二個派別的聲量最大，令人驚訝的是大多係由大膽的歐洲小國領銜，如立陶宛在二〇二一年冒著觸怒北京的風險，與台北展開外交關係。即便如此，中國仍將歐洲視為更大範圍內與美國地緣政治博弈的重要角色。

中國與發展中國家的關係

中國與發展中國家，以及非洲、亞洲和拉丁美洲等新興國家的關係有悠久的歷史淵源，最早可以追溯至一九五〇年代，以及毛澤東與周恩來於不結盟運動中的領導角色。彼時，毛澤東認為所謂「第三世界」泛指拉丁美洲大部分地區、非洲，以及日本之外的亞洲區域，也是美國與蘇聯兩大強權之間的中間地帶，更是中國對抗這些超級大國的「霸權主義」、帝國主義與殖民主義的潛在盟友。中國共產黨對第三世界提供資助與投資，並表示基於國際團結提供無利率或是低利率貸款，與剝削的西方國家形成鮮明對比。一九五三年至一九八五年期間，儘管中國國內面臨經濟困難與危機，不過它仍是僅次於石油輸出國組織（Organization of the Petroleum Exporting Countries, OPEC）國家的第二大國際援助國。不過中國的行為始終以戰略導向為目標，且對談論「雙贏」局面樂此不疲。

過去二十年對多數發展中國家而言，與北京的經濟關係比美國更為重要，這是美國政治人物忽略或漠視的事實。相較之下，美國在這些區域已消失太久。中國在非洲、亞洲與拉丁美洲的推展計畫涵蓋大規模的公私貿易與投資，與近年的一帶一路倡議相互協調與擴張。許多項目在當地引起爭議，舉凡債務問題、環境議題與勞工標準等，不過中國在發展中國家的戰略最令人印象深刻的是其堅持不懈的態度，以及不斷適應與調整的能力。西方學者已經對中國在發展中國家的投資項目進行許多實地研究。根據研究結果，雖有失敗，不過難能可貴的是中國不斷從錯誤中學習，因而產生許多正向的故事。

中國歷史悠久的「南南合作」協助中國維持並加強與發展中國家的友誼，而這些友誼更是擴大中國在國際機構（如聯合國）中影響力的關鍵。不過中國逐漸放眼美國過往主導的區域，包含拉丁美洲與中東。這些區域國家即有可能在這場中美爭奪國際影響力的全球「大博弈」中成為「搖擺國家」。與亞洲情況類似，若要成功，以下因素必不可少：中國日益增加的全球經濟足跡；美國勢力相對式微，且美國的自滿，以及對傳統友誼與夥伴的忽視讓中國更具優勢。

非洲的重要性

半個多世紀以來，非洲國家一直是中國在世界舞台的主要支持者。與其他發展中國家不同的是，非洲未曾完全落入美國的影響力範圍。非洲一直是各大勢力角逐的戰略地點，該區域最初徘徊於歐洲殖民地與後殖民地國家之間，接續冷戰期間位於美蘇勢力之間，今日則是夾在西方與崛起的中國之間。

在習近平的領導之下，北京加倍鞏固與非洲深厚的貿易、基礎建設投資、發展援助與安全合作關係。相較而言，在川普政府執政期間，非洲並非美國的優先考量。非洲國家也因此成為中國在國際舞台上最值得信賴的支持者。這也得益於以下事實：非洲國家遠離中國於亞洲不斷擴張的地緣政治安全影響力範圍；渴望得到經濟援助、貿易和投資；且未曾如拉丁美洲和中東那樣長期置身於美國的陰影中。

如同其他區域，中國首先看中非洲的經濟潛力。北京認為非洲大陸能夠長期且可靠地供應能源與原物料，且崛起的非洲經濟體將能成為中國商品與服務的嶄新市場，帶來數十億消費市場。根據其發展模式，中國在非洲大陸投入大規模的基礎經濟建設資金，包括數百條公路、鐵路、港口、通訊還有電力項目。以華為而言，雖然在其他區域仍有爭議，不過華為已經成為非洲 4G 通訊服務的主要供應商，建立超過百分之七十的 4G 網路。且中國低價智慧手機品牌 TECNO 是非洲最受歡迎的品牌，使中國的行動支付系統在非洲大陸獲得重要的立足點。此外，中國企業占據百分之五十三的非洲智慧手機市場，處於主導地位，韓國三星緊跟其後，不過市占率僅有百分之十五。

隨著中國在非洲大陸的援助與投資逐一展開，中國官員開始抨擊傳統西方援助模式，認為這些模式對降低貧窮幫助微乎其微。中國也爭論非洲與西方的南北發展落差為西方刻意為之的新殖民主義計謀。不僅如此，中國還指出西方國家的發展援助計畫時常附帶政治和政策條件，如採用自由市場或民主改革，迫使受援國成為西式自由民主國家。相較之下，中國模式並沒有類似條件，交由當地政府根據自身情況決定適合他們的政治模式。根據北京的說法，中國發展援助目的是要達成雙贏局面，並為彼此帶來實體經濟利益。

習近平於二〇一八年提出「張開懷抱歡迎非洲搭乘中國發展快車」，意圖將非洲塑造為中國經濟發展模式的楷模，儘管非洲與中國情況大相徑庭。中國於非洲和其他發展中國家的成功案例將有助於提振中共國內外意識型態的合法性，同時降低自由民主資本主義的正當性。因此，在中共持續尋求意識型態合法性的漫長過程中，非洲已經成為中國廣泛政治戰略的一部分。

然而，中國目前的政治利益為籠絡非洲盟友，鞏固其於國際組織對中國的外交政策支持與投票實力。在任何多邊論壇中，不論主題，只要涉及中國的利益，非洲一般都能為中國提供大約五十張可靠的選票。主題十分廣泛，從人權、未來數位治理或是以中國為優先的倡議，例如將一帶一路倡議納入聯合國關於發展目標決議的規範性語言。作為交換，非洲國家獲得中國保證，如在危機時刻，中國可以隨時在聯合國安理會行使否決權，支持面臨譴責或外部干預威脅的國家（甚至是個別政治領導人）。

中國也成為個別非洲國家與非洲聯盟（擁有五十五個成員）積極的安全夥伴。中國與其夥伴非洲國家於二〇一九年成立中非和平安全論壇（China-Africa Peace and Security Forum），為中國深入擴展與非洲軍事合作的基礎。中國已經是非洲大陸部分國家的武器、軍事裝備與監控技術的供應商。中國也十分清楚散居在非洲各地的中國人數不斷擴大，若未來發生安全危機，中國必須能夠為其國民提供人身保護。中國不僅參與聯合國維和部隊，還支持非洲聯盟的獨立安全任務，解放軍於非洲的安全展現逐日提高，為其提供寶貴的國際實地行動經驗，正如亞丁灣反海盜演習使解放軍海軍得以累積相關經驗。

中國在非洲的種種足跡皆能證明其正在如火如荼擴大安全布局。儘管當地有些爭議和不利中國的新聞報導，但似乎沒有引起非洲國家官方的負面反應。恰恰相反，習近平於二〇一八年中非合作論壇（Forum on China-Africa Cooperation）上宣布中國將設立一個新的中國—非洲和平安全倡議，為非洲聯盟提供進一步的軍事援助，並在非洲大陸推動五十多個獨立安全援助項目。他向非洲領導人承諾「中國主張共同、綜合、合作、可持續的新安全觀」。

雖然雙方於政治、外交或是安全政策關係日漸密切，不過此新興關係的經濟數據呈現的故事卻喜憂參半。中國十年前取代美國，成為非洲最大的貿易夥伴，非洲全球貿易總額為七千億美元，而中國占其中二千億美元，為非洲與美國貿易總額四倍。然而，儘管中國的基礎建設項目被高調報導，中國二〇一八年對非洲的外國直接投資的總額為四百六十億美元，排名第五，次於荷蘭、法國、英國和美國。四者外國直接投資總額達二千二百億美元，是中國的五倍。該數據落差凸顯歐洲與北美投資者在非洲的長期先發優勢。此外，中國的外國直接投資並非均勻分布非洲大陸，而是集中在安哥拉、奈及利亞、衣索比亞、辛巴威和烏干達等少數國家。

中國對非洲的整體發展援助也得到極大的關注，二〇一五年至二〇一八年期間，中國已提供六百億美元發展資金，且習近平承諾二〇一八年至二〇二一年期間會再資助六百億美元，然而，其中只有五十億美元屬於非貸款援助。換言之，中國對非洲的援助與西方和日本的官方發展援助模式不同，前者需要非洲償還貸款，後者則是直接撥款給非洲。從過往事件看來，長期的債務依賴會引起政治反應，且可能導致被迫交出國家資產轉移，如著名的斯里蘭卡漢班托塔港事件。當地人很快便相信這是刻意為之的「債務陷阱外交」，對中國的殖民意圖感到憤怒。

由於中國並非經濟合作暨發展組織成員，不受其透明度和分類準則約束，因此難以準確計算中國的援助總金額，實際發展金額可能更高。若目前趨勢持續，即西方對非洲的援助維持不變，中國的援助每年增加百分之十，在未來十年內，中國對非洲大陸的無貸款援助金額可能超過西方。

無論實際金額為何，我們不該低估中國貸款項目的影響，這些貸款項目支撐著非洲眾多基礎建設投資項目。美國有愈來愈多人將中國的援助視為「流氓援助」，因其不符合經濟合作暨發展組織的準則或假設。然而，這並不代表非洲排斥中國援助，抑或中國援助毫無經濟成效。事實上，非洲分析家尖銳批判過去十幾年以來，西方援助缺乏效率，附加諸多議程，使非洲被動依賴西方的慈善，如遇經濟危機，援助金額也變得難以預測。此外，整體而言，西方拒絕資助非洲的經濟基礎建設，更加偏好醫療衛生、教育和符合「良善治理」的項目，與中國做法大不相同。許多非洲國家欣然接受中國的決定，因為非洲開發銀行等多邊貸款機構的資產負債表已經不足以為項目融資。目前也未有數據證實中國於非洲的貸款增加違約的可能性。確實有兩國欠款金額較多，不過該筆帳務也與積欠西方私人金融機構的金額不相上下。

不論如何，中國的非洲戰略勢在必行。雖然層出不窮的問題不斷出現，如計畫工程有缺陷、財務可行性研究不佳、當地對最初大規模中國勞工的反感，並在數國引起民族緊張情緒，不過中國反覆從錯誤中學習，多年來不斷改進表現。我們不該和美國一樣錯誤推斷非洲項目成效不彰，或是當地浮現反中情緒，這些聲浪僅會在政策面與社會面掀起反對中國非洲戰略的看法，至今這些推論的證據有限。根據非洲民調組織「非洲晴雨表」（Afrobarometer）二〇一九年調查，雖然多數非洲人仍偏好美國的發展模式（比例：美國百分之三十二；中國百分之二十三），但大多數人仍認為即便有債務問題，中國對非洲大陸的影響大致正向。這些輿論尚未包含非洲大陸對新冠肺炎的整體反應。雖然病毒來自中國的議論曾引起軒然大波，不過中國於二〇二〇年在非洲積極擴展醫療和疫苗外交，甚至比七大工業國組織的疫苗戰略提前數月開始，大幅提升了非洲對中國的好感。

最後，因為中國的存在，非洲首次擁有對抗其他發展夥伴的籌碼。以往非洲國家必須被動接受西方提出的任何條件，然而中國的到來已經為非洲帶來重大的戰略與經濟影響。習近平的非洲戰略既耐心且靈活，其多數非洲夥伴對此也十分滿意。

中國勢力抵達拉丁美洲

與非洲的情況不同，中國於拉丁美洲的戰略和經濟利益僅有二十年歷史，直至二〇〇一年，中國領導人才首次拜訪該區域。在此之前，中美洲、南美洲與加勒比海區域一直是台北而非北京的外交堡壘。自門羅主義初期，中國一直關注西半球對華府的戰略意義。前幾代中國領導人清楚明白他們必須在這塊大陸上謹慎行事，因為這塊大陸對美國具有重要地緣戰略意義，比起其他區域，拉丁美洲也距離北京最遠。不過在前任主席胡錦濤時期，中國已經開始展現對該區的重視。而現在習近平已摒棄傳統的謹慎做法，至今已經出訪拉丁美洲和加勒比海五次。相較之下，川普總統僅出訪該區域一次，而且還是為了參加在布宜諾斯艾利斯的G20峰會。

中國謹慎且周詳地參與該區域的多邊會議，已經正式建立與拉丁美洲的關係機制。二〇一四年，習近平前往巴西利亞參與中國—拉丁美洲及加勒比海共同體（China-CELAC, Community of Latin American and Caribbean States）峰會的首屆年會。該論壇包含拉丁美洲和加勒比地區，合計三十三個成員國，旨在促進中國和拉丁美洲及加勒比海共同體在貿易、投資和金融、能源和資源管理、教育、科學和科技、農業、體育、太空和航空、消弭貧窮、衛生和災害風險管理等多方合作。隨後在二〇一八年，北京首次以觀察員身分參加三年一度的美洲國家高峰會，該高峰集結南北美洲所有領導者。不過川普再次辜負期待，並未出席該場高峰會。中國從此次事件察覺到美國漫不經心的態度，其對西半球已不如以往關注，於是中國伺機填補美國的地位。

中國首要重視的區域利益為外交孤立台灣。二〇一六年，台灣拒絕統一的民進黨贏得台灣總統大選後（且在二〇二〇年以壓倒性優勢連任），習近平態度轉強硬，竭盡中國的政策與經濟手腕犒賞遠離台灣的外交盟友。三個國家於二〇二〇年改變立場：多明尼加共和國、薩爾瓦多和巴拿馬，三國中巴拿馬重要性更甚，因為它掌控著巴拿馬運河。它們皆得到中國的新投資，包含沿著運河開發的特別經濟區，與埃及沿蘇伊士運河的項目類似。二〇二〇年新冠肺炎疫情爆發後，北京明顯加快步伐，利用廉價且快速取得疫苗的機會追求台北於該區域的剩餘盟友，誘導他們改變效忠對象，此番話術十分有效。若非台灣為巴拉圭提供緊急醫療援助計畫，且美國新任國務卿安東尼·布林肯（Antony Blinken）在緊要關頭之際致電給巴拉圭，台北可能已經失去這位盟友。宏都拉斯總協調部長（類似於總理）卡洛斯·埃拉索（Carlos Alberto Madero Erazo）曾於二〇二一年五月公開警告台灣盟友深陷困境卻缺乏西方的援助，該情形「使我們面臨兩難處境」。在疫情期間，「宏都拉斯人民看到中國大力幫助其盟友，我們不禁自問，為什麼我們的盟友沒有伸出援手？」如此一來「外交政策必會產生改變」。聽聞後，拜登政府立即向拉丁美洲提供疫苗，暫時避免另一國家倒向中國。

除了台灣因素，中國在拉丁美洲的主要利益與非洲相同，皆為經濟利益。對北京而言，拉丁美洲具備中國出口和投資的巨大消費潛力。二〇〇二年雙邊貿易總額不到一百八十億美元，短短二十年的時間，中國一躍成為拉丁美洲第二大的貿易夥伴，貿易總額已經增加至三千一百五十億美元。同年美國仍是該區域最大的貿易夥伴，總額高達七千五百六十億美元。雖然美國目前仍占極大優勢，不過根據世界經濟論壇研究，按照目前的發展軌跡，北京預估在二〇三五年左右取代華府，成為該區最大的貿易夥伴。

以外國直接投資而言，中國在拉丁美洲的情況跟其他區域十分相似。二〇一七年，中國投資總額約為二千億美元，然而這僅占拉丁美洲所有外國直接投資總額百分之八左右。中國迄今也是向拉丁美洲和加勒比海地區政府提供官方貸款的最大資助國。截至二〇二〇年，中國對該區域的主權信用總額約為一千五百億美元，主要集中在委內瑞拉（六百二十億美元）、巴西（四百二十億美元）、阿根廷（一百八十億美元）和厄瓜多（一百七十億美元）。在這四國中，委內瑞拉技術上已經違約，但中國目前對任何形式的債務延期償還並不感興趣，堅持委內瑞拉提供該國三分之一的出口石油償還其債務。雖然目前巴西和阿根廷還能負擔積欠中國的債務，但厄瓜多的債務已占其公債三分之一。以相對規模而言，中國官方對該區域的借款比世界銀行和美洲開發銀行的總合還要大。

如同其他發展中國家，中國對拉丁美洲的貿易、外國直接投資與官方信貸流動模式，反映了北京對能源安全、原物料和基礎建設投資的全球重視。中國大宗進口商品為石油、鐵礦、銅和大豆，而其九成的外國直接投資鎖定能源、礦物，特別是基礎建設；截至二〇二〇年，中國共計約有八十三個大型工程項目遍布該區各個國家，涵蓋公路、鐵路、港口、機場、橋梁、運河、疏濬和城市交通。中國也投資電子通訊基礎建設，目的之一是為推廣華為全球5G網路，藉此支持中國主導的全球電子商務革新。雖然北京對拉丁美洲大量的貸款有些不滿，尤其是委內瑞拉出現的大範圍債務違約情況，然而，習近平近期訪問拉丁美洲時，宣布將重新擴大中國與該區貿易和外國直接投資的大膽新目標。如二〇二五年將雙邊貿易擴大至五千億美元，並將中國投資總額增加至二千五百億美元。

但如上所述，委內瑞拉的違約事件已經在中國境內引起對官方海外投資的反彈聲浪。目前已有學術文章公開挑戰中國近期貸款戰略的永續性，此外，在中國博客圈（blogsphere）中，有人呼籲應該要優先重視國內問題，而不是非洲、拉丁美洲和歐亞大陸的大規模貸款和投資。當委內瑞拉身陷困境的總統尼古拉斯・馬杜洛（Nicolás Maduro）二〇一九年拜訪北京時，中國境內全面封鎖此消息，由此可見北京對委內瑞拉事件的政治敏感程度。

某方面而言，中國試圖將委內瑞拉打造成拉丁美洲的巴基斯坦，即另一位「全天候合作夥伴」。不過此舉代價高昂，馬杜洛的政府內憂層出不窮，國內動盪不安、人權侵犯屢見不鮮，且長期經濟管理不當。中國對委內瑞拉的支持引起其他拉丁美洲民主國家的負面政治反應。儘管許多區域主要政府（包含中國金磚國家盟友巴西）希望馬杜洛下台，且數以百萬計的委內瑞拉難民已逃離該國，中國仍無視委內瑞拉鄰國政府的需求。此外，也有聲浪攻擊中國故意金援拉丁美洲左翼政府，協助其對抗右翼並保留政治勢力。

不過中國已有一套處理不穩定政權的完善政治與外交做法。正如中國和巴基斯坦與緬甸的關係，中國優先維護與國家，並不盡然是當權政府的關係，此舉將能使中國的長期戰略利益發揮最大效益。以委內瑞拉而言，中國已經握有與該國反對派的溝通渠道，即使政黨輪替，中國也能與執政黨保持良好關係。

放眼拉丁美洲，中國駕輕就熟地使用該平衡戰略管理與巴西的關係。巴西為中國該區最重要的夥伴，不過二〇一八年雅伊爾・波索納洛（Jair Bolsonaro）成為總統時，巴西對北京的敵視展露無遺。該右翼政治領袖甚至以反對黨總統候選人的身分拜訪台灣，並反覆攻擊中國對拉丁美洲的掠奪性行為，他說：「中國不是想和巴西交易，而是正在買下巴西」。此番言論迅速獲得國內民粹主義共鳴，成為他獲得壓倒性勝利的關鍵。然而，波索納洛上任不到一年便對北京進行國是訪問，並宣稱巴西與中國「天生一對」，由此可知中國已充分展示其政治和經濟外交實力。波索納洛於二〇一九年展開雙臂，歡迎習近平回訪巴西利亞舉辦的金磚五國峰會。波索納洛不得不接受經濟現實，中國既是巴西最大的貿易夥伴，也持有為數不少的巴西公債。中國在短短一年內將外交劣勢扭轉為政治機會。

中國十分靈活地管理與波索納洛的關係，例如未回應他於總統競選期間對中國的政治攻擊，藉此保持溝通的可能性，並為他提供轉圜的政治空間。與此同時，雖然川普政府對於波索納洛當選巴西總統洋洋得意，並預告與「巴西川普」建立新的戰略夥伴關係，不過美國並未回應中國在巴西或拉丁美洲的新興經濟影響力。實際上，川普唯一的回應僅有無端的地緣政治警告，隨後便開始新世代的美國保護主義。川普大肆斥責在墨西哥製造的美國產業，並（在他最終改寫前）威脅廢除北美自由貿易協定的內容。值得注意的是，墨西哥在這之前與中國關係十分薄弱，中國二〇一九年對墨西哥的外國直接投資少於中國對拉丁美洲的百分之二，墨西哥對中國的出口僅占百分之

一．六。然而中國在疫情期間為重創的墨西哥提供數千萬劑疫苗，其巧妙的「疫苗外交」等因素改變了中國—墨西哥關係，二〇二一年一月墨西哥外交部長馬賽羅．厄伯拉特（Marcelo Ebrard）承諾將擴大與北京的雙邊「戰略夥伴關係」。阿根廷和一些加勒比海國家也意識到區域影響力的重組，轉向中國購買軍事設備，如阿根廷空軍向中國採購價值十億美元的戰機。

如同非洲，中國在拉丁美洲也面臨一些阻力。除了委內瑞拉的債務問題，中國一些高調的項目，如哥倫比亞的伊團戈（Hidroituango）水壩計畫造成的環境與人類迫害也引起反彈。建置該水壩不僅迫使二萬五千名民眾撤離家鄉，該計畫更是面臨嚴峻的施工問題，如隧道坍塌對環境與社會帶來的災難，除此之外，施工成本遽增也導致民眾上街抗議。其他爭議包含中國在這些項目中大量使用中國勞工，即便雇用當地勞工，中國時常未遵守當地的勞動法。中國還曾多次公開宣布新大型項目，如計畫修建第二條橫跨中美洲，與巴拿馬運河媲美的新運河，或是耗資五百億美元修建巴西—祕魯兩洋鐵路，然而當中國政府冷靜評估財政費用後，便對這些項目隻字未提。不過上述爭議都無法阻止拉丁美洲對中國參與該區的渴望。截至二〇一九年，拉丁美洲及加勒比海共同體三十二個成員中，十九個成員參與中國的一帶一路倡議，諷刺的是，中國歷史上的陸地與海上絲路未曾進入拉丁美洲大陸的一萬公里範圍內。

中國輕鬆周旋在拉美國家左右兩翼之間的事實讓華府十分緊張。美國曾警告拉丁美洲注意這個「新帝國主義強權」的掠奪，但收效甚微。二〇一八年，時任國務卿雷克斯・提勒森（Rex Tillerson）甚至公開回溯門羅主義「成功」抵禦西半球其他強權的經驗，警告中國的「帝國」野心，比起過往美國對中國勢力的回應，美國這次的反擊顯得更加語無倫次。二〇一七年美國的國防安全戰略以及美國南方司令部皆公開警告中國在西半球的擴張行為，指出中國對港口等重要經濟基礎建設的所有權和控制權不斷增加。然而習近平對美國的抨擊不予理會，且對中國於過去十年在拉丁美洲的戰略收穫十分滿意。

中國的極地野心

儘管與極地相隔遙遠，但中國長期以來一直設法在北極建立影響力。該野心最早可以追溯到二〇〇八年，當時北京開始謹慎的外交示好活動，試圖說服北極理事會國家（加拿大、丹麥、瑞典、芬蘭、冰島、挪威、俄羅斯和美國）讓中國在理事會擔任永久觀察員。中國終於在二〇一三年成功完成目標，隨後習近平在二〇一四年演講宣布「成為極地大國是海洋強國建設的重要組成部分」，五年後，中國在第一份正式的北極戰略白皮書中自稱「近北極國家」，並承諾在極地區域展開新的合作和共同發展。

中國對北極的戰略興趣，以及其與海洋強國的關聯能夠從兩個角度切入。首先，北極區域含有大量未開發的能源和礦物資源，擁有估計超過百分之三十的天然氣儲量和百分之十三的石油儲量。在全球氣候變遷的影響下，兩極迅速變暖，北極的夏季海冰預計最快於二〇三〇年全數消失，屆時便可以取得這些先前無法獲得的資源。這也導致北極國家爭先恐後地角逐這些資源。第二個原因對中國可能更為重要，迅速消退的夏季海冰意味著直接穿越北極點，連結大西洋和太平洋的北極航道即將成真。（二〇一八年馬士基船成為第一艘從東亞出發，經由俄羅斯和挪威海岸的東北航道向歐洲運送貨物的大型貨櫃船。）以商業角度來看，東北航線比經過蘇伊士運河的路線少了八千多公里，亞歐運輸時間最多可縮短十五天，這對中國和俄羅斯皆有成本優勢。以戰略而言，該航道的出現可能會帶來重大改變，中國的海上交通將繞過中東和印度洋水域，包含麻六甲海峽等海上咽喉，這些地方容易受到美國和其盟國海軍力量的威脅。在這個地緣政治日益不穩的世界中，只要中俄關係持續深化，東北航線就可能成為中國更安全的選擇。

基於上述兩個原因，中國傾注資源與俄羅斯共同開發此路線，並將之稱為極地絲綢之路。在二〇一二年至二〇一七年期間，中國注入超過九百億美元建設港口、陸路通道、海巡中心，且在俄羅斯、芬蘭和挪威廣設研究站。中國努力建設必要的基礎建設，方能在極端氣候下使這一條貿易路線維持運作。自二〇一九年起，中國一直在興建並部署愈來愈多破冰船，同時在冰島、格陵蘭和北極周圍的關鍵地點建造新的研究站。種種行為引起華府的擔憂，二〇一九年時任國務卿蓬佩奧警告北極已經成為「全球勢力角逐之地」，且可能會被「打造為新的南海」。然而，華府僅提出口頭政治警告，缺少實際作為，美國僅擁有兩艘老舊的破冰船，其中一艘在二〇一七年夏季前往南極洲時還差點沉沒。

與北極相比，中國對南極的野心小得多。如同其他國家，中國的重心似乎是南極的科學活動。然而，中國已經迅速竄起，成為南極洲的科學強國。一九八五年之前中國不曾踏足南極洲，然而今天中國在南極洲已經有五個研究基地，且在南極洲的支出超過其他政府，使其他立足已久的《南極條約》（*Antarctic Treaty*）國家產生戒心。根據國際法，南極洲不屬於任何國家，南極同時也是全球環境保護區，不允許礦物開採。不過中國科學與政府文件（包含二〇一七年第一份南極白皮書）的措辭引起關注，北京似乎有意獲得該區土地與水域潛在的豐富資源。中國極地研究中心長期以來一直將南極洲描述為「蘊藏豐富資源的寶庫」，對中國的經濟成長至關重要。習近平在二〇一四年出訪澳洲時並沒有打消國際社會的顧慮；他站在時任總理的東尼·艾伯特（Tony Abbott）身旁，宣布中國準備「更好地了解、保護和（特別強調）開發南極」。

中國官媒隨後盡責地改變該言論的官方翻譯，將「開發」改為「探索」，不過消息已經釋出，其他大國繼續以懷疑的眼光看待中國的南極活動。二〇一七年，澳洲戰略政策研究所（為政府提供諮詢的獨立智庫）指責中國違反國際法，在南極洲進行未申報的軍事和礦產探勘活動。北京無視該指責，僅重申其科學意圖。

結語

總結而言，即便華府對中國施加壓力，但中國認為其全球影響力，尤其是其經濟影響力只會繼續擴大。雖然新冠肺炎疫情一開始是中國的公關惡夢，不過中國國內相對成功的應對做法，以及（與美國緩慢因應措施相比）對發展中國家的高調「疫苗外交」使中國影響力大幅提升。中國在歐洲面對較大的阻力，然而中國的外交政策十分靈活，且極有可能繼續調整策略並獲取利益。另一方面，中國將持續深化與非洲的交流，而美國基本上在這片大陸也持續缺席。至於拉丁美洲，若中國能在未來十五年內複製過去十五年的進展，美國於西半球屹立不搖的地位將被撼動。同樣地，中國與莫斯科的緊密戰略關係，以及與其他北極國家的密切接觸不斷強化北極戰略。川普政府退出多個多邊與其他國際機構後，目前全球計分板的比數，尤其在發展中國家，中國的贏面似乎較高。中國急於填補美國離去後的真空狀態，且「日益走近世界舞台中央」

（習近平二〇一七年黨的全國代表大會正式演說），中國共產黨長期預言的「多極化發展趨勢」正在實現，世界也如習近平經常描述的「正在經歷百年未有之大變局」，暗示著美國的衰退與代之而起的中國。

原則上，在中美兩國的「長期競爭」中，中國時常抱怨美國的「遏制」，不過其領導人認為目前全球仍有一個「戰略機會」。在這個時代，北京堅信它能夠說服或脅迫各國選擇有限，若拒絕加入中國行列，只能被拋在後頭。這對許多國家而言十分兩難，換言之，它們必須在美國（對抗中國脅迫的唯一安全希望）與中國（最大的經濟夥伴）之間選邊站。國際機構提供的非硬實力影響路徑，在川普退出並剝奪其意義後便不復存在。因此，儘管這些國家不滿這種選擇，卻難以倖免。接下來的問題則是，拜登總統能否充分恢復國際機構的力量和作用，重建美國的道德權威，並阻止中國仿效美國於一九四五年後的行為，即以其權力、利益與價值觀改寫以規則為基礎的國際秩序。

13

第十個同心圓：改變以規則為基礎的國際秩序

The Tenth Circle: Changing the Global Rules-Based Order

習近平對中國野心的終點站與國際秩序的未來息息相關。贏得二戰後，美國與其同盟建構以規則為基礎的自由國際秩序的基本架構。該架構為一九四四年的布列頓森林協議，隨後推進國際貨幣基金組織、世界銀行，以及關稅暨貿易總協定（世界貿易組織的前身）的成立。當時中國以蔣介石為代表，毛澤東帶領的中國共產黨尚未登上國際舞台。而蘇聯則是將這些機構稱為「華府的分枝」，並不認可這些安排。一九四五年舊金山會議落幕後，聯合國正式成立，創始國如蘇聯和中國皆成為聯合國安理會的常任理事國，並擁有否決權。隨後一九四八年通過《世界人權宣言》，由印度和中國等國家代表共同擬定。在美國的領導下，機構陸續建立完畢，美國另建全球聯盟網絡，歐洲北大西洋公約組織，與橫跨東亞的雙邊與多邊安全聯盟共同保衛美國建立的秩序。在戰後與冷戰期間，美國於政治、經濟和軍事面皆為全球霸主。

不過，當今中華人民共和國正在挑戰西方自由民主模式的政治合法性和政策有效性，該模式源於美國創立的秩序規範和規則。這些民主國家秉持的價值觀，以及以此為核心理念的國際機構和規則，對北京來說是一個政治和規範障礙。雖然中國昔日的國民黨政府也曾參與這一秩序的建置，當今中國一直認為戰後解決方案是由西方殖民國家強加的秩序，為了與這些機構抗衡，中國試圖在既有框架之外建立新的多邊機構。

儘管中國政治意識深處也希望能夠擁有某種規則的國際體系，而非一片混亂。古老的中國哲學家曾警告混亂與秩序本為一體兩面，歷經戰爭、毛澤東和文化大革命動盪的中國人對此銘記在心。不過，同等重要的是中國秩序與美國秩序，或是說自由國際秩序大相徑庭。中國對未來國際秩序的期望是它能在必要時符合中國國家利益和價值觀。雖然中國的政治意圖在現階段日益明顯，不過中國究竟想在多大程度上改變現狀、速度為何，以及國際社會是否同意這些改變仍混沌不明。

目前可以確定的是，中國日益增長的影響力將對國際人權規範（根植於三大國際公約與日內瓦人權理事會）產生影響。不僅如此，未來國際經濟秩序也會受到影響，包含世界貿易組織的架構和運作，尤其在與美國的貿易戰之後。目前以聯合國安理會為基礎的國際安全秩序可能也會面臨新的不確定性。至於現在，中國持續享有作為常任理事國的特權地位，對任何集體安全行動擁有完全的否決權。

中國作為局外人

二〇一四年之前，中國對塑造未來以規則為基礎的秩序，以及背後機構並沒有展現太大的興趣。中國十分抗拒聯合國及其處理和平與安全、經濟發展和人權問題的諸多專門機構，以及因布列頓森林協議成立的機構，不過仍設法利用成員國的角色提高國民對中國共產黨政治合法性的看法、鞏固國際合法性、孤立台灣，並阻止國際機構採取任何可能損害中國核心國家利益的行動。直至最近，北京認為自己在挑戰或改變制度時影響力受限，在西方認可的政府從台北轉至北京之後，中共因此決定善用繼承自中華民國在國際機構中的地位。鄧小平也意識到一些多邊機構或許能夠協助他迅速發展中國經濟、讓人民脫離貧窮，並為中國打下堅實的基礎。這尤其適用於鄧小平改革開放初期幾十年的時間，當時中國與世界銀行和國際貨幣基金組織合作。二〇〇一年中國加入世界貿易組織後更是帶來重大改變。如前面章節所述，加入世界貿易組織使中國得以邁入全球市場並改變局勢。

然而，二〇一四年成為中國的轉捩點。習近平於同年十一月召開的中共中央外事工作會議成為政治分水嶺，自此開啟中國多邊活動的新時代。此類會議通常每四到五年舉行一次，目的在於確定黨與國家未來整體外交政策的路線。與會者包含外交、安全和國際經濟政策機構。在這場關鍵的會議中，習近平提供一個全新路徑，他正式摒棄鄧小平十多年來的「韜光養晦、善於守拙、絕不當頭」戰略，並提出一個全新且積極的國際政策戰略。具體而言，習近平強調未來國際秩序將有一場新的「爭端」，同時宣布中國必須在該秩序中「追求成就」。如同三年後習近平在另一個黨會議所言，「我國將日益走近世界舞台中央，不斷為人類做出更大貢獻的時代。」

習近平的觀點為中國應主動塑造未來的國際體系，而非被動地接受國際體系的現有結構。中國看到一個主動利用多邊機構在國際體制中闡述並推進中國利益與價值的機會。而參與這場外事工作會議的與會者堅信中國外交官終於不再受限，得以在多邊世界為中國開闢一個與其身分（即新興全球大國）相稱的廣闊國際空間。

中共另一擔憂為過往對聯合國體制的支持將合法化《世界人權宣言》中的自由民主假說，如此一來，中國國內政治秩序便不符合正統。於是二〇一四年後，北京利用各種多方聯盟，以更符合國內政策方式重新定義民主、人權和法治原則等核心概念。中國藉此獲得自由人權意識微弱的地區，如中東、非洲、亞洲和拉丁美洲部分地區的忠誠支持。不僅如此，一旦中國行動，便能獲得世界各地左右翼威權國家深刻的支持。

在二〇一四年深具意義的黨務工作會議之前，中國已經在聯合國和布列頓森林體系框架之外發起一系列全球和區域倡議，包含亞洲基礎設施投資銀行（Asian Infrastructure Investment Bank, AIIB）、與金磚四國共同成立的新開發銀行（New Development Bank），以及前文提過的一帶一路倡議。不過二〇一四年後，中國在現有多邊體制內不斷加快更篤定且更具批判性的步伐。川普政府對多邊體系的全面攻擊、暫停撥款給聯合國以及退出聯合國與布列頓森林體系的機構、美國縮減給聯合國的費用，且繼續拖欠高達一〇．五億美元的會費等行為使習近平更加有恃無恐。此外，美國亦退出或開始退出聯合國機構及倡議，包含聯合國人權理事會（UNHRC）、聯合國教育、科學及文化組織（UNESCO）和《聯合國氣候變化綱要公約》底下的《巴黎協定》。美國還拒絕任命世界經貿組織上訴機構的新成員，削弱世界貿易組織的爭端解決機制。中國領導人可能難以置信他們的運氣，美國竟願意，甚至是故意離開其於一九四四年至一九四五年建立的體系，留下政治、外交和金融真空。中國樂意低調地占據空出的體制空間。

在習近平的帶領下，中國的新多邊戰略有兩大武器。首先，中國加強對全球治理體系的資助，任命中國國民擔任多邊機構中的領導人（或成為高級領導團隊的一員），並在聯合國體系內發起一系列積極的外交倡議，迅速擴大中國在現有全球治理機構的影響力，與過往我們所見的中國防禦姿態大不相同。在二〇一〇年至二〇二〇年期間，中國對聯合國和布列頓森林體系機構的年度捐款總額增加了三百億美元。不僅如此，中國在聯合國也扮演更積極的角色，鞏固在聯合國糧食及農業組織（FAO）、聯合國經濟和社會事務部（ECOSOC）、聯合國工業發展組織（UNIDO）、國際民航組織（ICAO）、國際電信聯盟（UIT）和國際刑警組織（INTERPOL）的領導地位。

在聯合國安理會中，如欲挑戰美國、英國或法國立場，中國，而非俄羅斯，通常會在非歐洲或非中東事務發揮主導作用。此外，在聯合國大會上，中國有能力從所有地區的成員國中爭取大規模的支持、以挫敗西方國家的決議，這一點有目共睹，包括任何挑戰中國在新疆人權立場的決議。即便是推動特定中國外交倡議，不論是一帶一路倡議，或是習近平提出由北京主導的「人類命運共同體」長期倡議和多項計畫，即便刻意模糊定義，中國仍得到聯合國會員國和祕書長的大力支持。華府在二〇一七年六月決定退出聯合國攸關氣候變化的《巴黎協定》（二〇二〇年十一月才正式生效），北京目前仍遵從此協定，不過若北京也退出，該協定可能會就此消亡。二〇二〇年，習近平於聯合國宣布中國的目標為在二〇三〇年達到碳高峰，並在二〇六〇年前達到碳中和，追求中國在未來永續氣候行動中的全球領先地位。同時，中國為聯合國維和部隊主要貢獻者，二〇一五年中國增加資助金額，並成立十億美元的基金，支持由八千人中國維和部隊和裝備組成的常備部隊，在世界各地快速部署。

聯合國之外，中國於世界銀行的持股比例幾乎翻倍成長，從二〇一〇年之前不到百分之三增加至二〇一九年的百分之五以上，並取得管理銀行六百二十億美元投資組合的常務副行長、常務董事和財務主管等職位。以國際貨幣基金組織而言，中國的配額（其捐款、融資權和投票權）在二〇一〇年至二〇一九年間也增加近百分之三，儘管相較於中國實際的龐大經濟規模，該投票權仍不成比例。北京更是世界貿易組織研究祕書處的第二大貢獻國，因此中國能夠對該組織整體政策議程施加影響力。在目前世貿組織改革過程中，中國（和美國一樣）似乎也決心削弱該機構的關鍵爭端解決程序，降低在涉及中國自身利益的議題上出現任何不利決定的風險。總而言之，在過去五年中，中國在多邊體系取得的進展，與美國的退場同樣引人矚目。

二〇一四年後，習近平戰略的另一做法為建立一套新的機構、以中國為組織核心的國際多邊體系機構，旨在提高中國對多邊體系的影響力。一帶一路倡議於二〇一三年啟動，擬定文件階段已經吸引一百三十九個國家接受或認可該項目，包括義大利、瑞士等經濟合作暨發展組織國家，以及大部分東歐國家。二〇一四年，中國還成立旨在發展歐亞基礎建設的絲路基金。隨後在二〇一五年，儘管是金磚五國一起資助成立的新開發銀行，但中國是五國中最大的股東，且擁有最大的投票控制權。二〇一六年，中國推出亞洲基礎設施投資銀行，與亞洲開發銀行（就其資產負債表規模而言，中國已經與該銀行抗衡）和世界銀行競爭資金。截至二〇二〇年底，亞洲基礎設施投資銀行已經有一百零三個成員國，而亞洲開發銀行只有六十八個。

國際社會對大量由北京主導機構的擔憂十分直接：他們擔心這些北京占有主導地位的國際多邊機構，會削弱之前基於國際條約建立的多邊機構的地位；部分新機構（亞洲基礎設施投資銀行除外）內部治理結構存有缺陷，包括缺乏透明度、對低碳以及可持續發展的空洞承諾、為較貧窮的發展中國家製造新的債務陷阱，以及進一步鞏固中國在全球政治和安全利益的隱祕的地緣政治議程。

然而，中國最初在國際貨幣基金組織體制外的國際金融改革舉措早於習近平近期行為。事實上，一九九七年亞洲金融危機後，建立清邁協議為中國與原有多邊協議脫勾的第一步。清邁協議極有可能會演變為亞洲貨幣基金（Aisa Monetary Fund, AMF），屆時將比現行的清邁協議更偏向中國。這將嚴重危害國際貨幣基金組織的地位，如同先前亞洲基礎設施投資銀行對亞洲開發銀行和世界銀行的國際地位構成挑戰。然而，目前仍無定論中國是否會走到這一步。亞洲貨幣基金絕大部分的資金源自中國的資本分配，更重要的是，在這些情況下，中國——而非國際貨幣基金組織——將制定亞洲貨幣基金貸款的使用條件。這將影響中國的金融和聲譽利益，考量到中國先前在斯里蘭卡與委內瑞拉的壞帳事件。除了這些多邊金融倡議，中國也為非洲、拉丁美洲、東歐與中歐、個別波斯灣國家設立區域特定的投資資金。這些規模龐大的金融倡議將成為西方私有資本市場，主要是美國的替代方案。

習近平在現有聯合國和布列頓森林體系之外的創新舉措並不限於經濟領域，攸關中國安全的挑戰也跳脫原本多邊體制。如習近平擁護的上海合作組織與亞洲相互協作與信任措施會議（Conference on Interaction and Confidence-Building Measures in Asia, CICA），此外，中國為一帶一路倡議成員國設立共同安全議程也逐漸成形。這些機構安排皆強調以中國為中心，排除美國，必要時甚至排除俄羅斯。跟昔日的聯合國和布列頓森林體系機構一致，中國在現有國際體制外的新世代多邊活動令人印象深刻，而美國再次對這些行為保持緘默。

決定未來的全球技術標準

未來全球技術標準之爭為地緣政治博弈的另一型態，代表中美不斷變化的全球影響力的新戰場。這是一場攸關未來數位世代的競爭，包括新世代的行動通訊技術、網路和數位支付系統。同時，這也涉及國家、國際和多邊標準制定和技術管制框架對未來主要技術系統的競爭。

代表技術之一為5G行動通訊技術。利用中頻與高頻段無線電頻率組合，5G數據網路傳輸數據的速度為4G網路的二十倍。5G的巨大意義在於它將成為人工智慧系統，如自駕車部署全球的重要平台。中國無庸置疑已經成為5G技術、基礎建設和系統的領導者。自二〇一四年以來，中國預估已經在5G技術開發投資約一千八百億美元。中國二〇一三年國家計畫中已清楚指出中國要成為5G領導者，措施包含廣泛設置高頻段頻譜；在全國建構三十五萬座基地台；且傾國家之力支持中國電信巨頭華為。

中國已經將此優勢帶入國際場域中，它在二〇一九年推出全球5G網路，其雄心帶來的戰略和安全影響皆讓美國大為不安。美國國防創新委員會認為「中國有望在5G領域重複美國的4G路徑」。隨著一帶一路倡議參與國不斷增加，中國趁機推出數位絲路，將國內5G項目補貼延伸至海外。數位手機、網路和其他數位服務等5G網路可能成為中國數位治理框架的載體，且中國安全和情報部門也有可能取得這些數據。

中國辯稱美國及其盟友未開發與華為5G技術匹敵的技術，且西方既無意，也沒有能力鋪設支持5G網路的全球海底電纜和行動通訊地面基地台系統。然而，中國對美國反駁做出的回應卻缺乏說服力，因為中國也基於類似國家安全原因，未曾允許國外供應商進入中國國內的電信市場。同樣地，若美國使用由中國掌握、營運和監管的5G網路，中國也無法保證美國在世界各地的軍事、安全或情報通訊能夠不被侵犯，尤其是在危機時刻。

華府於二〇一九年九月正式將華為列入實體清單，因其活動違反美國國家安全利益，換言之，若商務部長沒有依個案具體批准，美國企業不得向華為出售微處理器，這對華為後續推出全球網路至關重要。其他中國企業也陸續登上實體清單。這些舉措阻礙中國5G全球產業標準制定。該領域僅有兩間中國公司和兩間北歐公司，並無美國公司，華為更是其中的佼佼者。從許多角度而言，二〇一九年五月的實體清單成為中美對立的全球技術戰爭起點。

隨後在二〇一九年九月聯合國國際電信聯盟會議中，代表華為、中國電信、中國聯通、中國工業和信息化部的中國工程師團隊共同提出一個引人矚目的新想法：由一個全新的標準網路架構New IP（IP指網路協議）取代現有的網路核心架構。傳輸控制協定／網際網路協定（TCP/IP）源於西方，隨後發展為當今網路的基礎通訊架構，為一個開放、中立且無邊界的資訊傳遞平台，與New IP截然不同。其由上至下的集中設計將使國家主導的網路服務業者得以細微控制個人用戶的網路內容。包括華為工程師描述的「關閉命令」，允許網絡中心切斷單獨設備或整個網絡。此外，網絡內建的追蹤功能將輕鬆取得個人及網絡活動數據，以及公司和政府之間的數據。華為宣稱New IP已經在建設中，而俄羅斯、伊朗和沙烏地阿拉伯等國家代表皆強烈支持該標準。

二〇一四年起，中國籍趙厚麟成為國際電信聯盟祕書長，若他使New IP標準合法化，各國網路營運商將需要選擇採納西方開放的全球資訊網，或是由北京支持、中國電信公司建設的國家控制網路。在中國網路治理模式之下，政府將擁有輕鬆定義國家網路邊界和規則的技術能力。這也代表中國提倡的網路主權將成為未來網路的規範性理想。一位參加國際電信聯盟會議的英國代表在會後告訴《金融時報》，「表面下，大家都在爭議未來的網路形式，有兩個對立的願景，一個自由開放……另一個由政府控制和監管」。這場爭鬥可能加快中國與西方脫鉤，擁有獨立的技術、資訊生態系和治理系統——於許多方面如同決定未來國際秩序的地緣政治爭鬥。

北京已經將 New IP 視為中國增強全球實力的重要部分。更廣泛來看，中共希望利用中國龐大的市場力量和潛能，以及不斷增長的技術實力為關鍵新興技術設立標準，如人工智慧、5G、物聯網和基因生物技術。誠如二〇一七年《新一代人工智能發展規劃》的內容，中國將「構築我國人工智能發展的先發優勢」，「鼓勵人工智能企業參與或主導制定國際標準」，包含「以技術標準『走出去』帶動人工智能產品和服務在海外推廣應用」。此外，如第十二章討論內容，中國果斷採用的數據治理標準與歐洲更為一致，而美國並不在其中。

雖然國際標準和規範似乎是無形的，然而，中國過去未曾參與制定的多數規則如今卻悄然主導自由世界秩序的重要部分，無論是網路或是海洋法皆為如此，換言之，中國十分清楚形塑二十一世紀的重大新世代技術標準擁有強大且長久的力量。如同昔日的西方國家，此舉將成為中國長期影響，若可能的話，主導國際社會的基礎。

作為制定現代國際標準的國家，美國也深刻了解此重要性，這也說明為何華府大力反彈華為擴張至中國海外。因此，在未來中美爭奪國際秩序的戰略競爭中，攸關標準的幕後爭奪可能會持續成為一個關鍵戰場。不幸的是，對華府而言，中美鬥爭場域正是美國近年忽視的多邊機構。

具有中國特色的國際秩序？

中國領導人是否勾勒出由中國主導的國際體系最終藍圖？現階段，我認為可能性很低。如前面章節所述，中國在國內外並非以這種方式處理大型政策項目，中國更偏好反覆試驗的做法。北京傾向宣布一個全面的概念，接著交給智庫分析下一步，隨後才會在真實世界開始一系列試驗。以國內而言，中共通常會在不同地方測試政策，監測反應並從錯誤學習，有時可能要花上數年的時間才會將政策推向全國。一帶一路倡議便是如此，二〇一三年推出時，該計畫並沒有明確定義。當時這只不過是一個想法，不過該倡議於二〇一六年被納入聯合國決議，聯合國祕書長安東尼歐・古特瑞斯（António Guterres）大力讚揚一帶一路倡議的潛在優點。在反覆試驗失敗的過程中，國際社會對中國以一帶一路之名推出各種倡議的反應，以及中國欣然承認執行過程中的錯誤學習，皆使該制度逐漸完善與完備。

至於北京希望建立何種形式的未來國際體系的廣泛問題，自二〇一三年以來，習近平一直模糊地回答中國正在打造「人類命運共同體」。對西方而言，這聽起來像是一個古典高尚的中國概念，不過實際效用有限。然而，這對中國而言是另一個龐大想法的起點，或至少是一個核心原則，中國欲以此原則打造一個更適合自己的未來國際體系。實際上，為提高其規範性，命運共同體概念在二〇一八年正式被納入中國憲法，並在聯合國諸多決議案與大量國際會議中出現。

不過中國在現階段一直很謹慎，並未具體說明命運共同體內涵。正如一帶一路倡議，在概念演變的早期階段，含糊不清似乎是中國故意為之，非偶然的行為。在發表更明確的言論之前，中國的外交政策機構再次測試並試探國際社會對「人類命運共同體」概念的接收度與反應。目前計畫仍在發展階段，因此中國現階段的外交努力為透過聯合國系統的規範性語言讓這個概念在國際社會中合法化，藉此擁有辯論的制高點，在這之後，中國才會在更為殘酷的現實政策實踐說明該計畫的實際意義。因此，在可見的未來中，人類命運共同體仍可能是一個朦朧的混合體，涵蓋中國傳統的宇宙觀，集結多國「天下大同」理念，同時帶有西方康德理想主義表面對合作、協作和共同利益的強調，以及社會主義利益，不過共同體的核心概念仍是列寧主義的政治權力。

若習近平在中共第二十次全國代表大會後以馬克思主義框架描繪人類命運共同體，我們也不應該感到意外，畢竟習近平花了大量時間描述意識型態。因此，若他以馬克思主義為理念框架象徵新興國際力量的進步，並與過去西方大國的失敗結構形成新形式的辯證鬥爭，這將構成習近平勇敢新世界的敘事之一。毫無疑問地，習近平的馬克思主義相關智庫正在為此願景努力。不過他們的研究將如何公開表達、何時表達，以及擁有何種程度的政治權威仍不明朗。

北京對新國際秩序最具體的想法為中國向世界倡導其發展模式。自習近平在二〇一七年中共第十九次全國代表大會首次提出這一想法以來，該氣勢與日俱增，他說中國不僅要「積極參與全球治理體系改革和建設」，也要「為解決人類問題貢獻了中國智慧和中國方案」，包括「拓展了發展中國家走向現代化的途徑」。如前文描述，這是習近平首次公開提倡中國的威權資本主義制度，與自由民主世界的發展理論相抗衡。自此，習近平的語言變得更加廣泛，所談內容包含中國經驗累積的智慧，以及習近平「中國特色社會主義」對全球馬克思主義的新貢獻。因此，不論西方是否願意承認，在習近平的世界觀中，國有社會主義和民主資本主義正在進行一場新的意識型態競賽，而中國決心要贏得這場競爭。這將揭露習近平對全球新秩序願景的最終內容。

然而就目前而言，我們只能推測中國主導的國際秩序的最終模樣（假設中國最終能戰勝規避的美國、分化的歐洲和日益順應的發展中國家）。北京的核心訴求為建立一個多極化的世界，吸引數十年來對美國單邊主義不滿的國際政治聲浪，這些反彈更是在第二次伊拉克戰爭中美國的愚蠢行為，以及近期川普式的例外主義展露無遺。在中國的內部話語中，多極化是一個簡單的命題：在當下多邊體系的審議過程中，美國的力量衰退，中國的力量增強。中國再次驚訝地發現眼前為暢通無阻的大門。

儘管北京與美國對多極化的理解相同，這並不代表中國願將其核心利益和價值觀置於政治抽象的聯合國或世界貿易組織底下。事實上，根據北京迄今為止的行為，其未來在接受多邊審議程序上，可能會像昔日的華府那般具有選擇性。最近期，或許也是最生動的案例，就是前面提過的，中國斷然拒絕聯合國常設仲裁法院駁回其對南海九段線主張的裁決。同樣地，在熱烈歡迎世界貿易組織的自由貿易政策同時，倘若政策與中國的核心經濟利益相左，中國將無視其義務，舉例來說，中國不曾宣布對中國國際企業的補貼程度。中國並非第一個僅遵守對自己有利規則的國家，不過中國自詡為全球新秩序的締造者，卻不遵守現有國際標準，該行為將挑戰中國欲建立的替代體系的政治合法性。

結語

現階段我們可以肯定地說，中國更支持威權政治體系為主的未來秩序，而人權機構對成員國內部事務的干涉可以忽略不計。中國反而會以減輕貧窮的成功案例，以及七十七國集團對永續發展目標進展的不滿提倡中國版本的人權，包括優先考慮發展權。今後北京也不太可能以「國際人道主義干預」為由干涉成員國內部事務，如此一來，國際刑事法院（International Court of Justice）等機構未來的權限將變得更加狹小。在軍備控制和裁軍方面，雖然北京可能與華府和莫斯科一樣不樂見核俱樂部擴大，但中國也不太可能比美國和俄羅斯近年的做法更激進——儘管北韓的核武計畫可能已經太進步而難以阻止，不過從中國核心國家安全利益角度而言，問題似乎並不大，因為平壤不太可能以北京為目標。

在全球經濟方面，我們將看到中國持續支持其國際數位治理立場，與歐洲和美國模式相比，中國更偏好國家主權模式，且該模式將在一帶一路國家和其他國家陸續推出網路、通訊和數位支付系統。至於氣候議題，中國可能會與俄羅斯、巴西、印度和南非等金磚國家分道揚鑣，並推動更多氣候行動，中國主要擔憂為若全球溫室氣體排放量沒有大幅減少，將對中國未來帶來極端的經濟和環境後果。因此，除了氣候變遷，具有中國特色的新國際秩序，或是說非自由國際秩序，很可能會與我們過去七十年熟悉的體制大相逕庭。

我們已經勾勒出習近平以規則為基礎的未來國際秩序輪廓，不過目前美國對這一挑戰的反應在許多方面仍混沌不明。雖然這意味著前後不連貫和弱點，不過這也代表能夠彈性應對。在過去幾年中，我們看到美國為因應中國對未來全球秩序的雄心的反應，正在顯現、凝聚，並且逐漸得到推動。

14

美國對習近平中國的新戰略回應

America's Emerging Strategic Response to Xi Jinping's China

美國在一九一七年和一九四一年果斷加入兩次世界大戰，於一九四五年建立戰後國際秩序，並在一九四八年至一九九一年期間成功引發並結束冷戰。從二十世紀的歷史事件便能窺探一二，一旦喚醒美國力量，並加以充分利用，美國將如同過去任何大國一樣強大。一九五七年蘇聯成功發射世界上第一顆人造衛星史普特尼克號後，美國的反應再次證明其勢不可當的決心。約翰·甘迺迪（John F. Kennedy）隨後宣布美國將於一九七〇年之前將人類送上月球，而美國也驚人地履行了這一大膽誓言。雷根更是在越南恥辱戰敗後十年內，以大規模軍備競賽消耗蘇聯國力。當今美國的課題為，它是否充分意識到中國崛起的規模，以及美國是否仍擁有足夠的政治決心和戰略敏銳性，因應這場威脅美國在區域和全球地位的挑戰。然而，目前仍無定論。若中國認為美國持續事不關己，採取戰略模糊態度，或認為其相對衰退為不可逆轉的必然結果，未免太過愚蠢。實際上，根據習近平中國戰略的巨變來看，種種證據皆指向一個不同的方向——美國已經逐漸開始蠢蠢欲動。

美國從戰略沉睡中甦醒

對中國採取強硬立場的政治人物更能得到美國人民的廣泛支持。近年民調顯示美國民眾對中國的反感跨越政治分歧迅速上升，二〇二一年百分之七十六的美國人對中國抱持負面看法，創下歷史新高，二〇一九年為百分之六十，二〇一七年百分之四十七，二〇一二年則是百分之四十。橫跨兩黨共百分之六十三受訪美國人，認為中國的勢力和影響力嚴重威嚇美國重要利益，高過二〇一九年的百分之四十六。此外，將中國視為美國最大敵人的人數在一年內翻倍，從二〇二〇年的百分之二十二增加至二〇二一年的百分之四十五。這些數據清楚反映美國民眾因受疫情影響之生命、家庭和經濟，態度變得更為強硬。不過有愈來愈多美國民眾（二〇二一年數據高達百分之四十二）認為中國將疫情控制「良好」，雖然來自中國的威脅持續上升。美國公眾似乎已經意識到更廣泛的戰略挑戰，即中國確實對美國構成戰略挑戰，且中國的能力不容小覷。不過，政壇是否會回應美國公眾輿論的強硬態勢，發展充分持久的政治意願，進而展開對中國的史普特尼克時刻呢？有可能，但無法保證。在缺少戰爭——或至少沒有嚴重的戰爭威脅下，決心動員美國全民完成龐大的新國家使命並非易事。與中國不同，美國以分立性政府、三權分立和分裂的聯邦制（fissiparous federation of states）為榮。這一使命在幅員廣大、笨重的民主國家執行起來尤其不易。

長期以來，中國領導人一直謹慎避免美中關係升溫，更不樂見在權力平衡仍傾向美國時，美國各方一致對中，使得美中關係陷入白熱化的情況。儘管習近平領導的中國未在美國政治階層引起太大漣漪，不過似乎已經超過美國民眾和更廣泛政治機構全體的接受範圍。先前美中關係也曾有週期性危機，不過美國執政黨仍姑且相信中國領導人。然而，態勢已經改變。美國民主黨與共和黨一致同意中國帶來的威脅，即便雙方針對具體因應方式尚未達成共識。本章意圖探究華府的甦醒，包括美國在川普四年，過渡至拜登執政時期的蛛絲馬跡，也欲了解美國內部對習近平中國的未來戰略辯答，以及之中不斷改變的隱憂。此外，本章節也試圖剖析拜登政府繼承自前任政府的「中國辯論」政策和政治變量，以此確立其戰略路線。

第一幕：評估中國

《外交事務》（*Foreign Affairs*）曾於二〇一八年舉辦了一場引人矚目的辯論會，聚集世界最著名的中國戰略家，齊聚討論美國對中國的理解是否有誤。該辯論的起點為一篇名為〈評估中國〉（The China Reckoning）的文章，該文章由庫爾特．坎貝爾（Kurt Campbell）和伊利．瑞特納（Ely Ratner）共同撰寫。前者於二〇〇九年至二〇一三年期間擔任美國東亞暨太平洋事務助理國務卿，近期為拜登政府國家安全委員會的印太政策協調官，後者則是於二〇一五年至二〇一七年擔任時任副總統拜登的國家安全事務副助理，近期成為拜登國防部印太事務助理部長。在這篇文章中，坎貝爾和瑞特納追溯至歐巴馬執政期間，人們對美國應對北京的戰略日感失望。在歐巴馬執政期間，人們目睹習近平的權力日漸集中，一帶一路倡議和國家金融機構挑戰自由主義的發展共識；中國駭客對美國（含聯邦政府機構）發動一系列重大網路攻擊；中國持續挖掘、建設以及將南海的總計七座人工島嶼軍事化，直至二〇一六年夏天，北京粗暴地駁回聯合國常設仲裁法院的裁決，否認北京在該區海洋主張的非法性。美國最初政治自由化的希望（幻想較為貼切）就此幻滅。美國意識到與北京長達三十年的戰略接觸以失敗告終。

如同坎貝爾和瑞特納描述，華府的時代精神面臨重大轉折，打碎了美國外交政策和國家安全機構內關於同中國關係的接觸戰略有益的共識。自此，華府對中國轉為採納與美國民眾情緒更為一致的強硬方式。在美國與北京接觸的三十年中，不論是左翼或右翼、商業或勞工、鷹派或人權倡議者，他們認為的結果不過是一場集體幻覺。美國商界以往是華府最支持中美往來的一方，然而，隨著習近平收緊對中國政治環境的控制，並暫緩原訂二〇一三年後開始的經濟改革，商界對中國未能開放市場，或允許實際外國競爭感到愈來愈失望。失去商界的強力支持後，雙方的關係頓失傳統的壓艙石。與此同時，從中國進口的廉價商品迫使美國工廠關閉，美國民眾的憤怒達到高峰。這種憤怒掀起左右兩派民粹主義的浪潮，二〇一六年民主黨初選時，民主社會主義候選人伯尼·桑德斯（Bernie Sanders）對上當權派希拉蕊·柯林頓，最終川普以批判美國的中國政策軟弱作為競選主軸，意外登上總統之位。

川普任期滿一年後，華府已逐漸凝聚對中國的新戰略共識。川普政府在相繼發布的三份關鍵戰略文件扼要說明其新戰略：二〇一七年十二月白宮發布《美國國家安全戰略報告》（*US National Security Strategy*, NSS）；二〇一八年一月國防部發布《國防戰略報告》（*National Defense Strategy*, NDS），以及美國貿易代表（USTR，負責談判並執行美國貿易協定）二〇一八年一月向國會提交的中國履行世貿承諾報告。《美國國家安全戰略報告》與華府的新態度如出一轍，指出「數十年來，美國政策始終堅信支持中國的崛起，並協助其融入戰後國際秩序將使中國成為自由國家」，不過這種假設「是錯誤的」。該報告進一步將中國形容為「對手」，闡述中國旨在「建立一個與美國價值觀與利益背道而馳的世界」，是為「在印太區域取代美國，擴大國家驅動的經濟模式影響範圍，並重寫區域秩序，創造對其有利的環境」。《國防戰略報告》報告同樣指出：「隨著中國經濟與軍事地位提升，以及全國齊心投入長期戰略宣示權力，北京將持續推動軍事現代化計畫，在短期內成為印太區域霸權，並在未來取代美國，成為全球的領導者。」為避免該結果，報告警告「我們的軍事力量必須繼續維持世界領先」。該兩份戰略文件皆描述與中國「長期的戰略競賽」再次浮現，將成為「對美國繁榮和安全的重要挑戰」。國家安全會議亞洲資深主任博明（Matt Pottinger）向媒體補充「在美國，競爭並非壞事。川普政府已經更新美國的中國政策，並將競爭放在首位……這是總統國家安全戰略的優先考量」。儘管戰略競爭更近似於一種態度，而非任何具體概念，不過「戰略競爭」迅速成為川普政府，以及之後拜登政府對中國態度的核心名詞。

美國貿易代表署於二〇一八年一月提出的特別報告譴責中國未履行一系列結構性經濟改革，此為中國當初加入世界貿易組織的承諾。報告還指控中國續用與「國際貿易組織不相容」的做法。結論是，「很明顯地，美國支持中國加入世界貿易組織是個錯誤的決定。」此外，「世界貿易組織的規則不足以制約中國扭曲市場的行為」，報告建議白宮以國家安全為由實施更為有力的貿易關稅。這一階段為接下來三年的貿易戰定調，也定義川普執政期前三年的美中關係。

第二幕：從貿易戰到科技戰

川普總統上任時決心改變美國貿易的方式，尤其是和中國的貿易。川普無法接受國家貿易赤字，並將其視為美國的弱點，於是他在競選時批判華府當權派對「經濟上殺死我們」的中國的無能處置。他於二〇一六年初競選時宣稱「我們糟糕的貿易條件讓中國成為一個富有的國家」，並且，「中國正在榨乾我們。他們奪走我們的錢財。

他們奪走我們的工作。我們用中國取走的東西重建了中國。」不過他告訴民眾：「我們對中國有巨大的經濟優勢，我們擁有無窮的力量。這就是貿易的力量。」

這對川普並不陌生。川普或許對多數政治或文化議題徘徊不定，多年來不只一次公開改變立場和黨籍，不過他對中美貿易的立場數十年來卻維持不變。川普在二〇一一年出版《是時候強硬起來》（*Time to Get Tough*），寫道：「若要讓美國再次強大，我們的總統必須對中國實施強硬手段，知道如何和中國人談判，以及如何避免被中國人占便宜。」早在二〇〇〇年以前，川普便認為中國已經戰勝美國的外交官，因為自冷戰以來，「遊戲已經改變，棋手的日子已經結束了，外交政策必須交由會談的人處理。」

習近平於二〇一七年四月首次熱情訪問海湖莊園[1]，且川普孫女在訪問時也以中文向習近平朗誦一首詩，此舉隨後在中國網路引起轟動，同年十一月，川普夫婦也曾前往北京進行「『超級』國是訪問」（state visit-plus），然而，隔年春天川普仍履行他在選舉前的威脅，對中國發起全面的貿易戰。事情如此轉折並不讓人驚訝。美國貿易代表署於二〇一八年三月發布關於中國貿易行為的報告後，川普立即下令美國貿易代表署對所有進口鋼鐵課徵百分之二十五的關稅、對進口鋁課徵百分之十的關稅，以及對總值五百億美元的中國商品課徵關稅。川普自信地在推特留言：「當一個國家（美國）幾乎從所有貿易夥伴那裡損失數十億美元時，打貿易戰是一件好事，而且很容易贏。」川普的判斷再次出錯。

為了課徵關稅，川普不理會高級經濟顧問葛瑞・柯恩（Gary Cohn）、財政部長史蒂芬・梅努欽（Steven Mnuchin）和國務卿提勒森，以及包含摩根大通執行長傑米・戴蒙（Jamie Dimon）、英特爾執行長布萊恩・科再奇（Brian Krzanich），和特斯拉創辦人伊隆・馬斯克（Elon Musk）在內的經濟顧問委員會的建言。川普反而聽進支持他的官員和顧問的意見，他們對中國持鷹派態度，對全球化、開放市場和自由貿易則抱持懷疑態度。這群人包含美國貿易代表署的萊特海澤、白宮貿易與製造業政策辦公室的彼得・納瓦羅（Peter Navarro）、商務部長威爾伯・羅斯（Wilbur Ross），和時任情報局局長蓬佩奧（之後取代提勒森成為國務卿）。萊特海澤曾說，他們認為「中國致力發展經濟、提供補貼、創造國家冠軍、強迫技術轉移以及扭曲中國和全世界市場」對美國造成「前所未有」的威脅，美國需要採取嚴厲的行動應對。

中國也以關稅報復美國行為，貿易戰因此快速升溫，並不如川普說的贏得又快又容易。中美最終於二〇一八年底開啟正式談判，達成停戰協議，並於二〇一九年春季

1. 編按：川普在佛羅里達的私人住所。

擬定長達一百五十頁的貿易協議草案。然而同年五月，中共中央政治局拒絕接受該協議，協議告吹後，談判在二〇一九年夏天繼續陷入僵局，中美貿易戰角力持續。到了二〇一九年秋天，多數美中貿易產品皆受到關稅影響。該階段的貿易戰規模已經波及中國、美國和全球經濟成長。川普甚至向媒體承認他「改變對關稅的看法」，而中國首席談判代表劉鶴則呼籲冷靜以對，繼續談判。

最終在二〇一九年十月，雙邊宣布同意第一階段的貿易協議，將於二〇二〇年一月十五日簽署。應兩國代表團的邀請，我出席在白宮舉行的簽署儀式。雖然我們在紐約的亞洲協會政策研究院做了些許研究，試圖理解這場持續近兩年，耗時的困難協商，不過出席該儀式時，我仍覺得很不真實。當時中國爆發新冠肺炎的第一波消息正傳到美國。以國務院副總理劉鶴（習近平經濟方面的親信）為首的中國代表團在該場合表現出最為勇敢的一面，不過中國國家電視台幾乎沒有釋出任何簽署儀式報導，擔憂這會被解讀為喪權辱國的退步行為。在該場合中，中國並無發言，美國貿易代表署的萊特海澤則是發表禮貌而親切的談話。川普也有致詞，不過他的談話既不禮貌也不親切，反而在該場合肆無忌憚地對其國內政治受眾炫耀政治勝利主義。雖然之後因疫情而起的政治動盪使美中關係陷入混亂，不過川普簽署儀式的行為早已使雙邊關係持續惡化。在協議中，中國承諾購買二千億美元的額外美國商品，包括增購七百八十億美元製造產品、五百四十億美元能源產品、三百二十億美元農產品和三百八十億美元服務，換取美國取消其部分關稅，同時探討更廣泛的第二階段協議。川普誇耀此「勝利」為美國農民和工廠的一大成功，將之稱為一個「重大且具改革性的協議，將會為兩國帶來巨大利益」。

然而，在第一階段的貿易協議中，川普政府最初的希望落空，中國未在經濟結構改革做出重大讓步，儘管中國對部分關於智慧財產權和技術轉移做出讓步。而中國允諾向美國購買的農業和能源產品也因新冠肺炎疫情爆發而被嚴重拖延。更重要的是，川普的貿易戰未能動搖中國的貿易主導地位。二〇一六年，美國對中國的貿易逆差為三千四百七十億美元，即使加上關稅，二〇一九年貿易逆差也僅下降至三千四百五十億美元。截至二〇二〇年八月（第一階段協議的八個月後），中國的全球出口已增加百分之九．五，且中國的全球市場占有率已從二〇一九年的百分之十三．九增加至百分之十七．二，創下歷史新高。拜登二〇二一年初上任後，儘管疫情使全球貿易放緩，美國的貿易逆差仍高達三千一百億美元。

截至二〇二〇年，即川普執政的最後一年，除了美國貿易代表署，白宮似乎沒有多少人關注貿易問題，他們在意的是科技問題。前文提及中國曾於二〇一五年提出「中國製造二〇二五」計畫，旨在升級中國產業，並使中國成為新興技術的全球領導者，計畫提出時華府對此深感擔憂。技術優勢一直是美國國家認同和權力現實的核心，此概念無不體現在美國國家航空暨太空總署、網路，以及善用高科技火力的作戰方式。美國人一直認為其技術領先地位屹立不搖，但中國的「中國製造二〇二五」計畫卻公開挑戰美國地位。

此威脅與美國對中國的既定印象行為，如強制技術轉移、知識財產權竊取和商業網路間諜活動不謀而合。歐巴馬執政期間，一系列厚顏無恥的大規模網絡攻擊成功竊取美國公司和政府機構的大量數據，坐實中國長期以竊取戰略達成與美國技術平等的目的。這些行為經追溯皆中國所為，包含解放軍61398部隊在內的中國軍事情報單位，二〇一四年美國政府已起訴該部隊多起網絡盜竊行為，指稱他們「公然使用網絡間諜行為獲取經濟利益」。在中共祭出「軍民融合」政策，要求中國民營企業和機構須自動與解放軍分享潛在對中國有利的國家安全技術的法律規定後，這些擔憂更甚。美國領導人擔憂大量的美國技術數據、創新和商業及軍事祕密透過民營銷售、外國直接投資、研究合作，或是竊盜流入中國手中，幫助中國軍隊實現現代化。這些擔憂已存在許久。二〇一二年，歐巴馬政府因網路安全問題禁止華為和美國政府部門簽署合約，不過川普執政初期對貿易逆差和低技術行業（如鋼鐵、製造業和農業生產）的關注高過對中國科技公司的關注。

二〇一八年四月有了重大變化，美國商務部禁止所有美國企業和中國電信公司中興通訊有任何商業往來，宣稱中興通訊違反美國對伊朗和北韓的制裁。這幾乎切斷中興通訊所有零件供應，分析師將該禁令稱為對中興通訊實施的商業「死刑判決」。然而，一個月後情勢再度扭轉。為了減少雙邊貿易逆差，川普將注意力再次轉回與中國的貿易協議，於是他單方面指示商務部撤銷禁令，並在推特上說「中國的習主席和我正在共同努力讓龐大的中國手機公司中興通訊快速恢復業務。中國已經失去太多工作」。到了六月，中興通訊同意繳交十四億美金的罰款避免此禁令。白宮和美國國會中的對華鷹派對此感到震驚，兩黨的議員試圖恢復對中興通訊的懲處，不過並未成功。

隨著貿易戰火延燒至二〇一九年，喪志的川普日益針對中國科技公司，作為與北京談判的籌碼。二〇一九年五月雙邊貿易協議談判破局後，川普簽署一項行政命令，禁止美國使用華為網路設備。如前所述，美國商務部將華為列入實體清單，未經政府批准，美國企業不得向華為出售商品。然而實際上商務部仍持續發放許可證，允許美國企業與華為進行逐項交易，不過中國科技產業的壓力卻不斷升級。其他五間在半導體和超級電腦研發處於領先地位的中國科技企業也被列入黑名單，隨後許多華為附屬公司也被列入黑名單。隨著第一階段貿易協議在二〇一九年底告一段落，這些限制更像川普貿易戰中談判的籌碼，一旦目的達成，便會如中興通訊一樣減少限制。然而，二〇二〇年發生的一連串事件將美中關係推向懸崖，這些限制逐漸醞釀成一場全面的科技戰。

第三幕：新冠肺炎和新分裂

新冠肺炎改變川普與中國的關係。在川普執政的前三年，即便是貿易戰高峰期，川普仍優先考量他與習近平這位「非常、非常好的朋友」關係，將個人人際關係視為完成商業和外交任務的關鍵。川普時常依此準則行事，在處理中興通訊時亦然。二〇二〇年一月簽署第一階段貿易協議後，川普仍希望和習近平達成更大的第二階段協議。因此當新冠肺炎於二〇一九年底首先在武漢出現，並於二〇二〇年一月在全球蔓延時，川普最初選擇淡化該病毒的嚴重性，並反覆強調相信習近平有能力處理中國危機。川普一月時在推特發表「中國十分努力地控制新冠肺炎」，並補充，「美國十分讚賞他們的努力和透明度，事情會順利解決。我想要代表美國人民特別向習主席道謝！」即便二月疫情繼續擴張，且延燒至美國，川普仍在推特說習近平「堅強、敏銳且專注帶領對新冠肺炎的反擊」。直至同年三月，川普仍堅持他與習近平的關係「十分友好」，並讚揚和中國的密切合作。

然而，當疫情在二〇二〇年春天迅速襲捲美國，美國人開始急於囤購物資，且標普五〇〇指數下挫近三分之一市值時，川普迅速改變語氣。他抱怨道：「我希望他們能早點告訴我們這件事，我們可以想到解決辦法。」川普在三月十九號的白宮簡報中說：「本來可以阻止這場疫情，不幸的是，他們並未公開疫情，而世界正為此受罪。」他刻意將新冠肺炎稱為「中國病毒」，光是在三月十六至三月三十日期間便使用超過二十次。國務卿蓬佩奧則更偏好「武漢病毒」，他在一場新聞發布會中說了六次。中國戰狼代表外交部發言人趙立堅對兩人的言論憤怒至極，並指控美軍將病毒帶到武漢。到了四月，川普還將怒火轉向世界衛生組織，表示「若世界衛生組織做好其份內工作，並讓醫療專家進入中國」，病毒本來可以得到控制，但「世界衛生組織卻將中國的保證信以為真」。蓬佩奧亦指控該組織及其幹事長「被中國收買」，與此同時，川普政府宣布停止資助世界衛生組織，並於五月退出世界衛生組織。

川普政府官員隨後公開推測該病毒為無意間從武漢病毒實驗室釋放，或其用途為生化武器。川普要求情報單位徹查，並告訴媒體：「我們非常強烈地關注此可能性。」他補充：「中國會竭盡所能讓我輸掉二〇二〇年的選舉。」川普與習近平的特殊關係終於結束。在一場訪談中，川普還表示：「從現在開始，我不想再跟他說話，他不該讓這一切發生的。我達成如此偉大的貿易協議……墨水都還沒乾，疫情就來了。對我來說一切都變了。」在這個階段，大多數主張與中國保持接觸的人已經離開白宮，包括柯恩、提勒森和國防部長詹姆士．馬提斯（James Mattis）。僅有梅努欽和傑瑞德．庫許納（Jared Kushner）和萊特海澤留下，後者在達成第一階段貿易協議後，成為中美分歧急遽擴大的穩定勢力，防止協議破局。

掌管政策制定的當屬贊成脫鉤的白宮政治人物，當川普終於加入該陣營後，這些政治人物決心全力對抗北京，履行美國聯邦調查局局長克里斯托弗．雷（Christopher Wray）所言，以「全體社會」方式對抗中國。在新冠肺炎爆發的前一年，副總統邁克．彭斯（Mike Pence）已於二〇一八年十月發表他們的脫鉤宣言。彭斯藉此詳列美國對中國公開和隱晦的經濟、軍事、科技、政治、外交和媒體行為的一連串不滿，並藉此發表一般政策的脫鉤。他呼籲企業家在「進入中國市場」，和「交出知識財產權並助長中國壓迫」之前謹慎考慮。司法部長威廉．巴爾（William Barr）更進一步譴責中國發動的「經濟閃電戰」，並表示：「中國統治者的最終野心並非與美國貿易，而是要突襲美國。」巴爾指責企業「屈服於北京」，並警告他們：「安撫中共僅能帶來短期回報。到頭來中共的目的是要取代你們。」

旨在角逐二〇二四年共和黨總統提名的蓬佩奧採取更激進的手段。在二〇二〇年七月的一場演講中，他撻伐那些「堅持保留為對話而對話的模式」的人，並嘲諷「與中國盲目接觸的舊模式」。蓬佩奧提出相反主張，在與中國「戰略競爭」中，美國應採取全方位做法，暗示推翻中共本身的訴求，並宣稱：「除非我們袖手旁觀，否則習近平不會永遠都能在中國內外施以暴政。」他最後呼籲：「每個國家的每位領袖都應從效仿美國經驗做起。」

在脫鉤派的堅定領導下，美國商務部於四月擴大出口控制，防止中國企業向美國購買可能「以民用為藉口」，卻用於軍事或監控的美國技術。更重要的是，美國商務部在五月切斷華為全球半導體供應，要求使用美國技術的業者若要供貨給華為，必須先獲得許可證。消息釋出後，華為的旗艦智能手機立即受到威脅。同年八月，實體清單列入另外三十八家華為子公司與二十八家中國公司，稱這些公司在南海積極展開填海造陸行動。與此同時，蓬佩奧也宣布乾淨網路計畫，該舉措是為「確保不被信任的中華人民共和國營運商無法連至美國電信網路」。根據此計畫，美國的同盟和夥伴需要在其境內封鎖華為和其他中國科技企業的電信網路。蓬佩奧威脅說，若最親密的盟友不這樣做，美國可能會被迫與他們「停止」共享情報。川普亦簽訂行政命令，禁止中國應用程式如 TikTok 和微信在美國營運，雖然後續也因法律問題而停止使用。同年九月，美國再次升級，要求企業需要有許可證才能供貨給中國最大晶片製造商中芯國際，對中國進階晶片供應直接產生威脅。

此外，川普政府持續利用任期尾聲誘導跨國企業將製造供應鏈移出中國。美國國務院亦宣布它正在「加速」一項倡議，找尋「值得信賴的夥伴」一同建立「經濟繁榮網絡」，並以美國主導的標準尋找製造商。蓬佩奧開始和澳洲、印度、日本、紐西蘭、南韓和越南等國展開對話，討論「全球經濟如何向前邁進」，以及「如何重組……供應鏈，避免（貿易戰和疫情相關的貿易破壞）再次發生」。值得注意的是，美國和台灣同意擴大合作，將供應鏈遷往該島。作為交換，世上最大晶片製造商台積電同意在美國設置價值一百二十億美元的製造工廠，為美國敏感產業供應晶片。

川普政府還另闢第三條戰線使美中金融產業脫鉤。二〇二〇年五月，川普下令美國高達六千億美元的聯邦政府退休基金放棄投資含有中國公司股票指數的計畫。同年八月，該政府催促監管機構通過新的限制措施，言明若中國公司不遵守美國審計規則，將自美國證券交易所除名。此外，川普於十一月簽署一項行政命令，禁止美國投資人持有五角大廈指名的三十五間與中國軍隊有關係的中國企業股票，包含一些在美國交易所上市的新興市場基金公司。然而，就目前而言，這些舉措並無法阻止資金流入中國，因為美國私人投資者認為不論地緣政治的緊張局勢為何，中國龐大的國內市場是不容錯過的大好經濟機會。

二〇二〇年夏天，川普政府擴大對北京的報復性措施，包含對中國官員及其家人實施廣泛的簽證與金融制裁，首先發難的對象為據說參與新疆侵犯人權行為的官員。

這份名單首次制裁中共中央政治局成員——新疆黨委書記陳全國。此制裁緊跟川普二○二○年簽署的《維吾爾人權政策法》（*Uyghur Human Rights Policy Act*），美國國會於六月以壓倒性票數通過該法，僅有一票反對。該法要求制裁剝奪新疆穆斯林少數民族「生命權、自由權或安全權」的中國官員。川普政府曾於二○一八年考慮制裁個別官員。然而川普否決該提案，因為這和他的貿易戰談判戰略不相容。後續證據指出中國將多達一百萬名維吾爾族穆斯林關押在新疆自治區的再教育營，於是制裁法案再次浮上檯面。北京表示這些針對維吾爾族的舉措為反恐措施，然而，中共也壓迫中國各地的宗教自由，包括穆斯林和基督教徒。於是川普在國際上加強中國人權侵害事件的政治訊息，並展開集體政策行動。

當中國於二○二○年實施新《香港國安法》結束香港言論與集會自由後，共計十名中國和香港官員因鎮壓香港民主派和政治異議人士被川普政府列入制裁名單，包含香港行政長官林鄭月娥。同年十一月，四位香港官員被加入名單，另有十四名全國人民代表大會常務委員會成員於十二月被制裁。二○一九年至二○二○年期間，美國陸續通過兩項法案，針對人權危害實施制裁。首先為川普於二○一九年底簽署的《香港人權與民主法》（*Hong Kong Human Rights and Democracy Act*），香港抗議活動落幕後，國會幾乎一致通過。根據該法，美國應每年審查香港自治權，並呼籲總統對侵犯香港人權的中國和香港官員實施制裁。第二項法案為二〇二〇年七月全體通過的《香港自治法》（*Hong Kong Autonomy Act*），要求對破壞香港自治的個人、實體和金融機構實施強制制裁。二〇二〇年九月，幾名中國官員因在南海「填海造島」扮演的角色成為目標。

與此同時，川普政府亦限制中美之間的人員往來。早期美國記者曾於中國受到騷擾和驅逐，於是華府減少發放給中國記者的簽證、減少中國學生簽證，並對中國外交官增設新限制，包括禁止他們訪問大學，或未經事先批准與美國當地政府官員會面；同時禁止任何具有中國共產黨黨員身分的人移民美國（儘管實際上窒礙難行，因為中國共產黨成員人數高達九千五百萬）。不僅如此，華府還關閉中國駐德州休士頓的總領事館，指責該區中國外交官從事廣泛的經濟間諜活動。中國為報復亦下令關閉美國駐成都總領事館。美國外交官離開大樓時，中國民族主義示威者還發出噓聲，情況變得難以控制，不得不派警察進場管控。

在二〇二〇年期間，川普政府亦強化對南海和台灣的外交與軍事壓力，如加速自由航行行動步伐，挑戰中國南海領土主張。美國於二〇一七年執行六次行動，二〇一八年五次，隨後在二〇一九年因局勢升級執行九次。雙方激化狀態持續至二〇二〇年，該年川普政府執行九次自由航行行動，創下該類巡邏數量年度紀錄。川普政府上任半年內授權的自由航行行動數量與歐巴馬第二任任期授權的數量一樣多，不過也有可能是川普政府比歐巴馬更高調地宣傳活動。川普理所當然地增加美國行動的速度和強度，並於二〇二〇年四月安排兩天背靠背自由航行行動，該出其不意的行為使中國難以預測美國行動。雙邊多次的海上交會亦險些造成意外，二〇二〇年四月中國船隻將一艘美國導彈驅逐艦驅離至西沙群島附近水域，兩方距離不到一百公尺。二〇一八年也曾發生類似事件，一艘中國戰艦幾乎與另一艘驅逐艦相撞，雙方距離不到四十公尺，迫使其採取迴避操縱。二〇二〇年七月，蓬佩奧宣布美國首次改變對南海議題的外交立場，直接將中國海洋主張描述為非法、不正當的行為，且侵犯到東南亞鄰國的權利。這是一項重大轉變，因為華府在此之前一直避免對南海主權爭端表明立場。川普政府隨後增加該區海軍演習和行動的頻率與強度，曾同時部署三個航空母艦打擊群（共計九個），且美國還宣布建立駐紮在東南亞某處的遠征第一艦隊計畫。

與此同時，由於川普政府強化與台北的安全合作，二〇一九年底，美國對台出售價值八十億美元的六十六架 F-16 戰鬥機，雙方軍售達新高點。華府派出更多軍艦航經台灣海峽，二〇二〇年創下十次過境紀錄。同年，台灣還購買價值五十億美元的飛彈、魚雷、無人機和其他武器系統。台美在川普執政時期創下一百七十億美元軍售，超過多數前朝政府。隨後，美國和台灣特種部隊超越過往傳統的軍事合作形式，這是美國陸戰隊四十年來首次透過軍售公開與台灣軍隊進行演習。此外，報導曾指出一架美國偵察機在台北停留。在川普執政期間，台美軍事接觸不斷增加，且美國在台灣海峽的行動也日益擴大，與過去截然不同。

不過，在北京眼裡，最挑釁的行為莫過於美國官員於二〇二〇年期間多次拜訪台灣。自二〇二〇年五月起，由美國前任官員和大使組成的大型代表團出席蔡英文總統的第二任就職典禮。蓬佩奧還發表一份官方讚揚賀詞，成為美國首位對台灣總統就職祝賀的國務卿。二〇二〇年八月，美國衛生及公共服務部部長亞歷克斯·阿札爾（Alex Azar）前往台北拜訪蔡英文，為四十年來訪台層級最高的美國官員。在阿札爾與台灣官員會晤的過程中，中國甚至派遣戰鬥機穿越台灣海峽的中線。同年九月，國務次卿[2]基斯·柯拉奇（Keith Krach）訪台，為數十年來訪台層級最高的國務院官員。而美國駐聯合國大使凱莉·克拉芙特（Kelly Craft）也在紐約和台北高級官員進行史無前例的會晤。二星少將指揮官、印太司令部情報處長麥克·史都德曼（Michael Studeman）則於十一月無預警低調訪台。美國連續訪台的行為不斷激怒中國，警告川普政府愈來愈逼近台灣問題底線。

從川普過渡至拜登政府

拜登總統於二〇二一年一月上任後，迅速履行競選承諾，扭轉或撤銷多數前朝優先重視的政策，不過這並不包含中國政策。拜登政府一反常態，堅持延續川普的戰略主軸，以及其他諸多針對中國的細項政策。雖然美國迅速採取行動緩和美中關係的言辭，不過華府亦展開外交攻勢，不僅向美國盟友和世界各地的多邊夥伴保證美國已經重返國際舞台，依舊是可靠的同盟，對中國的行動策略持續採強硬態勢。

拜登政府對任何「對華軟弱」的國內政治批評十分敏感，因此並未立即縮減川普政府實施的關稅、技術和金融限制、簽證限制或制裁。新任國務卿布林肯在聽證會上被參議員質問後，保證拜登政府不僅會保留這些措施，而且還同意川普政府於任期最後的官方說法，即中國對新疆的人權侵害構成種族滅絕。此外，布林肯證實拜登政府僅會稍微調整前國務卿蓬佩奧鼓勵台美政府官員多接觸的規定。

北京最初希望拜登就職的前幾週能夠重啟兩國關係，不過期望卻落空。拜登政府刻意忽視中國迅速恢復高層級對話的請求，反而強調建立一個多邊聯盟，平衡美中兩國勢力。如第十章所述，新政府迅速恢復四方安全對話，包括在二〇二一年三月舉行

2. 編按：約等於我國的常務次長。

的指標性領導人峰會，並將「中國」納入七大工業國組織、北大西洋公約組織、歐盟和五眼聯盟情報聯盟的核心議題。不久後，拜登公開談論新的全球「二十一世紀民主國家與專制政體鬥爭」。

當中美外交高層終於在二〇二一年三月於阿拉斯加安克拉治舉行會談時，雙方藉此機會公開譴責對方，兩國關係在可預見的未來將持續處於冰點。美方以布林肯和國家安全顧問傑克·蘇利文（Jake Sullivan）為首，表示美國對「中國在新疆、香港和台灣行為，對美國的網路攻擊，以及對美盟友的脅迫深感關切」，且直接威脅「維持全球穩定的以規則為基礎的國際秩序」，他們指出「我們不願挑起紛爭，不過並不排斥激烈競爭」。在該會談之前，布林肯曾表示拜登政府對中國態度可以分為三部分：「我們和中國的關係為必須競爭時競爭、可以合作時合作、務必對抗時對抗。」

另一方面，以中共中央外事工作委員會主任楊潔篪為首的中方對華府深感憤怒，因為在會談前兩天，華府因香港事件對中國和香港官員實施新制裁。他們攻擊美國「行使長臂管轄和打壓」，指出「美國並無法代表全世界」；並以黑人的命也是命（Black Lives Matter）為例，指責美國政府在國內嚴重侵犯少數民族人權。最後，楊潔篪透過宣稱「美國沒資格居高臨下對中國說話」表明對習近平民族主義口號的忠誠，即「東升西降」。

結語

安克拉治的會談並非兩國關係的轉捩點。不過，此會談證實不論華府由誰當權，今日的美中關係已和二〇一七年以前的路徑截然不同。拜登和習近平於二〇二一年十一月首次舉行（視訊）會晤，雙方皆表示希望恢復對話，並建立「護欄」以更好地管理雙邊關係。然而，有鑑於兩國互相競爭的基本因素，唯有時間能證明這種方式否能為雙邊關係帶來突破性進展。

當拜登以令人想起冷戰的語言集結美國盟友時，習近平於二〇二一年三月在北京中央黨校發表談話，警告「我們必然要依靠鬥爭贏得未來」。不久後，習近平在當月舉行的全國人民代表大會上提醒軍方代表「當前我國安全形勢不穩定性與不確定性較大」，因此全軍要加強備戰關係。國防部長魏鳳和肯定地回覆「遏制和反遏制將成為雙邊長期關係的基調」。此外，中共中央軍委副主席許其亮軍官（首位公開表述的軍官）表示「面對修昔底德陷阱……軍隊必須加快提升其能力」，暗示在持續結構性緊張中，與美國的軍事衝突極有可能發生。二〇二一年九月一日，習近平在中央黨校發表空前強硬的談話，強調新出現的政治和軍事決心，他宣布道：

「我們面臨的風險挑戰明顯增多。總想過太平日子、不想鬥爭是不切實際的。（我們）要丟掉幻想、勇於鬥爭，在原則問題上寸步不讓。（我們）以前所未有的意志品質維護國家主權、安全、發展利益。（我們）共產黨人任何時候都要有不信邪、不怕鬼、不當軟骨頭的風骨、氣節、膽魄。」

在北京眼裡，中國崛起使華府大幅改變戰略，可謂美國修昔底德式的結構性反應，此舉將造成深遠影響。在雙邊戰略信任蕩然無存、政治光譜競爭不斷升級之際，拜登仍持續制定對中國的戰略，與過往近四十年的戰略接觸相比，拜登政府確實已走過漫漫長路。截至二〇二一年底，美國政府各部門對中國戰略仍未有一致共識。迄今為止，所有公開跡象皆表示，拜登將與川普政府一樣採取強硬態勢，不過有別於川普政府的隨機態度，拜登政府更有系統。然而，這並不代表美國已經決定二〇二〇年代對中國的戰略，或是注定只能朝一個方向發展，在戰略現實主義的限度內，美國仍保有不少政治創意空間，例如可能出於共同利益和中國合作。事實上，若習近平為中國未來勾勒不同的戰略路線，而非為因應華府政權轉移而頻繁調整其戰術，美國也將適時調整其戰略。然而目前仍不清楚雙方是否願意駛離眼前戰略競賽的路徑。

15

二〇二〇年代習近平的中國：中共第二十次全國代表大會的政治

Xi Jinping's China in the 2020s: The Politics of the Twentieth Party Congress

在這「危機四伏的十年」來臨之際，中國政治未來走向為何？如同前幾章的描述，了解習近平世界觀的變化，以及習近平與過往領導人做法的差異至關重要，特別值得注意的是習近平帶領中國政治、經濟和社會往左邁進，同時卻將中國民族主義往右推進，藉此鞏固中國在國際上的自信地位。另一方面，我們也應理解川普和拜登政府的美國迄今如何看待與詮釋習近平現象，以致於堅信習近平的中國為美國自美蘇冷戰以來最大的全球與區域威脅。

不過在勾勒未來十年的危險處境之前，包含這些事件如何發展，以及為避免危機、衝突和戰爭可以採取的措施，我們應當先評估中國 的現行政治概況。最重要的任務是在二〇二二年底第二十次全國代表大會之前，深入了解封閉的黨內政治世界。原因很簡單：中共中央政治局、中央委員會、軍事、安全和情報機構的政治謀算，甚至是中國政界元老的意見將決定三個重要問題的走向。習近平是否能破紀錄取得第三個任期，連任至二〇二七年呢？若是如此，這對習近平在二〇二七年後持續擔任中國最高領導人意味如何？他未來的權力會愈來愈不受制約嗎？

根據現有的證據，我認為以上三個問題的答案在某些情況下是肯定的。

政治高手習近平

不論面對內憂或外患，習近平的政治處理方式是加倍強硬：壓倒或全力突破。與先前多數的執政者不同，習近平勇於承擔風險，不過他深謀遠慮，並不魯莽。其重大優勢為辨識並早於他人填補政治或政策真空。他更是一個戰術大師，為在中共繁瑣的內部機制中建立政治地位，他將對的人物安插至正確位置；調動黨的宣傳機器；將其世界觀置於一個單一且全面的意識型態框架中，使黨和國家相信他們是為歷史、為正義，更是為「正確」的事業而活。習近平也精熟黨內部的政治運作，習近平處理政治敵手的手段之冷酷無情，為毛澤東之後所未見。基於上述原因，中國政治內部並無與習近平抗衡，或處於同等政治高度的競爭者，至少據我們所知並沒有這號人物。

習近平已經打破文化大革命後的政治常規。在那場災難之後，以鄧小平為首的黨內菁英達成共識，嚴禁任何近似毛澤東長達三十多年的政治肅清行為。若領導人鋃鐺入獄，也是因為其腐敗行為所致，而非因政治犯罪入獄。習近平執政期間，受監禁的資深中國領導人數量，高過毛澤東後所有領導人執政期間受監禁數量之總和。不過習近平十分謹慎，除了單純的政治因素，他還以全黨反腐敗運動為號召，以經濟不正當為由讓政治對手下台，不過隨著時間推移，習近平直接暗示「反黨集團」存在，需要加以處置。自二〇一三年以來，習近平的反腐敗運動已持續八年多，幾十萬名各級黨員幹部正式被調查和懲處。為避免政治敵手認為此運動已經告一段落，習近平近期態度更為積極。他於二〇二〇年正式開始黨內整風運動，類似一九四二年抗日戰爭期間毛澤東在延安游擊隊基地的方式，彼時毛澤東清算數千名他認為不忠的黨員幹部。習近平的親信選擇在第二十次全國代表大會召開前兩年展開這場特殊的運動並非巧合。在中國共產黨的血腥歷史中，肅清運動讓人為之清醒，而習近平勢在必行。

然而，我們必須明白習近平持續採取嚴厲措施的背後原因。他已敏銳意識到重寫中國整體政治和政策方向為他樹立一群強大的敵人。所有肅清人物背後皆有由朋友、家人和支持者組成的龐大網絡。雖然習近平謹慎地拔除敵手的後進和追隨者，威脅他們噤聲，或至少保持沉默，這些被孤立的政治人物仍可能集結，並與解放軍內部心懷不滿之士組成陣營。在缺乏足夠退休金的情況下，解放軍大規模肅清、徹底改組與裁軍的行為也造成一群備受孤立的退役軍事人員。不僅如此，長期下來，習近平亦懷疑黨內的政治、司法和情報機構有人意圖不軌，反對他的權力地位。於是習近平近期的整頓運動瞄準法律和政治事務機構，並以公安部首當其衝。此外，習近平近乎偏執地擔憂中國人民武裝警察部隊會被用來對付他，於是很早便決定將這支準軍事部隊調離國務院行政機構，直接交由黨管理。據說他在二〇一二年成為黨主席前，面對薄熙來和周永康等強勁對手時便是如此態度。最後，習近平亦擔心江澤民、朱鎔基，以及迅速老去的胡錦濤和溫家寶等前中共領導人，習近平對他們政治貢獻的否定引來這群前領導人的憤恨不平。然而，在這些人之中，無人能夠有效凝聚政治抵抗意識。有鑑於國家副主席王岐山於黨內的角色，以及近期與習近平政治疏遠的現象，這位人物時常被提起。近期有證據指出王岐山（曾為習近平的左右手，不過現在很少公開露面）和習近平產生隔閡，習近平更是拔除王岐山昔日的左右手董宏。不過若王岐山真有反抗習近平的念頭，這將會嚴重終結其事業。

若任何反對派想要有效動員並阻止習近平於二〇二二年底連任，則需要一系列具催化性和災難性的事件，這些事件能以許多形式呈現。最有可能的形式為自我引起的經濟危機、衰退，甚至金融崩潰。中國經濟在大躍進和文化大革命後近乎全盤崩潰，共產黨在一九七八年後的數十年光陰終於拉高貧困的社會主義天堂人民的生活水準，也因此共產黨一直到近期才重建其國內信譽和政治合法性。以任何方式破壞黨與人民之間未明言的社會契約（如以政治控制換取經濟繁榮）將對習近平造成嚴重反彈。

其次，自然災害（包含流行病）也可能危及黨領導人的穩定性（綜觀中國歷史，災害通常意味領導人已經失去「天命」）。這也解釋了新冠肺炎在武漢爆發後，領導階層最初的反應卻十分平淡，而中國內部政治在二〇二〇上半年變得特別激動。這還凸顯了黨對任何「病毒源於中國」的外國攻擊反應十分尖銳，擔憂這將成為國內輿論風向，並在國際上丟盡顏面。對習近平而言尤其如此，批評家認為，習近平的無情與獨裁領導者的可怕地位，導致省份高級官員在最初關鍵幾週選擇向北京隱瞞此消息，希望可以在當地控制疫情，而非遵循長期商定的協議，立即通報全國和全球。

第三個災難性事件將是與美國或日本發生或大或小的軍事失利。習近平「東升西降」的國家政治表述有一個假設：中國攻無不克。習近平在位期間的軍事化行為（穿上作戰服、頻繁閱兵，並不斷在公開場合提到中國成長的綜合國力）強化這一假設，如在與美國或其盟友的武裝對抗中無法獲得徹底勝利，將會迎來致命的政治結果。若此情況與台灣的武裝對抗有所牽扯，情況將更為嚴峻，因為習近平曾允諾台灣回歸北京掌控是中國夢的一部分。

習近平因此對這些重大的戰略風險採取更謹慎的方式，這與他的政治戰術形成鮮明對比，後者（如前所述）更加敏捷大膽。面對疫情的衝擊，習近平鎮壓國內所有異議，並對病毒採取零容忍戰略，與此同時，他也部署黨的宣傳機構，透過戰狼外交團隊反駁國際的批判聲浪，甚至設法讓國際社會懷疑病毒是否真的源於中國。誠如前幾章提及的潛在軍事危機，若美日入侵習近平定義之中國海空領域，習近平可能採取前傾戰略（forward leaning）。但他不會允許情況演變至無可挽回的地步，除非他確信中國軍隊會大獲全勝，或是猶豫和退縮時的國內政治成本太高。

習近平真正的政治弱點在於經濟。誠如前幾章內容所提，經濟並非習近平的政策強項，他對金融市場或是總體經濟管理的複雜性並不敏感。他近期對中國國內經濟成長模式的重大調整（詳見第六章），如重視國家勝過市場，並對中國民營部門實施新限制等舉措，若使經濟成長、就業人數或生活水準因此停滯不前，習近平的領導地位將面臨實質的政治危險。我認為這是習近平的最大負擔，尤其考量到黨內菁英的批評者提出的未來經濟政治戰略與習近平截然不同。

為長期掌控所有權，習近平付出的努力並不限於脅迫手段。他還發展個人崇拜，將自己提升為黨員和廣泛中國民眾眼中的「核心領導人」。他被賦予具有象徵意義的新頭銜，例如「領袖」和「引領中國未來的偉大舵手」，和毛澤東成為唯二被賦予這兩個頭銜的領導人。但更驚人的是，在僅僅一個任期之後，習近平還成為了所有同名思想著作「習近平思想」的作者，而這作品被納入了黨章和國家憲法[1]。二〇二一年十一月六中全會通過一份官方歷史評估，宣布其具有「決定性意義」，將「習近平思想」定義為黨新世代的新意識型態正統，正式取代鄧小平過去定義數十載的意識型態。

1. 編按：此指二〇一八年中共第十九屆中央委員會第二次全體會議，將「習近平新時代中國特色社會主義思想」納入第五度修訂的《中華人民共和國憲法》。

「習近平思想」將帶領黨和國家邁向新的路徑，旨在處理先前未經掌控的資本成長帶來的「不平衡」、「不充分」和「不平等」問題。事實上，「習近平思想」是專門為習近平在政治、經濟和社會政策方面的調整提供理論依據，使其全面朝著親黨的國家干預主義新方向發展。「習近平思想」還延伸至外交和軍事政策指導，為中國新的大國地位開闢全新的路徑，同時也為中國為核心的國際新秩序制定新的原則和框架（已在第十三章中討論）。

那些試圖在迄今出版的諸多「習近平思想」作品中找到特殊的首尾一致的理論或重新詮釋二十一世紀馬克思主義的人，沒有看到重點。「習近平思想」具政治彈性，能夠容納並擷取新的政治和政策發展，藉此將習近平思想附著在這些發展之上，使其在意識型態上合法化。不過這並不代表「習近平思想」缺少實質內容，它主要由三個核心命題組成：（一）中國正統的意識型態由馬克思列寧主義、中國傳統和中國民族主義組成，三者的權重由黨的領導階層根據需求適時賦予定義；（二）該正統性兼容往左的政治和經濟，和往右的民族主義趨勢；（三）除了知識認知和道德合法化，新的意識型態將爭鬥合法化，成為國內外實現進步的必要實際手段。值得注意的是，在中共的術語中，「鬥爭」有多種形式，包含暴力和非暴力。

基於上述原因，在二〇二二年底第二十次全國代表大會召開之際，習近平國內的政治地位相對穩固，目前並無明顯敵手。他也會擔心卸下權力後將面對許多被他肅清或邊緣化的人的報復。此外，習近平對黨的整頓行動使任何潛在反對者都陷入焦慮、恐慌，更重要的是沉默。二〇一三年以來，他將親信安插在黨內和軍事機構重要位置，因此不太可能發生大規模破壞穩定的內部或外部事件，不過我們應該密切關注二〇二二年期間經濟表現對政治可能帶來的影響。更重要的是，習近平已經掌握黨內意識型態的「制高點」，對於管理中共逾九千五百萬名黨員的規範性話語極為重要。習近平（如同毛澤東）已經成為黨的「首席思想家」，「習近平思想」甚至成為學生必修教材之一，這本教科書有個活潑的副標題是：「幸福都是奮鬥出來的」。

不過若馬克思列寧主義無法為習近平承諾的重大變革提出深具說服力的敘述，或是經濟發生衰退，習近平仍可以駕馭古老煉金術——中國民族主義，使其成為領導地位合法化的動力。習近平的公開語言充斥他對黑天鵝和灰犀牛事件的擔憂，代表他深切關注那些可能使他下台的力量，不過現階段唯有黑天鵝和灰犀牛事件同時發生，習近平才有可能會在二〇二二年全國代表大會失去最高領導人的地位。倘若成真，另一個問題將是他的官方頭銜，例如他是否會繼承毛澤東黨主席的舊名。但根據我們掌握的消息，他將會持續掌握實質權力。因此，對美國總統而言，謹慎的做法為假設習近平於未來十年內的多數或全部時間成為美國的對手，除非他提前自然亡故。

二〇二〇年代的習近平和中國經濟

整本書不斷強調在未來關鍵的十年裡，經濟失敗的可能性為懸在習近平頭上最迫切的政治危機，這將決定中美未來十年的權力平衡。習近平近期將公眾焦點轉向經濟實為一種政治策略。習近平新發展理念所有主要內容（詳見第六章）皆是為加強他和黨對權力的控制。這些理念包含透過減少收入不平等達成共同富裕、成就全國科技自立自強，更重要的是由國家主導，而非交由市場決定經濟多數層面，在習近平的遠見中，這將會為他贏得民心、減少中國應對外部壓力的脆弱，並為中國「實體經濟」帶來永續成長的穩健新動力，不過這樣的預測極度樂觀。摒棄驅動中國近期經濟轉型的民營部門，反而選擇集中的經濟控制可能會在關鍵時刻阻礙中國的成長動能。

事實上，私人固定資本投資已經停滯，代表民營部門信心已經衰退，中國的經濟成長已經放緩。雖然中國二〇二一上半年國內生產總額（GDP）在疫情後強勁成長百分之十八．三，不過第二季成長放緩至百分之七．九，第三季僅有百分之四．九，遠低於預期。此外，工業生產成長從第一季的百分之二十四．五掉落至第二季的百分之八．九，第三季僅有百分之三．一。此放緩代表新冠肺炎後，人們所期望的V型復甦不再，並暗示中國未來十年的經濟成長前景隱含結構式挑戰。

中國二〇二一年的經濟成長主要歸因於淨出口、製造業和政府投資等長期成長。

然而疫情、美中貿易戰和全球供應鏈等問題使出口不太可能持續成為主要成長動力。二〇二〇年多數成長確實源自政策驅動、公部門投資的工業生產，儘管如此，習近平的未來成長戰略主軸仍取決於國內消費、創新和生產力成長。不過這些領域都有重大政策問題，一言以蔽之，這些反倒可能會阻礙，而非有助於成長。

根據習近平的新發展模式，國內消費需求也將推動中國未來十年的大部分經濟增長。但是，儘管到目前為止，私人消費已被證明是相對有彈性的，但它仍然受到中國高家庭儲蓄率文化的限制。總的來說，中國消費需求的未來前景是不確定的。隨著中國貧富之間的收入和支出差距在疫情期間大幅擴大，中國的整體消費增長能否保持之前的勢頭，仍遠不能確定。一旦疫情造成的「被壓抑需求」(Pent-up Demand) 消散，預計消費支出的成長將會放緩。雖然電子商務在疫情期間與疫情後相對大幅成長，不過習近平的反壟斷運動正大力打擊該產業，因此對經濟成長的影響仍不明朗。消費者需求也有可能因持續的失業問題而下降。在本書撰寫期間，官方最新發布的城市失業率為百分之五左右。這數字並不高（儘管一些分析師推測實際數字高出許多），不過這也掩蓋更為關鍵的問題，即便是官方發布的資訊，十六歲至二十四歲民眾的失業率在二〇二一年七月已達百分之十三．八。中國民營部門提供約九成新就業機會，而習近平對民營部門的打壓只會使青年的就業前景更為黯淡。

此外，習近平的「中國製造二〇二五」政策及相關後續政策聚焦在國家主導的創新，不過受地緣政治的緊張局勢影響，中國愈來愈難以取得國外技術，因此創新的前景也更為困難。因此北京展開大規模的國家研究、開發和創新資金，專注未來十個優先產業部門（以半導體為首），並將這些投資視為大規模的創業投資基金，雖然有同等的失敗預期，不過仍期待會有重大的突破。北京版本的中國軍工複合體是否會複製一九五〇年代美國的成功模式，或是使中國的資本配置效率更為低落，我們拭目以待。

不過在習近平的新經濟時代中，最薄弱且最嚴峻的挑戰為整體生產力的成長。根據世界銀行的資料，自二〇〇八年以來，中國的總要素生產力（TFP）每年僅成長百分之一．一，不到過去三十年的三分之一。全球金融危機後，中國總勞動生產力於二〇〇九年至二〇一八年期間衰退至百分之七．四，低於危機前一九九九年至二〇〇八年期間的百分之九．〇。此外，習近平寄予厚望帶動經濟的服務業生產力從百分之八．一下降至百分之四．六，成為過去幾年受衝擊最大的產業。隨著整體改革的步調放緩，下滑的趨勢不斷，相較之下，中國的經濟還無法與其他先進國家相提並論。中國的經濟生產力仍然只有美國、日本或德國經濟的百分之三十。多數經濟學家明確將其歸因於國有部門持續的規模、影響力和不具生產力的投資。國際貨幣基金組織評估中國國有企業的生產力僅有私營企業的百分之八十，卻能享有從銀行取得資本的優惠。二〇一五年之前，習近平承諾淘汰僅靠國有資金維持營運的「殭屍」企業。然而，習近平的新發展理念要求維持且擴大國有部門，因此淘汰殭屍企業的成效不彰，而這對長期生產力成長不利。相較之下，經濟學家認為改革重大國有部門得以斬除生產率低的企業，使未來五年生產率成長一倍以上，從百分之〇．六上升至百分之一．四。增加百分之〇．八的生產力也能帶動整體GDP，使其有相同幅度的成長（國際貨幣基金組織二〇二二年的預測從百分之五．七上升至百分之六．五）。不過習近平似乎不打算採取此路徑。

種種危機在二〇二一年下半年達到高峰，總債務超過三千億美元的中國房地產龍頭恆大集團開始拖欠債券付款，其他小型房地產開發商也紛紛倒債。價值四十五兆美元的中國銀行資產預估百分之四十一皆在房地產市場中，此消息立即引起民眾不安，擔憂恆大事件將演變為中國版本的雷曼兄弟事件，引起更大的金融危機。在撰寫本書時，北京似乎將恆大資產有效分配給私人和國家的買家以解決恆大的問題，且多數分析師相信，如國際貨幣基金組織所說的「中國有工具和政治空間防止恆大演變為系統性危機」。不過避免眼前的危機並無法解決習近平面臨的長期重大問題。截至二〇二〇年底，房地產市場約占中國GDP百分之二十九，中國所有銀行貸款的百分之四十一，以及中國都市居民投資財富的百分之七十八。然而，中國沉迷於利用投資基礎建設和房地產推動經濟成長，加上去槓桿化的緩慢進展，根據榮鼎集團（Rhodium Group）估計，中國二〇二〇年的空屋已經足以容納超過九千萬人，高於德國總人口數。恆大事件自此有效終結中國經濟賴以為生的投資導向模式。清算（不論有無管理的）龐大房地產可能是進一步拖累中國 GDP 成長的重要因素，如同習近平遠離民營部門的政策將使中國未來經濟的成效籠罩在龐大的不確定性中。

基於這些原因，雖然中國可能在二〇二一年達到百分之六的年度經濟成長目標，但中國經濟的高成長時代已經結束。在習近平打壓民營部門和恆大危機之前，全球經濟學家已達成共識，認為中國的經濟成長在二〇二五年可能會放緩至百分之四左右。該預測也反映中國的人口老化、勞動力下降、生產力走低、貿易環境消極和高額官方債務等問題，更遑論我們目前仍不清楚習近平將整體政治經濟轉向公共部門的影響，此改變可能會犧牲龐大民營產業活力的文化。在習近平國內共同富裕的訴求以及國外美中脫鉤的威脅的影響下，來自國內外的私營部門投資可能趨為疲軟。

經濟學家多年來已經警告，唯有提高總要素生產力才能阻止中國陷入中等收入陷阱，而提高總要素生產力的唯一路徑是減少國家干預。接下來十年我們將驗證得來不易的集體智慧是否正確，或是中國正在醞釀自成一格、嶄新的經濟模式。若習近平充分意識到在這場地緣政治風險改變模式帶來的經濟政策賭注，他可能會更謹慎思考是否要在整體戰略計算增加更多風險。若他並無此意識，不論是因為他據說無法接受公開的懷疑、警告和負面回應，或是他不熟悉經濟政治的技術細節，那麼中國接下來十年可能會在取得國際強勢地位之際，同時體驗國內疲軟的經濟。

習近平和實施新社會控制

即使我們接受習近平二〇二〇年代在中國政治菁英中的地位不可撼動，那麼廣大的中國社會呢？目前是否有任何醞釀中的社會運動或許可以破壞習近平領導地位，或至少使其偏離原訂路徑？由於難以取得資料，結果也更難預測，然而，中國各地有一些值得觀察的社會趨勢。黨的領導人回憶道，不論是中國國內或是國外研究中國的專家，都沒有人預料到一九八九年的天安門事件。因此現在黨十分小心地監控社會發展。共產黨運用一連串不同的機制，如民意調查研究、社會態度調查、著名的社會信用評分系統，以及政府的演算法控制，用以辨識任何可能破壞政治穩定或威脅黨執政的負面趨勢，並在必要時迅速干預、防制或破壞這些趨勢。

攸關空氣品質、土地汙染、水汙染和食物品質標準等環境保護議題的新興、活躍社會運動成為黨近期面對的龐大問題。以空氣汙染問題而言，值得注意的是習近平一察覺民眾的不滿情緒以及要求政府行動的訴求日益高漲後，他便及早介入以改變政策路線。當今愈來愈多人注重自己和孩子的身體健康，因此中國主要城市（尤其是北京）的空氣品質標準問題變得更為棘手。習近平採取的做法並非簡單壓制這場民眾運動，而是發出改變政策的信號。即便如此，黨仍密切監督任何意圖在黨的權力結構之外制定政策議程的非政府環保組織。此外，黨對環境永續採取的行動反映習近平掌握先機的渴望，絕不可能被一個無法掌控、不斷深化的社會運動吞噬。

如前所述，習近平面臨的第二個真正挑戰為中國的民營企業。在中國主流社會中，（多由共同富裕運動推動）打壓億萬富翁菁英人士十分受歡迎，連李克強總理也承認，高達六億中國人每月薪資不到一千元人民幣（一百五十五美元）。與此同時，習近平對財富的打壓也向中國民營部門傳遞一個不寒而慄的消息。目前現況為傳統工作（如國有企業）缺乏安全、高薪的職位，因此中國的大學畢業生時常打零工，並在一段時間內建立自己的小企業。因此對中國最成功的企業家（直到最近還是有為年輕世代的典範）採取反制行動是否會在中國廣大企業階層中引起廣泛的反應尚未有定論。另有一些特定省份（如浙江）國有經濟部門長期不足，因此民營企業得以在當地經濟架構占主導地位。因此從中國政府減少社會不平等的立場出發，看似政治合理的行動最終可能會在中國各省現有和新興的企業階層中適得其反。

第三個正在崛起的社會反對派為宗教。習近平一系列新的鎮壓措施旨在將宗教活動置於國家更直接的控制之下。這不僅限於新疆、甘肅、寧夏和中國其他區域的伊斯蘭教信仰，而且特別適用於基督教，基督教新教尤甚（如第二章和第四章所述）。習近平大肆掃蕩浙江溫州和寧波未經批准的教堂建築行為，已經成為鎮壓宗教機構的象徵，全國各地的教會團體對此進行激烈抵抗。然而逮捕大批中國愛國教會框架外的新教牧師使情況變得更加複雜。據估計，基督徒的總人數與黨員人數相當，接近一億人，因此習近平可能會持續採取強硬鎮壓手段。目前仍不清楚此高壓手段是否會掀起更廣泛的社會運動，要求共產黨做出根本的政治和政策變革，同時愈來愈將怒火導向被視為近期宗教打壓政策設計師的習近平本人。

習近平也推出中國第一部《中華人民共和國境外非政府組織境內活動管理法》，要求黨和安全機構嚴格控制外資和國內的非政府組織。他十分擔憂非政府組織將淪為外國勢力的影響工具，試圖顛覆中共的國內統治能力。在習近平的中國政治藍圖中，黨的核心地位不可撼動，這也意味著未來非政府組織活動的空間十分有限。在習近平成為領導人並通過該條法案之前，中國有七千多個外國非政府組織和多達一百萬個國內非政府組織和社會組織從事各種慈善活動。然而當今多數活動因害怕而暫停，而這將使愈來愈多人對政治感到不滿。

中國大學也目睹類似的壓制手段，目的在於減少學術自由。各大學不僅重新強調馬克思列寧主義意識型態的課程，而且也限制教授的科目和課綱。黨甚至從教師下手，尤其是自海外取得學位的學者，他們已經成為課堂監控的對象，在某些情況下，若課堂有任何對黨或政治正統的挑戰，教師就會被解雇。雖然學術界本身並不構成對習近平的政治挑戰，但他和其他人十分清楚大學院校為一九八九年抗議運動的搖籃。如同其他議題，我們仍不知曉中國大學對於近期變化的反應會是什麼。

與此同時，黨的宣傳部門也採取行動，控制中國各地未經授權的媒體活動。以「捍衛真實」為號召的獨立地方報紙已經被悄然無息或高調地關閉。不僅如此，國有媒體的報導、分析和意見也增設新限制，它們必須謹守政治和政黨的正統性。習近平（從公開發布的黨的宣傳工作會議逐字稿中）表示，西方媒體、非政府組織和不服從命令的學者對中國共產黨的威信構成根本威脅。然而我們仍無從得知這種形式的媒體壓制是否會對習近平的政府引起反彈，並鼓勵大眾找尋其他更有創意的資訊來源。習近平的共產黨即便再努力在中國學生和網路之間建立一道防火牆，這些學生仍有源源不絕的新方式越過防火牆並取得來自各地的資訊。

另一個受習近平政策打壓影響的領域為法律界。在習近平上任初期的一個聲名狼藉的案件中，數百名積極的辯護律師因大力支持中國的刑法改革和更廣泛的憲法改革被逮捕，很多被判監禁。事實上，習近平在反對提倡新憲政的法律界和學術界的活動中起了主導作用，因為新憲政意味著黨從屬於國家憲法和議會。在江澤民和胡錦濤執政的二十三年中，這場運動已經累積大量的影響力，習近平又一次地扼殺這場運動，並禁止一切關於憲法改革的討論。中共也已經指示唯一必要的法律改革為確保法院、人民檢察院體系和辯護律師都要服從於黨的意志。若法律界欲在中共內部掀起一場改革運動或者反對習近平的個人領導，前方似乎是條漫漫長路。不過歷經幾十年的漸進式改革後，習近平對法治系統的打壓仍引起能言善道、活躍法律份子的集體不滿。

最後一點，習近平政權對年輕族群採取的新政策可能會帶來意料之外的反應。近期針對學齡孩童的遊戲時間限制在網路上引起年輕人的巨大反彈。此舉措加劇以習近平為首的老一輩黨世代和年輕人之間的代溝，雙方對於如何打發時間想法差異甚巨。即便在中國普遍嚴格的體系之下，中國千禧年已經成為數位原生，而中國的遊戲甚至比西方多數國家來得更為風靡。不過這並不代表中國的遊戲玩家都是新生代潛藏的自由改革者，正好相反，他們選擇的遊戲性質往往吸引最原始的民族主義情緒。不過剝奪學生在高度緊張和競爭的學校考試體系中為數不多的抒發管道，使年輕人與黨為敵可能不是明智之舉。此外，習近平政府官員還攻擊新生代年輕男子「缺乏陽剛之氣」，甚至是「娘炮」，這些行為都十分危險。不僅如此，報導指出中國已經開始安靜鎮壓LGBT（男女同性戀、雙性戀和變性者）團體，限制他們在網路上或中國大學校園內組織公共活動。這些都發生在「習近平思想」進入校園之際，鼓勵中國年輕人仿效先人的革命成就。

這些單一的鎮壓手段皆無法摧毀習近平。不過，若有其他催化事件，尤其是和經濟、自然災害和國家安全相關，中國各地不滿習近平政治方向的社會群體可能會為政權帶來麻煩。這些群體可能會因為單一重大事件或是一連串的事件而相互凝聚，讓政權措手不及。這也是為什麼習近平作為社會發展的敏銳觀察者，不僅要依靠社會態度調查，還需要仰賴其龐大的安全情報機構監視報告，監測這些運動是否具有潛在威脅。根據習近平過往手段判斷，他有可能會採取強而有力的措施，在這些活動不成氣候時將之消滅。

習近平的民族主義

因此在各種可能性權衡之下，習近平將在二〇二二年底輕鬆連任。與此同時，我們也不應該輕忽醞釀中的政治阻力，源於被剝奪權利的政治階層；受習近平打壓的民營部門經濟，以及年輕族群和潛在的公民社會，後者習近平採取大力鎮壓社會運動的方式，使之回歸黨的嚴格管控。如上所述，習近平對這些阻礙的處理方式為大力反擊，威脅實施更多限制措施，且對體制認定的麻煩製造者進行個人報復。

習近平在處理政治和社會動盪時還有另一對策，他能夠使用中國民族主義的民粹主義輿論重新鞏固他的政治地位。民族主義日漸成為黨和習近平個人政治合法性的核心支柱，也是黨龐大政治宣傳機器的中心理念。高喊民族主義為已經危險重重的十年光景增添更多危險。因此，當我們在觀察二〇二〇年代的中國時，除了二〇二二年全國代表大會和習近平連任、經濟震盪、對中國社會施加更大控制等內部動態，我們也必須了解習近平帶領的中國的民族主義色彩會日漸濃厚。這也將對北京管理已經十分複雜的外部關係方式，尤其和美國的關係產生深遠影響。

民族主義在中國近代歷史中往往是一把雙面刃。黨過去曾允許發表民族主義的公眾輿論，以此向外國政府表示「我們中國人也要管理國內政治輿論」。不過事實證明，收回民族主義的號召並不容易。在習近平的領導下，此問題變得更為嚴重，因為民族主義已逐漸成為中國政治宣傳機構的核心號召。中國的新聞媒體滿溢對國家成就的驕傲，從奧運成就、國際太空競賽、中國經濟規模、中國軍隊的新能力等不勝枚舉，這些已經成為官方認可的民族主義慶祝活動。

不過我們仍難以衡量二〇二二年的民族主義情緒會比往年高出多少。雖然採取的方式有待爭論，但是社會態度問卷卻發現中國的民族主義情緒更為濃烈，這點在中國年輕族群更為明顯。習近平在黨的中央政治宣傳工作會議中明確指示大力強調民族主義，黨的核心任務是讓中國人民為其成就感到驕傲，並相信中國唯有在中國共產黨的領導下，才會變得富裕和強大。此外，將國家的強盛與習近平的個人領導力相連結能夠更有效鞏固習近平的政治地位，尤其在習近平的政治、經濟和社會計畫面對阻力之際。

在中國民族主義中，主要陪襯對象毫無疑問是美國。日本過去，尤其是在二戰對中國的暴行已擔任過綠葉角色。自韓戰以來，以及近期川普和拜登領導下惡化的美中關係，美國已經成為中國民族主義可以接受的炮灰。從某種程度而言，中國民族主義的立場強化黨提出的部分分析，宣稱美國的國力已大致耗竭，中國近年來的報導主要聚焦在美國民主的失調、新冠肺炎處理失能（川普政府尤甚），以及其他證明美國勢力衰退的消息，包含二〇二一年八月喀布爾[2]淪陷事件。對中國民族主義而言，這些都表明西方勢力的衰落，在中國公認的政治暗號中則意味美國的衰退。中國政治宣傳機構未來可能會持續進行實質分析並公開展示結果，不過會根據當時的政治環境適時調整強度。此舉的目標對象為國內民眾，主要目標則是政權的政治合法性。

若習近平的中國允許民族主義在必要時消長，我們也要思考中國的民族主義是否會成為一股推力，促使黨對美國採取通常會避免的強硬政治態勢。由於中國過去的官僚階級不會允許任何國內政治衝動，目前並無證據顯示先前曾有類似情況發生。不過中國傳統的外交政策機構比以往更為脆弱，因為國際政策的決策中心（如同所有政治領域）已經逐漸轉移到黨的中心和習近平強大的辦公室中。因此民族主義情緒可能會成為建置國內政治合法化的工具，也有可能在戰略決策中發揮更大的作用，根據過往經驗，民族主義往往藐視傳統的外交政策邏輯。直接將中國外交政策視為國內政治的執行手腕或許過於粗暴，不過，黨利用日益高漲的原始民族主義情緒，以此尋求國內政治合法性的做法，讓愈來愈多人認為該行為產生的外交政策後果已經成為中國外交政策制定中的新變化。

如前文描述，構成中共政治合法性的三要素為：馬克思列寧主義意識型態、經濟繁榮和中國民族主義（後者汲取部分中國傳統經典）。若三者合作無間，黨的政治合法性將會提高，不過現在的問題是，不論黨多努力，三者仍不協調。首先，不論馬克思列寧主義如何幫助黨提高其合法化和紀律手段，光是意識型態本身並不足以說服政治體系接受黨或領導人長期政治地位的合法性。其次，不論為何原因，若接下來十年經濟繁榮不再，習近平將別無選擇，僅能再次以黨權力的脅迫工具維持其政治和社會控制。第三，若意識型態和經濟基礎皆失去作用，民族主義的妥善利用將成為未來中

---

2. 編按：阿富汗首都。

國政治最重要的合法化力量。從政權的角度來看，民族主義可以減少（但無法剔除）穩固有效政治控制的純脅迫工具的使用。

若習近平或更廣泛的中共領導階層因經濟衰退而受到嚴重國內壓力，且該衰退源於失敗的意識型態（讓黨握有更多控制），民族主義將成為黨唯一掌握的政治合法性手段。我們並不知道中國經濟是否會衰退。在權衡各種可能性後，以及考量習近平的經濟團隊過往處理危機（二〇〇八年和二〇一五年）的經驗，中國可能會安然度過。但在這種情況下，與習近平這樣政治強大、意識型態堅定的領導人抗衡可能會比過去更為困難。此外，他永遠能祭出民族主義手段。

這些動盪是中國在未來十年需要面對的課題。民族主義極有可能讓中國政治菁英在面對美國時更充滿不確定性，因此，在美國眼裡，中國的外交政策可能不如過往理性（即中國理性地追求西方認為的長久國家利益）。此外，中國也不如過往容易預測。對二〇二〇年代的美中關係而言，中國的民族主義可能是一個全新、具潛在危險且難以預料的手段。

結語

在邁入二〇二〇年代之際，如無意外，習近平可能會在位至二〇二七年或更久。

儘管他面臨政治上的反對，經濟的不確定性，以及一連串潛在的社會運動，習近平可能會持續使用意識型態工具和脅迫控制戰勝一切。倘若習近平失敗，中國的民族主義仍是強大的政治宣傳工具，用以加強習近平對政治權力的掌控。

然而，誠如我們所見，民族主義已經成為美中關係的新興問題。例如在二〇二一年三月於安克拉治與拜登政府官員的會談中，中國最高外交官員楊潔篪對美國國務卿布林肯發表的憤怒談話對象並非美國觀眾，而是中國國內的觀眾。更準確來說，其駁斥是為習近平帶領的中國政治中崛起的民族主義。

接下來欲探討本書研究迄今的所有因素如何在二〇二〇年代美中關係真實地緣政治中交會。包含兩國複雜的歷史；美中對彼此的政治和外交政策看法；習近平對中共官方世界觀的轉變；華府迄今對習近平的戰略反應，以及未來十年中國政治和經濟的可能狀況。下一章將概述一些具體場景，幫助我們了解接下來十年可能發生的景況。而最後一章將探討我們所有人面臨的實際挑戰，隨著中美兩國危機和武裝衝突的風險愈來愈大，我們如何建立一個兩國之間的聯合戰略框架（我將之形容為管控的戰略競爭），以減少發生災難性戰爭的可能性。

16

危機四伏的十年：美中關係另幾種未來

The Decade of Living Dangerously: Alternative Futures for US-China Relations

在這危機四伏的十年究竟會發生什麼事？美中關係中的固定因素，如中國的軍事擴張、習近平長期戰略的大致輪廓，以及日益激烈的戰略競爭可能會變得相對明確，不過變數仍然很大。其中最為重要的是拜登政府的美國戰略、連續性和執行程度，以及拜登能否在二〇二四年至二〇二八年期間連任美國總統。另一個問題是，繼川普荒腔走板的行為，美國的新戰略效果為何？美國是否能重建軍事和經濟力量，並且鞏固美國海外盟友？

此外還有難以預料的第三國變數，例如歐盟執委會於二〇二一年一月，即川普政府尾聲，和中國簽訂一項投資協議。且稍早二〇二〇年十月，美國主要亞洲盟友亦決定加入中國主導之區域全面經濟夥伴協定，美國和印度並非成員國。這兩個發展皆清楚指出面對中國經濟的長期誘惑，美國未來的任務十分艱巨。早在拜登政府宣誓就職之前，中國龐大的經濟吸引力已如習近平預測般變得難以抗拒。然而另一方面，歐洲議會在二〇二一年五月決定暫緩批准和中國的投資條約（因為北京對反對中國新疆政策的歐洲議會成員採取恐嚇手段），表示與北京的外交和經濟關係在政治上十分不穩定。此外，本書也反覆提及中國國內經濟成長模式的隱憂，習近平試圖重新掌握黨對民營部門的控制，壓制中國企業的信心，此舉對經濟成長的長期影響仍不明確，且有可能危害中國長期立足全球地緣政治的經濟基礎。

因此，試圖對二〇三〇年美中關係做出任何單一、絕對的預測是一件十分危險的行為。設想未來最好的方式是根據不同假設勾勒可能的場景，並說明每一種場景在未來幾年可能產生的後果。這或許可以幫助當今政策制定者在駛向危險的彼岸時，擁有警示守則作為參考。

場景一：中國成功以武力奪台，美國祭出軍事干預——美國的慕尼黑時刻

在此情境下，不論是否受到台獨派的挑釁，習近平都決定要在十年內武統台灣。政治動機包括：二〇二四年台灣總統選舉後台灣國內政治的激進轉變；習近平於中共第二十一或二十二次全國代表大會（分別於二〇二七年和二〇三二年舉行）之前能夠持續鞏固其最高領導人的地位，和／或認為美國國內政治深陷結構式混亂，因此武裝干預的風險很小。

中國對台軍事或準軍事戰術將與中國近期推演模式相似。可能包含以下一項或多項內容：在島上組織叛亂（難以單獨成功，因為台灣民眾對中國普遍抱持負面情緒）；對台灣的民用或軍事基礎建設進行大規模網路攻擊；軍事占領台灣一個或多個離島以此要脅台北；經濟封鎖台灣；對台灣武裝部隊祭出先發制人的遠程攻擊；或是對台進行全面的陸空攻擊。

該場景有幾個前提：美國僅剩表面的軍事回應，而其盟友的軍事回應更是不存在。在這種情況下，西方將祭出一系列常見的貿易、投資和金融制裁，不過中國已經將這些可能性納入考量，並且制定相關的應急計畫以減輕其影響。中國確保其金融體系能夠抵禦屆時美元的疲軟，此外，衰退的美國將無法動員美元主導的國際金融體系，對中國金融體系實施任何懲罰性制裁。中國領導人曾擔憂此預測會發生在二〇二〇年的香港，不過並沒有。聯合國將保持沉默，因為中國在安理會和聯合國大會已擁有愈來愈多順從的盟友，其中不乏已開發國家協助鞏固其地位。聯合國將把台灣問題定為中國的內部事務，應交由中國人民決定。以歐盟而言，英國的缺席，以及德法兩國最終對中國—台灣問題的地緣政治矛盾心理，可能會使其保持中立態度。

屆時，美國的地緣戰略地位和國際道德權威將因未能捍衛一個微小卻充滿活力的民主體制而崩潰，更遑論美國和台灣在長達四分之三個世紀以來一直是實質盟友。美國條約盟邦對美國安全保證的可信度將會受損。國際可能會將之視為美國的慕尼黑時刻，如同當初國際於慕尼黑會議目睹英國強權地位的殞落[1]。

然而，在該場景下，中國將對台灣採取殘酷的軍事占領行動，這是控制一座多山島嶼的必要行為，該島有二千三百多萬人口，擁有先進的技術和武器，且對中共懷有深刻和廣泛的敵意。與中國對台的占領相比，中國對西藏和新疆的暴力措施將顯得平和許多。在二十一世紀剩餘時間中，台灣將成為中國在國際輿論的巨大傷口。不論中國在國際社會中擁有何種道德權威，屆時一切將不復存在。國際將退化回「強權即公理」的世界，有效的國際機構淪為夢想，而以規則為基礎的國際秩序則破敗不堪。

場景二：美國瓦解中國對台的軍事行動——第二個中途島

北京認為美國幾乎不可能對中共犯台發起全面的軍事、經濟和網路回應，不過北京仍有其戰略顧慮，且解放軍也積極規劃對策。根據美中公開兵棋推演的結果，美國篤定「贏得」這場戰爭的前景十分渺茫。不過首先要先定義何為「贏得戰爭」。這可能代表所有部署在台灣海峽兩岸的中國海軍、空軍和導彈裝備的「失敗」；中國停止對台的軍事和準軍事行動；中國軍隊全面撤出台灣；習近平時代的落幕；或中共徹底的軍事失敗使其喪失政治合法性，政權全面崩毀。

每一個可能性皆會引起後續的突發事件，例如美國如何在不攻擊中國核心的指揮、管制和通訊系統情況下擊破決意攻台的中國軍隊。這將意味美國得切斷部分中國軍隊與北京中央軍事委員會的通訊，使事態深陷迅速升級的風險之中。下一個難題近

1. 編按：一九三八年英法於會中犧牲了未出席的捷克斯洛伐克。

乎不可能發生且難以啟齒：雙方升級為更大規模的常規戰爭，包含核武的威脅。

該場景的核心議題是，自一九四九年以來，北京取得勝利的政治賭注未如此高過，且黨的首要任務為持續執政，因此一旦與美國爆發軍事衝突，習近平更有可能傾向使戰事升級，繼續獲取民族主義的支持。中國也深知美國民眾對海外戰爭的態度，因為它曾仔細觀察美國在南韓、越南、伊拉克、敘利亞和阿富汗軍事行動招致的美國公眾輿論及影響。習近平尤其深究韓戰中中國對抗美國的行為，華府寧願離開僵局，也不願讓美國地面部隊和中國作戰。因此，習近平可能會竭盡所能利用任何能夠拖延與美國台海戰爭的手段，並盡可能提高代價，如此一來，他便能發展和散播有效的國內政治敘述，以此凝聚民族主義情緒和掩蓋任何軍事失利。習近平深知美國的勝利，甚至是讓台灣有機會脫離北京的僵局關係皆會終結他的領導地位。這是因為與繼毛澤東以來的歷屆領導人相較，讓台灣回歸中國主權成為習近平前所未有的龐大政治使命和任務。所以，失敗無庸置疑會帶來高昂的政治代價。

場景三：中國擊敗干預攻台的美國——美國的滑鐵盧之役

如上所述，根據雙方目前戰力和最新軍演結果，若美國以傳統軍事手段全面干預中國對台的武裝攻擊，美國戰敗的可能性最大。根據定期為五角大廈模擬的軍事公司

（包括蘭德公司），在多數情況下，中國首先會以導彈大規模攻擊台灣，以及美國在台灣、沖繩和關島的飛機、船隻和基礎建設，擊潰美國的導彈防禦系統。蘭德的分析員形容美國預計損失十分「驚人」，且摧毀基礎建設會「大幅增加美國於該區力量投射的難度」。雖然台灣鄰近的美國攻擊潛艇具有優勢，不過它們能擊沉的兩棲攻擊艦數量有限。在中國空降部隊和直升機部隊的閃電攻擊下，兩棲攻擊艦預計協助約二十二萬名解放軍士兵和海軍陸戰隊常備軍登陸至島上十五至二十個灘頭。根據國防部前副助理部長、目前任職於蘭德公司的大衛・奧赫曼內克（David Ochmanek）表示，「藍軍」（譯按：指美國軍隊）將會「潰不成軍」。台灣軍隊則普遍被認為缺乏訓練、武器和組織，美國極有可能僅有一至兩週的時間匆忙部署大量軍隊保衛台灣，且美國也會發現難以在未攻打中國的情況保護台灣。近期的軍演結果強調北京在過去二十年取得的戰略成功不僅縮小與美國的軍事落差，且中國在與台灣局勢最為相關的武器系統也取得愈來愈多數量優勢，此外，中國和台灣的相鄰距離將比關島、檀香山和華府更具優勢打贏戰爭。

不過該場景也為中國帶來實質危機。中國若要取得軍事成功，它必須摧毀關島在內的重要美國基地，這也意味著中國需要攻擊美國主權領土。這可能會反過來使美國軍事大規模升級，將台灣衝突變成西太平洋區域的全面戰爭，日本在內的美國亞洲條約盟邦可能也會參戰（尤其考量到駐沖繩的美軍也可能受到衝擊）。

雖然美國沒有承諾遵守「不首先使用核武器政策」（即便可能在傳統軍事中戰敗，也不允許甚或威脅使用核武），不過實際上，根據以往事件，美國極不可能採取核武。若美國在朝鮮、越南和一九五〇年代的台灣海峽危機皆拒絕使用核武，即便當時幾乎沒有任何核報復風險，那麼美國在二〇二〇年代也不會因台灣問題使用核武，因為此時升級核武的風險更大。

在該情況下，無論中國擊敗美國的方式為何，這皆代表美國世紀於亞洲與世界各地落幕。接下來，美國的條約盟邦和安全夥伴可能會尋求對北京不同程度的戰略順應，因為全球了然於心美國的軍事力量再也無法對抗下一個強權並提供有效保護。習近平將有恃無恐地執行中國在東海、南海和對印度剩餘未定的領土主張。歐洲過往始終傾向與中國達到經濟利益最大化，並認為中國的安全挑戰僅局限在亞洲，不過在此場景中，歐洲將迅速回歸長期以來對中國的戰略漂移。事實上，歐洲可能將中國視為其對抗俄羅斯的最佳長期戰略籌碼，因為北京將柏林、巴黎和布魯塞爾，而非莫斯科，視為主要的經濟、貿易和投資夥伴。大膽且自信的中國甚至可能設法收回於沙皇時代丟失在俄羅斯遠東的中國領土，對此，莫斯科極有可能感到焦慮。除了美國的條約盟邦和合作夥伴，世界將迅速將北京視為全球秩序中心並向其靠攏，且全球機構也會日益符合中國的外交政策利益和價值觀。美國在台的軍事失利將逐漸被視為美國的滑鐵盧之役，且世界將走向一個嶄新，充滿不確定性的中國世紀。

場景四：中美兩國因台灣問題形成軍事僵局——全新的朝鮮半島僵局

該場景取自韓戰的經驗，為場景二的可能延伸情況。韓戰歷時三年多，且其拉鋸式軍事衝突造成大規模的傷亡和損失。中國對美國的海空拒止軍事戰略在海上可能有更明確的結果，因此難以預測該僵局會如何呈現。不過一些軍事理論家認為，若美國繼續投資相似的拒外武器（如遠程反艦飛彈和防空飛彈），可能會使該區的海洋表面和空域成為無人之境，成為類似一戰壕溝戰的海上版本。

然而，共產黨生存的政治必要性絕不允許任何失敗的妥協。在長達一個世紀的奮鬥中，共產黨曾於不同時期面臨近乎滅亡的局面，一旦戰略環境發生變化，其革命軍隊帶來的深厚經驗能讓黨重新集結，持續戰鬥。此外，它的軍隊歷經游擊戰的淬鍊，游擊戰中，戰場上的重大勝利並非關鍵，反而是毛澤東所說的「持久戰」能夠逐漸消磨敵人氣力，最終取得勝利。因此對中國而言，軍事僵局雖不理想，不過尚可接受。不過在這種場景下，習近平或黨本身恐怕也難以長期生存。反觀美國的情況並非如此，其政治制度和文化更偏向最終決議，並不太能接受變動的模糊狀況或長期衝突，特別是在阿富汗和伊拉克戰爭之後。不過，美國的軍事指揮官們很可能選擇長期、低程度的軍事參與（如封鎖中國關鍵航運），這也能使中國無法取得果斷的勝利。

場景五：華府和台北成功嚇阻北京武力侵台——華府的最佳情況

此場景對華府和台北政府最有利，美國和台灣極有可能集結經濟和技術實力、外交和軍事準備度，成功嚇阻中國最高領導人習近平以武力奪台。不過此場景有一個重大基礎：美國需要在後疫情時代重建其國家經濟實力，並為美國軍隊提供充沛資金，重申美國在台灣海峽兩岸海空域的主導地位。此外，台灣也需要明智地升級軍事武器裝備、訓練（必要時由美國軍售支持），以及網路和民防，震懾中國的攻擊或內部顛覆勢力。

在此情況中，台灣對中國需要展現比以往更加靈巧的政治技巧，在保全台灣民主制度和絕對的政治自主權的同時，也能探索和北京長期政治妥協的新模式。不過前提是北京在施展國家硬實力時意識到其局限。包括中國經濟成長減弱；中國為維護社會和諧而將預算撥至諸多國內議題，進而使中國未來軍事開支受限；或未能跟上美國主導之關鍵新軍事技術的步伐。

不過還有另一種可能性，即便美國和台灣成功聯手阻止中國的軍事攻擊，卻未能阻止破壞台灣重大基礎建設的全面網路攻擊。而這又會引起另一個問題，華府和台北如何在採取報復行動的同時避免使之升級為一場全面戰爭。因此，在這種場景下，一個成功的嚇阻戰略能夠阻止中國對台的全面軍隊和準軍事行動，包含實際的武裝攻擊、兩棲攻擊、入侵和占領。

場景六：中國和美國在東南亞另闢戰場——另一北部灣事件[2]

儘管並非刻意為之，不過最有可能發生的狀況之一為中美兩國的海軍艦艇在南海發生衝突。中國海軍指揮官下令全速逼近美國驅逐艦，雖然美軍為了避免碰撞而修正路線，不過該海域近年來仍發生幾次險些碰撞的事件，且未來該可能性仍存在。歐巴馬時期曾訂定雙邊軍事協定，旨在避免與管理海上事件，不過未來衝突（尤其是船隻沉沒或生命損失）的發生可能會導致更廣泛區域的軍隊全面升級。

第二個可能性為中國船隻刻意破壞或攻擊非美國盟友的國家在南海的自由航行行動。中國的非官方媒體如《環球時報》，已經威脅澳洲海軍軍艦可能會遭遇不測。雖然這種攻擊可能會觸發美國和其亞洲條約盟邦正式防禦條約中的互助條款，但中國可

2. 編按：亦稱東京灣事件。

能認為該風險小於對美國海軍軍艦發動直接攻擊。此外，中國的攻擊做法可能會十分模糊，以致被擊軍艦無法證明這並非意外（或是不願承認，因為這可能會導致狀況升級），因此美國更難採取報復行動。空中也可能出現類似情形，中國軍用飛機和美國或其盟友的飛機相撞（如二〇〇一年南海 EP-3 事件），不過該事件更可能是一個意外事故。

中國海警總隊、海關、漁業和情報部門大舉在灰色地帶行動，欲鞏固中國在南海的領土和海洋主張，這將使未來發生海上事件的可能性愈來愈大。另外還有數百艘中國船艦在該區域不分晝夜地活動，意味著海上事故的機率持續增長。這也可能涉及菲律賓在內的美國條約盟邦，菲律賓和越南對中國的主權和海洋主張十分不滿，對這些國家而言，這些主張並非理論，而是會對當地重要漁業區域造成實際影響。中美兩國已簽署長期海上交往準則，不過菲律賓軍艦對中國行動的反應不太可能和美國海軍一樣節制。若親中的杜特蒂如他二〇二一年所言順利退休，而反中的民粹主義者贏得二〇二二年菲律賓總統大選，那馬尼拉和北京的衝突更可能容易升級。

若中國持續堅持開墾其他「島嶼」，或是進一步軍事化其七個島嶼，將會產生另一個可能性。中國上一次填海造陸發生在歐巴馬執政時期，當時的副總統為拜登，北京十分滿意其填海行動未受美國軍事抵抗，順利完成。中國可能會故技重施。不過當今華府政治環境對中國已產生重大的變化，因此美國可能會發起軍事行動。

這些次要場景的重要因素在於除了事件本身，其他軌跡和結果都未定。當初歐巴馬政府和中國談論雙方於海空的衝突管理協議便是為了管理這些不確定性，雖然雙方政治關係矛盾，不過仍算穩定．然而，態勢已經改變。此外，若任一事件真的導致狀況升級，包含武器系統的部署。雖然可以將後續的軍事行動限制在南海區域，不過讓中美雙方整合的指揮架構局限在該區並非易事。其中有太多政治和軍事因素交雜，兩國的民族主義情緒可能會使狀況升級而非受到控制。

場景七：因東海主權和日本與美國發生衝突

在此場景中，戰場應該會落在東海釣魚台列嶼的兩個聲索國：中國和日本，不過華府已公開表態其與日本的防禦協定將適用於釣魚台列嶼爭議。這意味著任何涉及中國和日本軍艦和飛機衝突的事件皆十分危險，升級的風險既真實且迫在眉睫。若美國未能在中日衝突中對日提供軍事支持，美日之間的防禦協定將立即失效。東京也會即刻決定日本是否需要迅速提高有限的軍事開支，或是建立核威懾力量，作為對抗中國唯一持久且有效的安全做法。

不過中國深知即便美國並未干預，日本目前的軍事能力，尤其是海軍戰力仍不容小覷，若中共與昔日對手日本再次發生戰爭，且無法輕易獲勝，將會摧毀中共的政治地位。過去日本及其海軍也曾在中國「百年國恥」中扮演一定角色，若中國再度戰敗，將剝奪黨在人民眼中的合法性，尤其在過去幾十年中，中國不斷將自己譽為一大強國，塑造勝利主義的形象。因此，日本不斷擴張的海空實力，以及基於日美共同防禦條約美軍干預的風險，將有效嚇阻中國停止先制攻擊。

不過，中日兩國的海軍、空軍、海岸巡防隊以及其他部署不斷擴大的規模和範圍已經大幅超過中美兩國在南海的部署。中國加速入侵釣魚台列嶼周圍的步伐與規模，二〇二〇年共有八十八艘中國船隻進入日本領海，二〇一八年為六十七艘，二〇一二年之前幾乎為零。截至二〇二〇年十一月，中國的海岸巡防隊於同年連續二百八十三天進入日本的鄰接區，創下年度新紀錄。日本官員強調該類行為持續增加，無視北京與東京在任何特定時間的外交接觸。

此外，雖然中國的戰略家認為對東海的領土主張排名第三，重要性位於台灣和南海之後，不過在中國的戰略文件中，釣魚台列嶼仍被列為中國的核心利益區域之一。在一個理想的世界中，至少從北京的觀點出發，與日本的東海爭議並不急於一時解決，首先應在台灣和南海問題上證明美國實力受限，不過前提是美國在這兩個戰場的落敗得以降低日本爭取東海的政治決心。然而，綜觀過往國際關係的事件，危機少以如此單純、線性的順序解決。

中國的戰略理念通常避免同時在多條戰線挑起爭端，但自二〇二〇年起，中國決定加快在其爭議邊界（東海、南海、台灣海峽、印度邊界）以及國內（新疆、內蒙古和香港）的步伐，我們對此應該心懷警戒。從二〇二〇年的經驗我們觀察到左右中國政治和地緣政治的根本因素——若黨認為國內面臨威脅（如二〇二〇年上半年新冠肺炎），其預設反應為在國外展現堅決的實力，向全球傳遞「不論國內的政治壓力，中國的戰略決心毫不動搖」。

從過往事件來看，中日之間的任何事件皆能迅速引起政治升級，在二十世紀的多數時間中，中日的毒性關係仍可能引發雙邊原始的民族主義反應。東海爭議相較台灣和南海較少受到華府和西方關注，僅僅是因為北京和東京的外交管理方式較妥善，不過東海仍有動盪，這是該場景最重要的部分。若東海爆發戰爭，世界三大經濟體將會受牽連，後果將十分深遠，可能會在接下來十年讓亞洲經濟成長陷入困境。

場景八：因北韓而起的美中爭議

該可能性看似渺茫，但自二〇一八年川普與金正恩在新加坡峰會公開會面以來，國際媒體並未持續關注北韓的核計畫發展，不過這並不代表北韓問題已迎刃而解，該問題仍存在。我們更應謹記中共軍隊與美國的唯一交鋒便是在朝鮮半島，當時中國認為國家安全利益受到接近其邊界的美國軍隊威脅。對北京而言，朝鮮半島議題有一些不可改變的戰略地理原則，例如堅信任何敵意皆可能威嚇其領土的完整性。而中國的歷史觀，如韓國位於古老儒家世界中，並落在中國現代合法影響範圍內，僅強化這些擔憂。因此，北京極有可能以警戒態度面對美國對北韓的任何戰略。

隨著川普對金正恩的馬戲表演落幕，中國可能會（看似）協助美國對平壤施壓，以解決其核彈／導彈計畫。不過若北韓拒絕，中國也不會對北韓實施能源供應制裁，迫使其改變政治政策。過往習近平和金正恩關係不佳時，北京也未出此下策。在過去幾年中，兩位領導人的關係已經改善，習近平更不會輕易做出任何危害這段得之不易的友誼的舉動。習近平的底線是只要金正恩不把導彈瞄準中國，他的武器計畫將不會撼動中國廣泛的國家安全利益。北韓的核能力可能會針對中國的戰略對手：美國、日本、南韓，甚至是澳洲。而中國的整體利益將得益於這些國家威脅環境複雜化。

中國尤其堅決反對在中國邊界外出現一個統一韓國的想法。可能除了俄羅斯之外，北京並不認為有哪一個鄰國強大到足以挑戰中國的國家安全、外交政策和經濟利益。即便朝鮮半島最終成為一個中立國，中國仍無意改變朝鮮半島的政治現狀，更遑論統一後的韓國可能會親美。即便統一後的韓國不再正式與美國結盟，中國的看法也絲毫不受動搖。中國或許將自己定位為南韓未來抵禦北韓核威脅的最佳安全保障，透過持續支持平壤經濟以限制平壤的核擴散。諷刺的是中國，而非美國，屆時將成為南韓的核能擔保人。

基於上述原因，在美國未向北京增加談判籌碼，或平壤內部出現政治爭議之前，拜登政府將察覺習近平不太可能幫助消除北韓現有的核武庫和導彈計畫。實際上，以二〇一八年以來美中關係的惡化情況來看，習近平可能會透過與金正恩新建立的友好關係積極阻礙美國的行動，這也意味著美中關係將更退步，不過不太可能在朝鮮半島引發任何形式的對峙。

然而，若金正恩重啟其核能和／或長程導彈測試計畫，美國與北韓的關係將立即面臨新危機。如此一來，美國不得不正視北韓握有成熟核武技術的現實，能夠對南韓、日本、澳洲，以及美國其他潛在盟友，包含美國本身帶來威脅。該情況將使亞洲開始爭論是否應該發展獨立的核威懾力量，以防美國的核保護傘不夠可靠，該可能性將演變為中國另一個戰略惡夢。北韓任何類似決定可能會在亞洲引發無法預知的後果。

另一種可能情況為美國祭出先制攻擊，阻止北韓獲得全面的核武和導彈能力，不過若該情況真的發生，可能會演變為北韓對南韓採取大規模軍事行動，並引起第二次韓戰。如此一來，中國將會直接介入，協助北韓對抗南韓，以及其主要盟友美國。二〇二〇年該可能性微乎其微，不過這是因為北韓尚未實現全面的核武器突破和大量生產核彈頭導彈。美國對北韓採取的任何強硬外交手段將使該情況發生。因此，拜登的當務之急是說服北京阻止平壤行動。

場景九：習近平成功避免與美國發生軍事衝突，取得區域和全球戰略的成功——習近平最佳計畫

在此場景中，接下來十年，直至二〇三二年中共第二十二次全國代表大會召開前，習近平將會實現，或接近實現他所有主要的國內和外交政策目標，確立中國在區域和全球的主宰地位。而中國無需經歷任何重大的政治或經濟挫折，或動員武力便能完成這一願景。這無庸置疑是習近平的最佳計畫。為完成此願景，美國和其亞洲與歐洲盟友需要得出以下結論：中國在戰略、經濟和技術的影響力過於龐大，如要阻止甚至減緩中國的崛起，需要付出巨大的鮮血和財富代價。

在此場景中，習近平對成功的定義會是什麼呢？習近平的政治地位會和毛澤東執政的最後十年一樣無法動搖，且他已經「整頓」黨內所有潛在的反對者，同時建立滴水不漏的監控國家。習近平的經濟模式，儘管經濟成長並不十分亮眼，仍能夠維持良好水準，透過提高私人消費和公共投資，勉強避開中等收入陷阱，並創造有史以來最

大的消費市場，建立以中國為核心的經濟軌道。此外，在其帶領下，中國將在不影響國內經濟產出的前提下在二〇二五年達到碳高峰，並建立一個最快在二〇五〇年實踐碳中和的軌跡，進而成為全球氣候變遷倡議的領導者，揮別昔日的碳排大國。在《香港國安法》之下，香港屆時已經回歸平靜與服從，且其經濟將成為粵港澳大灣區的一部分，涵蓋深圳和珠江三角洲其他區域。新疆的情況也已平息，西方也不再對此做出重大反應。

與此同時，台灣也認清美國並不會保衛台灣，且台灣內部政治支派將和北京祕密協商，協助中國於二〇三五年前果斷奪台，建立某種形式的偉大中國聯邦。在南海問題上，中國將結束與東協的行為準則談判，並與東南亞各國實施第一個大型聯合海洋資源開採項目，確保對南海的實際控制，即使法律尚未證實此點。中國也會宣布在南海上空建立防空識別區，與中國二〇一三年在東海宣布的一致。這些綜合舉措將使該區域國家認為自由航行行動毫無作用，因為他們深知中國的海洋與領土主張不可避免。至於東海情況，儘管中國在釣魚台列嶼的部署持續升級，不過在日本的政治和軍事韌性影響下，中日仍會維持沒有衝突、令人不安的現況。

南韓可能會進入中國的戰略與經濟軌道，左右翼的政治分裂進一步深化，與此同時，習近平則成功說服北韓將武力威脅從南韓轉向東京和華府。若美國並未祭出先制攻擊，北韓將擁有獨立的核威懾力量，首爾的中間派也會要求美國減少對朝鮮半島的駐軍。習近平會和印度屆時的領導人達成中印邊界協議，或許利用全面的軍事行動威脅印度遵循中國的條件，確保邊境安全。隨後，中國將把印度打造為一個全新的中國商品和服務的大眾消費市場，同時透過新的自由貿易協定向印度開放中國市場，最終使德里擺脫與美國、日本和澳洲的戰略接觸。

中國將以極大的優勢成為世界最大的經濟體，使國際社會更快接受中國為下一個全球經濟大國的現實。中國也會取代美國，成為東亞和西太平洋的軍事主導大國，維持軍事現代化計畫的步伐，完成區域重組，並持續其海軍擴張計畫。更廣泛而言，中國在亞洲區域會利用其影響力成功加入《跨太平洋夥伴全面進步協定》，而美國則因持續的保護主義政治情緒未能加入。在接下來十年結束之際，一旦中國經濟超越美國，習近平極有可能會允許中國的資本帳戶自由化，包含人民幣的浮動，以及數位人民幣在國際市場的全面流通，使其邁向成為國際數位商務首選貨幣的道路。習近平也會縮小一帶一路倡議的財務範圍，轉為更永續的基礎建設投資項目，同時將一帶一路倡議的經濟體帶進中國的數位世界。

至於歐洲，中國將在二〇二〇年《中國—歐盟投資協議》（屆時協議已獲得解凍並成功批准）的基礎上，簽訂一項全面的自由貿易協定，持續使歐洲在貿易、投資、技術、資本市場，以及數位商務發展駛離美國。而以世界其他區域而言，非洲將逐步成為中國所需商品的長期來源，以及繼印度之後的龐大消費者市場。巴西亦成為長期供應中國鐵礦的國家，在北京眼裡，美澳的臍帶安全關係使澳洲不再值得北京信賴。或許阿富汗和中亞區域成功維持穩定狀態後也會向中國的經濟機器貢獻其龐大的礦物儲備。最後在剩下的聯合國和布列頓森林體系中，中國將成為多數國際多邊體系的最大資金來源，這些機構將對中國馬首是瞻，順應中國的利益和價值觀。因此，聯合國人權理事會將會檢討美國和西方的失敗，而非審視威權國家的政治行為，且中國也能成功鞏固一套全球人權規範，強調集體經濟發展凌駕個人權利。

這種情景發生的情況為何呢？在權衡各種可能性之後，目前習近平成功的願景似乎合情合理。然而，該可能性取決於三個重要變因。首先，習近平對國內經濟模式的調整是否成功帶動長期成長，避免社會動盪，同時資助中國大規模的軍事需求。其次，中國的新興國家技術戰略是否能減少北京與華府於未來關鍵技術的差距，尤其是人工智慧、半導體和量子計算。最後一點，美國分裂的民主政府是否有能力在國內重建美國力量，並於海外集結美國盟友的共同力量，齊心面對中國的挑戰。

第一、二點尚未有定論。至於第三點（在本書寫作期間），中國的勝算似乎較大。美國和多數西方國家似乎已經對自己、使命和未來失去信心。與中國列寧主義的無情紀律和打入全球最大市場的經濟誘因比較之下，失去共同目標的危險性更甚。從許多角度而言，中共最大資本是其虛張聲勢的能力，使其他國家相信中國比實際情況更強大、更有勢力，以及更富裕。這麼做的同時，中國成功掩蓋國內許多失敗、弱點和脆弱。這種掩蓋戰略利用西方國家的輕信心理，至今仍十分成功。雖然當今對中國力量的想像與真實性差距已大幅縮小，不過仍有很大的差距。

場景十：習近平未能實現他的國家、區域和全球願景——受挫敗且羞辱的習近平

我們可能認為此場景與前者恰恰相反，某種程度而言，這麼說並沒有錯。不過該場景亦包含習近平在更廣泛的國內與外交政策目標的失敗，從而遭受嚴厲批判。習近平自二〇一三年以來策動的一系列黨內清洗也會在此刻引爆黨內派系鬥爭。更為重要的是，經濟和收入水準停滯、失業率上升，以及曾經充滿活力的企業階層停止私人投資。另一個習近平需要擔負的責任是中國長期存在的金融系統穩定問題，中國的總債務與GDP比已經達到百分之三百左右。趨緩的成長將使不永續的公司債務問題更為複雜，且銀行的流動性和系統能力也不足以支撐個別金融機構的崩潰。長期以來，以債務驅動的經濟成長模式導致這些隱憂，也使這些問題成為中國金融系統的定時炸彈，推翻那些預測中國經濟會維持牛市的天真說法。一旦該金融危機發生，各國政府

將重新衡量中國經濟奇蹟的規模和永續程度，這將牽動後續各國的外交政策和安全政策情勢。此外，若中國的政治領導階層在接下來十年結束之前仍對開放資本帳戶、允許貨幣自由交易的前景猶豫不決，這將破壞中國取代美國成為全球金融體系核心的努力。習近平將面臨的另一衝擊是持續最久的標誌性項目之一——一帶一路倡議，若無法持續提供資金，一帶一路倡議規模將大幅縮減。

在外交和安全政策上，習近平的野心將會落空。美國將提供一個具有實質性且全面的國際戰略，涵蓋其所有重要條約盟邦和主要經濟體，例如印度、印尼和墨西哥有效應對中國帶來的壓力。拜登政府於二〇二一年六月已設法往該方向邁進，透過七大工業國組織對中國採取更一致的手段。在這些情況下，習近平違背鄧小平的戰略智慧，過早對中國發展表現自信，並使中國在取得成功前先引起戰略反應，為此他將飽受內部批判。中國的政治菁英會以同樣的措辭批判任何使四方安全對話轉為全面的四方安全條約的行為，因為這將使中國被戰略團團包圍。即便這會帶來災難性的結果，不過卻比不上俄羅斯和美國雙方任何形式的和解，這將在北京掀起最為嚴重的恐慌，因為過去幾十年中國能自由施展其戰略手腕的前提是北方邊界的安全。

不僅如此，中國的人權議題也會遭受打擊，中國因其對待眾多少數民族的方式，尤其是新疆的少數民族而被國際法庭起訴，使黨和國家顏面盡失。香港或其他區域的大規模抗爭活動，以及中國對這種騷亂的血腥鎮壓皆進一步證明中國的失敗。中國領導人的合法性也會受到國際社會對二〇二二年北京冬季奧運的反應影響。中國對二〇〇八年北京奧運的政治記憶為此盛宴向世人證明中國的成功，成為備受尊敬的強權，耀眼登上國際舞台。二〇二二年北京冬奧的國際政治爭議將會與二〇〇八年的成功相互比較，國際對習近平的負面政治反應也將連動影響黨內對習近平的批判，與二〇〇八年相比，他不必要地損害中國的國際聲譽。

不過如上所述，習近平致命的失利源自和美國的軍事危機。若台灣牽扯其中，這將為習近平帶來特別嚴重的後果，屆時他的同事和競爭對手將會圍攻指責他點燃一場政治和戰略災難。此情況也可能適用於南海危機的災難升級。這也說明為什麼中國的任何升級決定都可能要根據中國的成功和／或美國的撤退機率重新調整。習近平一旦嚴重誤判情勢，他的事業將全面終結，甚至可能面對更糟的結果。我們難以真實預測習近平失敗的可能性，因為有太多變化和組合牽涉其中。截至目前狀況，全面的失敗更近似一個可能性，而非機率問題。然而，失敗的可能性帶來的嚴重後果仍深深困擾所有中國政治領導人。

結語

上述無一場景確定會發生。在接下來的十年中，我們無法預測哪些情況，或是哪些組合可能會發生，在整體的戰略方程式中，實在有太多變因。但是若未來美國政府沒有持續構思反制戰略，有效重建美國的力量或與盟友的關係，或是創造一個取代中國並值得信賴的長期全球經濟市場，那麼整體情勢似乎對習近平的中國較有利。

然而，在所有變因之中，有四個尤其需要密切關注與分析：三個國內經濟因素和一個外部因素，換言之，政治的走向其實主要掌握在中國，而非美國手中。第一仍是新興中國經濟成長模式的永續性，習近平選擇在經濟政治上往左靠攏，我們仍無法確定此舉對民營部門的商業信心影響。第二則是中國人口快速下降對國內消費、勞動力市場成本和政府財政提早帶來多深遠的影響。第三是中國能否成功縮減與美國及其同盟的半導體製造差距，晶片將驅動未來全球數位經濟、軍事科技，以及悄然登場的人工智慧革命的發展。最後，中國內部同時面臨崛起的戰狼世代，以及傳統專業外交官，兩者對中國外交的看法意見相左，如何化解此爭議還有待觀察。結果將有兩種，自由民主世界聯合反對中國，或是中國回歸早期積極的全球外交接觸模式，並以此攻破自由世界的協作。而在這之中最關鍵的變因為美國對中國的未來戰略軌跡，該五個因素對華府和北京於接下來十年重大戰略競賽的結果有著舉足輕重的影響。

不論是美國、中國或世上任一國家，我們當今面臨的問題是，在上述十個情況中，有五個會演變為重大的武裝衝突。戰爭會徹底改變人類歷史，駛向無法預測的方向，例如三個全球帝國因此瓦解，而法西斯主義和布爾什維克主義趁機崛起。在缺少有效的國際體系的情況下，戰時的無政府狀態最終導致二戰。戰後美國主導並建立以規則為基礎的國際秩序，且在冷戰中戰勝蘇聯。這種規模的國際發展無法事先透析，而是全然由戰場上的混亂情況決定。

因此，華府與北京的決策者更需深刻了解戰爭後續引發的地緣政治和軍事不可預測性。同樣的，人力和財政成本的損失也難以預料。正如對全球經濟發展的影響，世界會迅速向兩極分化傾斜，隨後一連串的危機、衝突和戰爭將破壞國際商業信心，貿易和投資流動停止，全球金融市場崩潰——這些情景都會對實體經濟、就業率和生活水平產生深遠影響。基於以上原因，領導人應該要謹慎考慮何種做法能夠管理中美兩國根深柢固的競爭衝動，使和平前景最大化。

17

探索充滿不確定性的未來：以管控的戰略競爭為例

Navigating an Uncertain Future: The Case for Managed Strategic Competition

最一開始，這本書是我想寫給中國和美國朋友的一封信，而非只是給在不同時間點領導他們的政府。經過近半世紀，我漸漸開始尊重並欽佩關於這兩個國家的一切，不論好壞，包含兩國的歷史、技術、藝術、文學、美學，以及對世界思想、哲學和人類精神的貢獻。身為外國人，終究無法深入了解另一個國家，但若全心投入、試著學習一國的語言和文化，並與該國人民一同工作生活，便能開始對這個國家有所理解。就我而言，我花了五年的時間全心學習中文和中國歷史。我曾在中國大陸、香港和台灣待過三年，過去七年則是在美國居住。多年來我和兩國於外交、商業、政治、學術等方面有諸多交流，也有不少來自中美的好友。我相信長期相處下來，雙方皆認為我誠實坦率，且是個能給出建設性意見的人。我的觀點並不總是受到歡迎，不過很多時候還是受歡迎的。甚至在兩國面對歧見之際，我的觀點多少也協助了雙方航向一個共同的未來。如同多年前我在北京大學的演講內容，在當今最重要、但卻最複雜難解的關係中，我設法扮演中美的「諍友」（一位誠實的朋友，會為了避免當眾讓別人難堪，而選擇私下表達真實想法）。

在我過往與中美雙方交涉的經驗中，未曾造成任一方難堪，不過批判我的聲浪卻多次指責我為某一方辯護。澳洲人對獨立有著堅毅的信念，或許是身為罪犯後代造成的影響，又或許是對英國殖民者長久以來的不服氣，在心理上，我們拒絕臣服於任何上對下的權威。我雖稱不上是澳洲人當中的鳳毛麟角，但過往我確實在中美間扮演重要角色，尤其是政治趨向極化之際，且這並非單一事件。我對中美未來的看法並非基於一些虛無縹渺的假設，例如雙方可以做到、卻沒有做到的承諾，而是基於當下不完美現實的判斷。在我看來，華府與北京不是兩個對立的極端，更不是東西方傳統及現代概念的綜合產物，真實的國際政治要比這複雜太多。

我窮極一生地觀察並體驗兩個截然不同的文化，最終發現雙方人民對未來的期許十分相似：家庭富裕；優良的孩童教育；政府不加以干預個人成立事業；因個人和國家成就贏得他人及他國敬重；與鄰居和平共處。

不若歐洲，擴大海上疆域並非中美的長期傳統，相對地，在過去五個世紀以來，歐洲國家四處向海外建立帝國，卻徒留一個受創、分裂，或至今仍不斷瀕臨內戰風險的世界。在歷史上，中美曾在不同時期成為全球霸主，這兩大強權雖然皆曾以暴力手段擴張陸地疆域，不過卻未曾起心動念殖民其他國家，僅以貿易維繫關係，實屬難得。中美的另一共通點在於，兩者皆決心使其周圍鄰國盡可能地順從自身國家核心利益。不過整體而言，中美兩國的龐大、廣闊與複雜特性皆足以吸納多數政治與經濟活力，不需要寄望於建立一個更遼闊的疆域。

儘管於國於民，兩者有許多相似之處，但就實際層面而言，要建立兩國共同的戰略未來，並非易事。中美雙方之間的戰略信任已不復在，這背後的原因並非毫無道理，亦非短期所造成，甚至不完全是習近平個人對中國的影響，而是結構性的問題。

戰略理念的衝突

對美國人來說，習近平的領導代表了中國官方對世界戰略方針的徹底改變。是刻意的視而不見使他們無法明白，中國走向美國式民主的想法始終是西方的幻想。而習近平所做的不過是戳破這層幻想，表明中共無意讓中國成為更自由的民主國家。誠如我們所見，與前任領導人相比，習近平的威權資本主義模式控制更嚴格、市場導向減少，也更推崇重商主義。除此之外，習近平亦透過煽動中國民族主義的不滿情緒，使中國人對美國愈來愈反感。另一方面，美國認為中國領導人堅決改變西太平洋的戰略和領土現狀；企圖於東半球建立中國影響力；並想盡辦法削弱美國於東半球的軍事展現，甚至希望美國的軍事力量最終完全退出東半球。

華府已察覺習近平正對發展中國家輸出中國政治模式，並利用中國經濟對全球的拉力，深化其政治與外交政策在整個區域的影響。在這過程中，美國眼見中國持續打造一個與其利益、價值更為相容，且更敵視西方的國際體系。此外，他們也眼見中國於經濟、軍事和科技的興盛改變了其國際行為，這將有助於習近平完成中國夢大業，重返國際強權地位。換言之，在美國眼裡，習近平所領導的中國正自願航向與美國正面衝撞的路線。這也表示在戰略邏輯上，華府只有兩種選擇，要麼屈服或遷就中國利益，要麼採取積極作為，盡力抵抗或是擊敗中國。

不過北京的看法截然不同，在北京看來，中國的政治經濟模式完全沒有問題，雖然北京將該模式提供給其他發展中國家仿效，不過中國並未「強迫」它們使用。相對地，中國直指西方民主政體在處理核心挑戰時遭逢的挫敗，例如疫情、政治兩極化，還有日益嚴重的反全球化聲浪。北京認為中國的軍事現代化僅是為了強化自衛能力，自然會涉及長期主權伸張，特別是台灣的主權議題。北京並不認為其利用經濟拉力促成國家利益有何不妥，或是以中國新興勢力改寫國際體系與其制度有所不義，並表示中國的行為正是仿效美國贏得二戰後的行為。

以北京的角度而言，未來十年的戰略應謹慎以待，不過當今區域和全球局勢對中國較有利，中國將有愈來愈多機會挑戰美國與其同盟的極限，且不必冒著不確定的風險，包括安全危機、衝突，甚至是戰爭。習近平雖然不擅等待，但他相信長遠來看，北京仍握有優勢，這是因為在各種因素的集合之下，情勢將對北京愈來愈有利。這也意味著中國就算不用動武也能達成目標，若非採取軍事行動不可，中國也只會在確定已勝券在握時投入。

戰略信任的消逝

很顯然地，戰略信任不可能在一夕之間建立，遑論是重建美中間的戰略信任，尤其又考量到雙方相互矛盾的核心國家利益與價值觀。針對目前情勢，善意的第三方屢屢呼籲，希望在政治及外交上，華府和北京能恢復過往在小布希和歐巴馬時期所建立的溝通及交流，但這些都將被置若罔聞。若一味地認為能透過增加雙方對話，或多或少化解彼此在各自實力、意圖和行動上的誤解，這樣的想法實在是太天真了。中美兩國恢復高層級的政治和外交接觸已逾五十年，兩國對彼此的戰略意圖早已有了根深柢固的看法，並不會輕易因對方的公開言論動搖，若真要有所改觀，也只會是因為對方採取了明顯的具體行動。也就是說，美中雙方對另一方的結論不可能因為高峰會、新聞聲明或是新的外交公報而輕易改變，不論在什麼場合、發表什麼樣的聲明，都難以掩蓋雙方關係之間的根本問題——那就是權力平衡的過分算計，以及不停猜忌另一方究竟願意付出多大努力來改變關係。

華府長期堅信中國的外交是建立在欺騙之上，基於此觀點，華府認為，北京為了穩定與美國間之戰略或經濟緊張關係而同意的任何協議，最後都會成為空頭支票。此外，華府也同樣認為，中國的黨國在其軍隊（直接聽命於習近平指揮）之支持下，已開始實施長期不變的戰略，並不會因為中國外交部和美國國務院之間達成新的共識而有所改變，而中美之間所達成的共識，也僅僅是作秀，或是出於某種戰略目的。美國鷹派指出，中共歷年來曾多次失信於其國內外夥伴，例如，共產黨曾於一九四六年向華府保證其將與中國國民黨共享權力，然而，就在一年後，國共內戰就爆發了。這種欺騙行為可以說是列寧主義的經典手段，對國內外的敵人撒謊為正常、甚至是值得稱讚的行為。因此，高調呼籲重建美中戰略信任將無法實質動搖任一方的戰略決策。

艱難的政策抉擇

中美雙方已經走向一種極度危險的競爭性戰略關係，本書的任務在於點出雙方所面臨的艱難政策抉擇，而這些抉擇將會決定雙方是要走向危機、衝突、戰爭，抑或是遠離深淵。本書目的是為了指出美中兩國仍有可能建立基本戰略框架，防止戰爭發生。我將此框架稱為管控的戰略競爭框架，並以三個核心命題為基礎。

- 首先，美中需要清楚知道雙方不能退讓的戰略紅線為何，以避免因誤判而發生衝突。此外，雙方也必須有以下認知：提升戰略可預性對雙方皆有利；戰略欺騙將是徒勞；以及戰略突襲十分危險。
- 其次，美中雙方應將戰略競爭的成本轉而用於其他競爭上，以提升彼此在軍事、經濟及科技上的能力。若有適當限制，此類競爭將能避免武裝衝突，防止任一方冒險開始一場危險、血腥且結果難以預測的戰爭。透過戰略競爭，雙方皆可提升、並向世界展現其在政治、經濟及意識型態上的吸引力。在此框架下，最具競爭力的國家最後將勝出，獲得（或保住）世界最強國地位，藉此也能避免末日預言發生。

- 第三，此框架將營造必要的政治空間，使雙方得以持續在某些特定領域合作，透過合作，將有助於兩國的國家及全球利益；相對地，若缺少有所共識的合作，則將有損利益。

不過我們也必須認清事實，沒有任何聯合戰略框架能夠實質避免戰爭。不過，若框架建構得當，並以清晰、透明且可信的威懾作為基礎，將能大幅減少戰爭的風險。此外，該框架也需要納入其他變因，如政策變化的可能性、雙邊世界觀的改變、針對舊有問題的新思維（概念上或技術上），以及在二十一世紀這個複雜的世界中，更為妥善地管理強權關係。最重要的是，中美可能因為此框架的推動而得出以下結論：在歷經一百五十多年的政治交流後，中美不會走向戰爭一途。

管控的戰略競爭的概念

究竟美中領導人能否共同找到一個適切的框架，以在雙方皆同意的範圍內，管理雙邊外交關係、軍事行動及網路活動，促進穩定並避免意外升級，並同時在關係中保留競合的空間，許多人對這些問題持懷疑態度。但我認為，美中兩國可以借鏡美蘇於古巴飛彈危機後為管理雙邊關係所建立的程序和機制。不過，就美中而言，若這兩個大國能在戰爭一觸即發之前得出共識，當然更為理想。顯然地，管控的戰略競爭會對美中雙方的安全政策設下嚴格限制，但同時，在外交、經濟和意識型態上，雙方能夠有更全面且公開的競爭。此外，華府跟北京之間也可透過雙邊協議以及多邊論壇在某些領域保有合作的可能。要建立這樣的框架談何容易，但並非不可能的任務，更重要的是，若沒有此框架，將付出高昂代價。

對美中雙方而言，真正的問題在於，他們能否在商定的範圍內，遵守高層級的戰略競爭，進而減少危機和武裝衝突的風險。理論上並無不可，然而實際上，雙方近乎消磨殆盡的信任卻大大增加了執行的困難度。確實，誠如前述，美國國家安全界的看法普遍認為中共為了欺騙對手，會不惜撒謊或隱藏真實意圖。照此觀點來看，中國外交之目的僅是為了把持對手，好為北京的軍事、安全與情報機制爭取時間，最終獲得優勢，並建立全新的既定事實。因此，若要博得美國外交政策界菁英的廣泛支持，管控的戰略競爭的所有概念皆必須有對等的查核機制，且此機制須由雙方共同協議。

管控的戰略競爭框架的核心在於，其從十分務實的角度看待國際秩序，其認知到，未來各國仍會持續建立對自己有利的權力平衡以確保自身安全；然而與此同時，他們也深知這麼做可能損害其他國家的根本利益，因而會帶來安全困境。然而，管控的戰略競爭框架的真正關鍵在於，隨著競爭加劇，必須建立若干規則以降低風險，並防止戰爭發生。在這些規則下，雙邊將能於政治和地緣範圍內大幅競爭。不過，若任一方破壞規則，情況將混沌不明，又回到充滿危險與不確定性的戰略叢林。

戰略紅線

建立管控的戰略競爭框架的第一步為確立雙方可以立即採取的行動，以達成實質性對話，接著協商雙方皆可接受的硬性條件。例如，可以要求雙方放棄針對基礎設施的網路攻擊。或是要求華府嚴格謹守「一個中國」原則，取消於川普時期所開始的、具挑釁意味但不必要的對台高層級訪問。同樣地，也可以要求北京降低近期於台灣海峽積極的軍事行動、部署與演習。至於南海，北京或可做出承諾，不再填海造陸或將更多島嶼軍事化，並承諾充分尊重航行自由和飛越自由。如此一來，美國與其盟友便可以（或說就必須）減少在該海域附近的行動。同樣地，中國與日本也可選擇透過私下外交雙邊協議（而非公開聲明），縮減在東海的軍事部署。之所以要列出這些條件，是為了讓雙邊意識到彼此在這四個關鍵安全領域不可退讓的紅線為何；更重要的是，亦可了解到，若越過紅線，大規模的報復行動可能隨之而來。雖說要劃下紅線，但卻不應該以任何正式聲明的形式、開誠布公地定義紅線，這看來或許有悖常理，但若公開定義紅線，將自我設限，甚至會使情勢適得其反，這是因為，不論某一方是否真的跨越紅線，或僅是在臆測階段，雙方國內的政治輿論都將掀起巨大波瀾。

戰略競爭

即便美中雙方對這些規定達到共識，兩國還是必須了解到，對方仍會挑戰戰略護欄的極限，以獲取最大利益。此外，華府與北京仍會持續在世界各區域爭奪戰略和經濟影響力，並想方設法以互惠方式進入對方市場，若被拒絕，仍會採取報復性措施。再者，雙方也會持續爭取外國投資、技術、資本與貨幣等市場。且雙邊也極有可能進行一場全球意識型態的較量——華府強調民主、開放經濟和人權；而北京則強調威權資本主義的優勢，以及所謂的中國發展模式。

戰略合作

然而，即使競爭升級，美中雙方仍有部分可合作的政治空間，就像是美國與蘇聯即便在冷戰高峰期仍有合作可能一樣。因此，對美中雙方來說，在利害關係沒那麼高時，應當還是有合作的可能性（至少現階段是如此）。除了在氣候變遷議題上合作，兩國也能建立雙邊核武控制協定，包含共同簽署《全面禁止核試驗條約》，並協議人工智慧於軍事應用上可接受之範圍。此外，雙邊亦可以共同合作，促使北韓裁減核武，並防止伊朗獲得核武。再者，兩國也可以在印太區域採取一系列建立信任的措施，如協調自然災害應對機制與人道主義任務。或是共同提升全球金融穩定度，重新安排受自然或醫療災害嚴重打擊的發展中國家債務。更可以齊心建立更好的系統，將未來的疫苗分配給發展中國家。

促進管控的戰略競爭的外交機器

無論是美中之間的可能存在紅線，還是競爭跟合作的潛在領域，皆可說是族繁不及備載。不過，其背後的戰略理由卻都是同一個：對美中兩國而言，比起毫無規則且未加管理的競爭，在同一個聯合框架之下進行管控的戰略競爭對雙方較有利。要提出雙方皆可認同的框架，拜登及習近平須派出其所信任的高層代表共同協商，唯有透過直接且高層級的溝通，雙方才能相互諒解與尊重。若真有違規情事（勢必不時會發生），這些人也會成為主要的聯繫窗口，並負責後續的相關處理。長期下來，透過最低限度的可預測性，雙方或許可以重拾對彼此最低限度的戰略信任。那麼，美中或許可以發現，攜手對抗共同挑戰（如氣候變遷）具有諸多優勢，如此一來，可能會擁有更多信心，解決兩國關係中重大的難題。

很多人認為，抱持這樣的想法過於天真，不過，找出更好的解決方式是雙邊的責任，但目前卻缺少這樣的做法。不論雙邊政府公開言論為何，兩國無不盡力找尋管理方案，讓彼此的關係可以安然地度過未來重重危險。不過，除非雙方達成管理協議的基本共識，否則無法管理任何關係。

管控的戰略競爭框架的成功／失敗標準

要如何衡量聯合戰略框架的成功（或失敗）呢？成功的指標之一為，直到二〇三〇年之前，台灣海峽未爆發美中之間的軍事危機或衝突，或美中未對彼此發動網路攻擊。另一項顯著的成功指標為，雙方共同通過公約，禁止各種形式的機器人作戰；或者是雙方願意攜手，並與世界衛生組織合作，為對抗下一場流行病採取即刻行動。不過，最重要的指標或許還是雙方願意以公開、積極的方式，宣傳各自的思想、價值觀與問題解決方式，以獲得全球支持，而非使用武力將這些體系強加於他人。

另一方面，若要判定管控的戰略競爭失敗，台灣議題一定是最重要的指標。若習近平認為單方面打破與華府的私下協議能夠挑戰華府立場，世界將陷入巨大危機，這場危機也會在轉瞬之間改寫全球秩序的未來。

管控的戰略競爭框架下，中國如何處理與美國的關係？

那麼，中國對於管控的戰略競爭框架的看法為何呢？一言以蔽之的回答是，「有其困難」。特別是此框架的第一項要素，即涉及中國戰略紅線的相關限制，困難度十分高。在此框架之下，中國在台灣、南海、東海的行動以及其網路行為將備受限制。長期以來，北京在這些安全領域部署大量的灰色地帶戰術，解放軍（或其準軍事領導人）一直對美國、台灣、日本及其他美方盟友施壓探測。北京之所以這麼做，有三個目的。首先、為中國海軍提供積極訓練，因為自中國共產黨成立以來，中國海軍沒有任何實戰經驗。第二、預演發生實際衝突或危機時，敵手可能採取的行動與反應。第三、針對中國的多項領土爭端持續調整實際情況，以合理化中國的領土和海洋主張，而中國也永遠不會將這些爭端交由任何形式的國際仲裁處理。因此，改變雙方長期認定與接受的「事實」一直是中國伸張其主張的手段。此外，中國也意圖營造此一形象：隨時間進展，中國將具備壓倒性資源對付其所有目標（如在南海爭議水域部署漁業民兵船隊），最終讓對手體認到抵抗毫無意義。

此外，在其政治體系內，中國已經慣於將外交、軍事／準軍事行動幾乎完全分開。

這麼做的目的是為了讓中國在對外處理雙邊與區域政治關係時，得以盡可能表現出知情達理的樣子，不過與此同時，中國軍隊亦可採取一切必要手段，實現北京的國家安全目標。實際上，以中國內部決策過程而言，中國外交部的高級官員相對來說無法約束中央軍事委員的行為，更違論指導他們的做法。整體而言，在中國，軍事跟外交可以說是兩個各自獨立的世界，唯有在習近平個人辦公室的最終決策中心，這兩個平行世界才可能交會。

中國擔憂：管控的戰略競爭束縛中國手腳，只能得到真正戰略成果的有限可能性

考量前述原因，自願參與管控的戰略競爭框架，使自身利益受限，對中國究竟有何好處？很大程度上，這取決於中國對其目前不受約束行為之未來風險評估。以軍事戰略和訓練而言，解放軍和美國軍隊一樣，不樂見其行動受到立意良善的外交官員干預。儘管如此，不論是中國領導人或解放軍，都不希望過早和美國在中國所關心的海上戰場爆發武裝衝突，除非北京確信自己的軍事地位已不可撼動。至於目前，中國尚未有這樣的自信，且風險仍過高。正是因為此一因素，加上美日對中國軍事部署可能採取的回應手段，要北京認真考量未來對艦艇和軍機採更嚴格的共同限制，其實不無可能。

這對台灣、南海和東海會造成什麼實際影響難以推測。中國目前在這三個區域採取相當不同的做法，以東海而言，美日態度也不同。不過底線是，共同商定的管控的戰略競爭框架或可降低這些動盪區域的衝突，目前這些區域可以說是毫無規則可言。若缺少戰略護欄，三區域海空行動的頻率和強度將持續上升。這也意味著，若未來中美或中日間發生軍艦或飛機意外碰撞，北京所面對的問題已不再是是否要處理其行動及外交後果，而是何時要處理。

對中國來說，網路安全和網路攻擊也會帶來安全危機、挑戰或機會。至於究竟會是何者，則取決於中國政府目前以國家為根據、對美國政府、企業、民眾及美國各地盟友的攻擊力道，以及中國可從中獲取的利益。其他因素包含美國對中國之反擊力道；中國的反制措施是否足夠；以及中國領導階層對此的重視程度。這些興許是中美安全關係中最模糊也最不透明的議題。

過去十年裡，報導過中國以美國作為目標的很多攻擊事件。其中，最引人矚目的為前文討論過的、二〇一三年中國駭客滲透美國政府人事紀錄系統事件，被竊取的資料包括所有員工的機密檔案，以及他們為申請安全許可所透露的詳細資訊。為此，歐巴馬政府也向中國領導人反映，美國對於中國對美私營企業的網路攻擊將報以更高度的關注。此後，雙方也共同努力達成協議，承諾要終止一切商業網路攻擊。然而，根據美方說法，這些承諾僅維持幾個月，網路攻擊便捲土重來。此外，美國也借用非政府力量，希冀透過學術機構讓中方學術機構加入雙方網路安全協議，不過，此方法效果有限。

在這樣的前提之下，同樣的問題再次浮現：那就是，若中國同意與拜登政府簽署任何具約束力的協議，進而限制或禁止網路攻擊發動，那麼對中國有何好處，以及若遵守協議，其又有何好處？畢竟，北京多數人都認為，目前的安排（或說欠缺安排）為一種不對稱的戰爭形式，對中國大有助益，尤其考量到美國脆弱的網路系統，易滲透的目標可說是不勝枚舉。不過，對於來自美國的網路攻擊（包括對其重要公共基礎建設之攻擊），北京還是有一定的危機感。中國的新創計畫日漸蓬勃，因此，北京也將更謹慎嚴防其國有與私營企業受到外部網路滲透的影響。不僅如此，北京亦將更深刻地認知到，中央領導階層的相關資訊（如個人財富規模）很有可能遭竊取並被公諸於世，而這類資訊若公開將帶來破壞性後果。因此，就與美國重新討論網路協議的好處，中國內部極有可能進行一場激辯。

管控的戰略競爭與再度將中國經濟視為首要考量

我們應切記，中國的根本利益根植於經濟長期成長，這也是中國在管控的戰略競爭框架中的首要考量。在領導階層眼中，中國經濟成長的規模、力道及完善程度為中國國家勢力的根基。近二十年來，由於缺少重大國際衝突，中國得以有機會專心一志發展國家經濟任務，因此中國政府也將目前的時代定義為戰略機會時代。截至目前為止，中共對國際情勢的此一判斷都維持不變，不過有可能在二〇二二年底的第二十次全國代表大會中修正看法。

截至二〇二一年，即便中國領導人已明確定調其國內外表述，但現階段中國並不樂見其所身處的戰略敵對環境。總結而言，若可以的話，中國政治機構其實從一開始就希望避免美國在二〇一七年後，針對習近平的領導所採取的尖銳戰略回應。若看到中國對拜登政府的多次呼籲，希望恢復先前的高層級政治對話渠道，以重新穩定雙邊關係，這個意圖就相當明顯了。因此，中國政治體系內其實有一派聲音，希望美中關係得以恢復到某種穩定程度，如此一來，中國領導人便能將注意力轉回經濟上，推動經濟模式的長期轉型。不過北京也十分清楚，其與美國的關係是不可能恢復到先前狀況的。過去四年發生太多事，從二〇一八年至二〇一九的貿易戰、二〇二〇年疫情爆發，以及拜登自二〇二一年上任後日趨強硬的政治態度等，雙方破裂的關係不可能在一夕之間修復。不過這並不代表北京無意阻止雙邊關係變得更加險峻（雖然這是既定現實），因為其十分清楚內部脆弱並非一時半刻能夠克服。

因此，對北京而言，若管控的戰略競爭框架得以協助控制中美目前日益增加的安全和外交政策緊張關係，以及一觸即發的危機，那麼，何樂而不為。一直以來，中國的長期戰略皆是以經濟實力和科技基礎取勝。在北京的算計中，管控的戰略競爭或許可以讓中國持續鞏固這些實力，直到其整體國力足夠，得以部署其他國安和外交政策目標。與此同時，對北京而言，管控的戰略競爭或許也可以幫助降低雙邊的戰略緊張關係。

管控的戰略競爭與中國外交政策利益

與此同時，管控的戰略競爭框架並無法阻止美中間在區域及全球政治影響力上的較勁。確實，如一些人可能會說的，若管控的戰略競爭真的可以在未來十年，協助減少安全政策的整體緊張氛圍，那麼中國要擴大其外交政策影響力也會變得更為容易，尤其當其他國家認為不再需要為了國家安全考量，而在華府和北京之間選邊站，狀況又更是如此了。實際上，在中國領導階層部分人眼裡，若中國外交政策重回過去幾十年來成功的經濟發展政策軌道上，而非以戰狼外交的方式對踏足中國敏感議題（如台灣、南海、新疆）的國家出言不遜，中國的國際政治地位可能會有所提升。此外，若中國有意持續對美國、西方和其他民主世界發動意識型態戰爭，以捍衛和倡導中國發展模式，其也不會受到阻撓。當然，若中國深信其制度具絕大優勢（如其國內政治宣傳機構所主張），那麼其確實有理由這麼做。近十幾年來，自由資本主義體制出現了若干重大缺失，如二〇〇八年的金融海嘯，以及二〇二〇年新冠肺炎初爆發之際西方國家所採取的防疫措施，由於這些事件，中國可能做出以下判斷：曾被視為無所不能的「華盛頓共識」當中存在著中國可以利用的系統性漏洞。此外，中國亦須判斷，這麼做是否有助於其宣揚意識型態。不過，從許多方面來說，意識型態及思想競爭將是管控的戰略競爭框架的核心。如我先前所說，在思想、制度及治理的世界，願最好的體系勝出。

管控的戰略競爭下的中國多邊外交

在管控的戰略競爭框架之下，中美將得以在雙方具巨大共同利益的特定領域持續合作。就某些政策領域而言，和美國合作確實能為中國帶來國家利益，尤其是在未來十年，舉例來說，雙方能透過各自在二十國集團、金融穩定委員會、巴塞爾委員會及國際貨幣基金組織的活躍會員身分，維持全球金融穩定。畢竟，中國並不希望看見國際金融危機再次席捲全球，如此等級的危機若重演，可能會破壞中國的長期經濟發展計畫，包括其國內政治穩定。此外，二〇二〇年經濟衰退後，全球債券市場面臨前所未見的高公債情形，因此，中國有十足的理由極力避免主權違約（sovereign default）風險，防止情勢演變為大規模的金融危機。中國也曾於二〇二一年與巴黎俱樂部談判，協商是否對中國債權國（因一帶一路倡議快速增加）重新安排債務，這也再次凸顯在維護全球金融穩定這個複雜又難解的任務上，國際合作所扮演的重要角色。

至於氣候變遷議題，考量到中國的國家經濟及環境利益，國際合作已成為必然。作為全球排放最多溫室氣體的國家，中國的國家減碳目標將影響全球氣候走向，不過，若中國無法在未來十年與美國、歐洲、日本，及最關鍵的印度合作，那麼氣候行動最終還是只能以失敗收場。換言之，在氣候議題上，北京別無選擇，必須與華府攜手合作，共推國際解方。

除此之外，還有全球核擴散所帶來、揮之不去的風險，在這方面，尤以伊朗和北韓造成的風險最巨。雖然這兩個國家都不可能將中國視為目標，不過北京確實需要防止他國（如日本）在面對日後來自德黑蘭跟平壤的核威脅時，為維護自身安全而採取的報復性核擴散手段。再次重申，為了中國國家利益考量，中國必須與美國合作，維護現有多邊核不擴散機制的完整性。

基於上述原因，管控的戰略競爭可能提供中國可接受的替代戰略框架，用以管理未來十年與美國的整體關係。美國二〇一七年後的戰略現實使中國智庫正為這對雙邊關係尋找新的指導原則。如前文所述，現在情況已不容許雙方回到歷屆美國政府所稱之「戰略接觸」時代，或中國過去常提到的「雙贏」原則，這已經是鐵錚錚的事實。北京面臨的關鍵問題是，從國家利益、價值觀和戰略角度來看，管控的戰略競爭是否為其提供足夠的操作空間，以及此框架所帶來限制是否合理。我並不知道這個問題的答案，不過我想這值得深究。

管控的戰略競爭框架下美國的中國政策

接下來要探究的是，框架下的另外一方：在管控的戰略競爭框架之下，美國的政策制定者要如何因應美中戰略的改變？此框架對美究竟是利是弊？如同中國的看法，美國軍事戰略家不會希望受限於某個抽象的外交政策概念，尤其是在硬軍事準備方面，如海軍演習或空中偵察任務。至於五角大廈，對其來說管控的戰略競爭最大的問題在於，該框架若通過，相當於是在未來十年為中國提供一張有效的戰略「通行證」，由於缺少立即性的軍事威嚇，中國將持續加強經濟，同時擴張軍事能力。更甚者，若中國在這十年的最後突然決定改變政策方向，選擇以強大的軍事能力攻克台灣或其他目標，其將銳不可當。此外，美國的情報機構也可能提出異議，認為就算中國同意簽署任何安全政策協議（不論是針對台灣、東海、南海或網路安全），此框架皆毫無意義，因為根據中國過往行為來看，北京不會遵守其在軍事行動上所做的承諾。這類的經驗多不勝數，如歐巴馬執政時期與習近平達成的短暫網路協議，以及習近平曾承諾不對南海填海造陸島嶼進行軍事化。

管控的戰略競爭、權力平衡、嚇阻

針對這些反對意見，我的回應如下。首先，從美國的角度出發，得以擁有額外十年的時間來重建或加強美國在經濟、軍事和科技上的實力，以在美中關係中取得對其更有利的權力平衡，此事非同小可。以此觀之，時間將站在美國這一邊（即使中國可能也有同樣的想法）。再者，從美國軍事規劃的角度而言，關鍵問題在於，十年後面對中國的軍事進展，美國究竟處於優勢抑或劣勢。

至於中國的「欺騙」問題，如前所述，在外交、軍事戰術及戰略的使用上，北京可說是毫不避諱地使用欺騙手段，尤其當對手是資本主義和帝國主義時，更是毫無保留，畢竟，在北京看來，在過去兩個世紀，其可說是備受這兩大主義欺凌。不過，並不只有中國可以玩弄欺騙手段。這也在在凸顯了，不論要簽署什麼協議，相互查驗機制都至關重要。以美中安全關係中四個最相關的作戰區而言（第五個為太空系統，因為反衛星戰爭可能造成戰略盲區），要進行戰略承諾、相關信任以及安全建設措施的查驗，整體而言在技術面是可行的。換言之，考量到其性質，最有可能造成美中關係急遽惡化的幾項手段（如在南海建造更多島嶼）若真要執行，基本上難以做到大規模的欺騙。在不同時代、但相似情境之下，雷根曾提醒我們，查核是重建任何未來政治、外交和戰略信任的關鍵。

由於實際考量，管控的戰略競爭概念的推行確實可能為美中雙邊帶來複雜的挑戰，但撇除這些，美國仍擁有絕大優勢，那就是在接下來十年內，與中國發生武裝衝突（不論是意外爆發或是人為設計）的風險將大幅降低。美國並不想打仗，戰爭的不確定性太大，且若衝突升級，情勢將變得岌岌可危。不論從什麼角度切入，作為全球強權，若捲入戰爭，美國的損失將最為慘重。對現在的美國而言，若因戰爭這個單一決定性事件而失去全球領導地位，這個風險其承擔不起，此外，戰爭可能對美國軍隊與經濟造成的破壞力更是難以想像。不意外地，這些擔憂可能也是中國領導人目前的感受。光是這個原因便足以採取一切必要預防措施，大幅降低戰爭的風險，這也是管控的戰略競爭框架之所以重要的原因。

一些美國和中國的民族主義政客，以及其身旁秉持超現實主義的政策顧問（policy über-realists）可能會說，管控的戰略競爭框架所提倡的一切不過是在延後危機的發生。確實，此言並無不假，不過這並沒有錯。我個人並不覺得讓這場危機（即戰爭）

延後到很久以後發生有什麼不對，這更不是什麼懦弱的表現。有人甚至會出言攻擊這種做法只是一種綏靖策略罷了，不過歐洲綏靖的本質在於眼看領土一步步被併吞卻悶不吭聲，這與本書所提的狀況完全相反，前文中列出的戰略紅線皆定義明確。欲以有限戰爭來解決美中關係的政治對抗，可說是再愚蠢不過。一戰爆發時，部分歐洲國家正是認為其所打的是一場有限戰爭，然而，歷史已證明，不要輕信有限戰爭。過往事件告訴我們，戰爭極有可能升級到難以控制的地步。相較之下，延後戰爭發生能夠創造更多政治空間，隨著時間推移，此空間可以容納不斷變化的外交情緒，這或許可為二十一世紀兩個強權的全方位戰略競賽帶來長期、和平的解決方案。這樣的解方現階段可能超出我們的政治能力想像，不過在未來或許可成為現實。不過，若戰爭爆發，這一切可能將不復存在。一旦戰爭的鼓聲響起，理智便不再管用，接著，雙方便會開始針對最壞的情況訂定計畫，蠻力也隨之介入，任何以和平手段解決爭端的前景也將永遠消失。接下來，中美雙方領導人的政治和個人未來都將交由血腥的戰爭來決定。管控的戰略競爭並非阻止戰爭發生的最佳機制，不過其確實是防止戰爭的最佳機會。

管控的戰略競爭與美國在台灣、南海和東海的戰略利益

管控的戰略競爭框架將如何影響美國在台灣、南海和東海議題的核心戰略紅線？

和中國一樣，此框架將為美國帶來機會與限制。在台灣議題上，拜登政府已有足夠彈性為台灣安全提供一切所需條件。二〇二一年六月，美國政府重申其長期以來的戰略模糊政策，此舉也穩定了與北京的關係，不過在同年十月，拜登總統的措辭卻變得毫不含糊。在戰略模糊策略之下，針對「美國是否以及會在多大程度上對任何潛在的台灣議題進行軍事干預」此一問題，美方並無定論。美國之所以採取戰略模糊策略，有兩個目的。第一、嚇阻中國考慮進攻，因為中國無法保證美國不會為了支持台灣而進行干預。第二、阻止台灣未來政府在台灣獨立議題上過於魯莽，因為華府可能會拒絕背書，且勢必會招致中國的軍事行動。

不過，在管控的戰略競爭框架之下，美國可能必須更謹慎以待中國長期以來對「一個中國」政策的敏感情緒。這也代表了，美國在往後必須停止與台灣政府間的高層級官方接觸，包括在川普時期有所增加的、與台灣武裝部隊間之直接軍事合作，這類合作也持續到拜登時期。不過，如果說阻止中國未來對台灣採取脅迫性軍事行動是美國對台的首要戰略目標，那麼其實並不需要違反「一個中國」政策。相反地，美國該做的是檢視目前美國軍隊的結構及能力，找出不足並加以改進，以恢復能在東亞與中國相抗衡的軍事勢力。此外，台灣也須認真看待其島內存在數十年的備戰不足問題，至今，台灣尚未有任何政黨表示有決心解決此問題。再者，美國、日本和台灣也必須和夥伴、盟友和同盟攜手合作，為台灣經濟打造長期韌性，以因應中國未來可能採取的經濟脅迫手段。而這些因應措施在推行上，並不會因為美國與北京達成「一個中國政策架構維持不變」的共識而受到影響。必須聲明的一點是，玩弄「一個中國」政策的操作性或聲明性內容只會是任性妄為的愚蠢戰略行為，無法為美國國家安全政策帶來任何實質貢獻。確實，針對「一個中國」的政策內容作文章在美國某些區域可能可以帶來選票，但若真要促進美國國家安全，必須聚焦在更根本的目標，也就是維護台灣戰略現況，這也是過去半世紀以來美國政府的成功作為。

就南海議題來說，對美國而言，在管控的戰略競爭框架之下，若得以限制解放軍目前在灰色地帶的行動（不論是質是量），確實令人樂見。雖然中國不可能同意從南海的七座「島」撤軍（中國曾承諾美國不會軍事化人工島），但若能與中國達成協議，停止在南海的進一步填海造陸行動，將會是個好的開始。不過，中國可能會進一步要求，所有南海的其他島嶼都不能進行軍事化。但考量近年中國海警局、海關、海洋研究和漁船紛紛蜂擁至南海的情況，任何對中國海上部署數量之限制措施都將帶來正面及穩定的結果。對此，美國可能做出回應，針對未來南海的自由航行行動提出適當、合理且得宜的規範。另一個美國可能採取的措施為明確警告中國，讓中國知道，若其持續在灰色地帶升級行動，將使得南海的自由航行行動及美軍軍機飛行的頻率、強度及範圍都有所增加。

不過，除了這些可能的措施，美國亦可透過管控的戰略競爭框架和中國達成協議，承諾不以軍事或準軍事裝備向菲律賓（美國唯一一個和中國在南海有爭端的條約盟友）施壓，以此提出進一步的領土和海洋主張，這可能也會成為框架中最為重要的協議。當然，中國很有可能不同意。不過，拜登政府近期才重申美菲共同條約的完整性，此外，相較杜特蒂政權來說較不親中的候選人也有可能在二〇二二年的菲國總統大選中勝出，因此，出於利益考量，中國可能會縮減目前挑戰馬尼拉領土主張底線的強勢戰略。

另一方面，東海的戰略情勢與南海大不相同。如前文所述，在這三個海洋區域中，台灣對中國利益最為重要；次之為南海（中國主張的爭議範圍廣大，且與美國直接衝突）；東海之重要性則位居第三。此外，美國在東海爭議區域的直接海空軍部署一直以來都有限，過往，中國若在日本釣魚台列嶼二百海里內的專屬經濟區採取海空行動，皆是由日本自衛隊採取回應手段。不過，中國在東海灰色地帶針對日本所採取之行動與其在南海之行動有所雷同。這一點，從中國穩定並持續增加的海空行動便得以知曉，這些行動之目的在於測試日本的回應模式，同時希望藉由各單獨事件日漸耗盡日本的國防資產。

儘管如此，在未來十年的多數時候，管控的戰略競爭框架仍舊能協助和緩中日間的政治緊張關係，而非讓美日關係更加緊密，進而為中國帶來一定的結構性利益。舉例來說，中國已經開始擔心四方安全對話（美國、日本、印度、澳洲）比其一開始預期的還更快成為一個多邊安全與外交政策機制。此外，北京也開始擔心，其所持續推動的戰狼外交及日益激烈的做法會引起許多亞洲和歐洲民主國家之反彈，進而對中國懷有敵意。此外，一如菲律賓的狀況，拜登政府也重申美日間之雙邊防衛條約亦適用於釣魚台列嶼。這也意味著，若發生中日船隻或飛機的衝突或碰撞，可能導致美中關係快速緊張。若近期的狀況不變、中國持續出動軍機的話，發生事故的可能性亦將增加。基於這些原因，美國可能發現中國或許有意降低和日本緊張情勢。

在正常情況下，中國並不想一次捲入多個外交戰場，更無意與日本或美國在一個重要性相對較低的場域發生過早、且不必要的武裝衝突。而中國亦清楚了解，若要實際降低與日本的緊張關係，唯一方式只有在頻率和強度上，減少對日本主張之專屬經濟區提出挑戰。因此，在管控的戰略競爭框架下，中國可能會減少整體對日本的軍事和準軍事活動，至少在接下來幾年，這可說是對東京和華府有利的結果。若中國拒絕，美方亦可考慮其他選項，包括美國直接部署在爭議島嶼及周邊，以更積極應對中國不斷增加的侵略速度和強度，而這並非北京所樂見的發展。也因此，考量這些風險，北京可能會較願意採取更溫和的做法，亦即盡力將與美國的戰略競賽保持在一個可管理的政治及軍事範圍內。

管控的戰略競爭和美國的網路及太空利益

至於網路和太空議題，美中雙方皆有採取實際措施的空間，以加強長期戰略穩定。如前所述，在美國看來，網路議題對中美皆是一把雙面刃。若華府能與北京談成具強制性的網路安全協議，加以限制中國對民營企業（特別是科技公司）和重要公共基礎建設的網路攻擊，那麼美國整體的國家安全利益將有所提升。然而，若此舉不可行，美國可能採取之另一個做法便是，對中國企業及其重要基礎建設發動全方位的網路攻擊。這將大幅提升美中在網路衝突上的風險，不過也可能迫使雙方重新談判雙邊協議。俄國的網路能力，以及中俄迅速發展的安全關係，讓美國更是擔憂這種新型的不對稱戰爭。究竟俄中之間互相分享了多少美國和其盟友的原始和精密情報資訊，仍舊不得而知，不過俄中關係自二〇一四年起便不斷提升。因此，與北京的網路協議要發揮效用，就必須和莫斯科也簽署類似協定，不過，不幸的是，若真要將俄羅斯也納入其中，美國希望與中國在網路議題上取得的進展可能難以實現。

在美中關係當中，與太空系統相關的挑戰大抵上和網路相關議題所帶來的挑戰十分類似。中國目前的太空政策（詳見第五章）與其整體國家戰略相吻合，重點在於盡快克服中國在太空情報、追蹤和監控系統、衛星導航網絡及反衛星戰等領域的不足。在北京與美國勢均力敵之前，中國不大可能與美國坐上談判桌討論這些議題。唯一的例外可能是反衛星戰，若發生重大安全危機，反衛星武器可用以蒙蔽雙方的資訊來源，其效果如同對陸地重要基礎建設發動網路攻擊。如此一來，一方可能會因為擔心遭受攻擊而先發制人，率先採取軍事行動。北京、華府和莫斯科都同意這是造成不穩定的其一因素，因此在此領域上，有可能可以取得不錯的進展。

中俄已正式向聯合國大會提交《防範在外太空部署武器與使用武力或威脅對付外太空物體條約》（*Treaty on the Prevention of the Placement of Weapons in Outer Space*, PPWT）在此條約之下，簽署國「不會在外太空部署任何武器」或「對外太空物體訴諸武力威脅或使用武力」。不過，美國的談判人員和政策制定者並不信任該條約，因為美中兩國皆曾多次測試聲稱用於和平用途，卻可作為反衛星武器的雙重用途系統，如雷射系統，或能夠攔截大型衛星的機器手臂「清道夫」衛星。此外，美國也指出，中俄為少數十二個拒絕簽署聯合國於二〇二〇年十二月所通過之決議的國家，該決議之重點在於敦促各國採取新作為，「透過規範、規則和負責任的行為原則減少太空威脅」。不過，作為第一步，要就反衛星武器之使用達成具體的雙邊或三方協議仍是有可能的，若無法實現，至少還是可以展開對話機制，商討可行做法。除了反衛星系統以外，要限制中國將太空系統用於軍事用途基本上不太可能。只要中國仍處於和美國的競賽，且可採取任何手段縮小與美國在此領域的實力差距，這種情況就會持續存在。

管控的戰略競爭和美國在二〇二〇年代與中國競爭的能力

然而，透過長期推動管控的戰略競爭框架，美國可改善與中國在經濟、外交和人權關係上的關係。若能有效將兩國關係的安全紅線控制在合理、可控及穩定的戰略護欄內，美國將能專心一志地發展長期國家力量。不過，要實現這個可能，有三個前提。第一、美國經濟的復甦與再造，尤其是次世代的基礎建設、科技、研究、開發資金和教育投資。第二、美國重建與盟友和夥伴的外交、貿易、投資、科技及安全政策連結，使之成為更廣泛的政治永續國際聯盟的一部分。第三、以民主韌性和復興、個人自由的普及、自由民主治理的長期效益為基礎，在美國國內外推動全新的意識型態攻勢，以和美國定義為威權主義之壓迫、脆弱和腐敗相抗衡。本章節稍早提及在這三個重要領域，美國尚需要時間做出改變。對美國而言，如欲透過有效的中國戰略獲得成功，須取得來自美國政壇雙邊足夠的共識，如此一來，不論哪個政黨執政，二〇二〇年代都將成為美國重建國力的關鍵十年。要實現此一願景，兩黨須達成前所未有的共識，確保即便在不同政府下仍有戰略連續性，避免每次政權更迭就改變戰略。

到頭來：一切都和經濟脫離不了關係

美國之所以為全球霸主，靠的仍是其經濟地位，包括規模、創新、效率、競爭力、對國際標準制定的影響力、對全球貿易和投資之影響、在資本市場的深度，以及美元持續的國際地位。然而這些過往的經濟實力並非一成不變，如今一切皆受到挑戰。舉例來說，為與中國有效競爭，美國必須改革並恢復大規模移民以擴大內需，同時也得利用區域和全球貿易自由化的方式擴大海外市場。美國的創新亦需靠一系列稅法、產業、高等教育和創新政策在背後驅動。而美國若要維持競爭力，則必須在稅收政策上取得謹慎的平衡，避免左右派的意識型態狂熱破壞了造就美國全球經濟成功的傳統基石。此外，美國聯邦和州政府也須加快腳步，盡速現代化美國國內殘破的基礎建設。首先，美國需要在席捲全球金融市場的金融科技浪潮取得一席之地。美國聯準會需要管理美元的國際優勢地位，避免其淪為政治和外交角力之武器，並有效應對新興數位和替代貨幣挑戰。除此之外，目前最重要課題為美國需要壯大美國中產階級，並減少全國多數區域收入不平等的嚴重現象，為長期經濟改革計畫取得足夠的國內政治支持。對任何政府而言，這都是一大難題，因此這需要持續的、且在某些情況下激進的國內政策手段才能成功，而這一切都需要時間。無庸置疑的是，若可以在未來十年，成功避免具破壞性的重大衝突或戰爭爆發，這個願景將更有可能實現。

不過這不僅是國內經濟政策上的挑戰，其同時也是國際經濟政策的挑戰，涵蓋了如貿易政策、數位商業革新和全球數位治理等面向。毫無疑問地，在美國未來的中國戰略中，最窒礙難行的部分莫過於：美國向其世界主要戰略夥伴全面開放經濟。一直以來，美國皆自詡為世界上最開放且全球化的經濟體。不過這並非事實，就算是在川普執行保護主義之前，情況也非如此。自由貿易、投資、資本、技術和人力市場的關稅與非關稅壁壘仍然十分強大，即使是對美國最親密的盟友亦然。不爭的事實是：若美國要鞏固自由世界的核心地位，其必須在主要的北美、歐洲和亞洲戰略夥伴及盟友國界建立一個日益緊密的國際市場。隨著時間推進，該國際市場也須延伸至中東、拉丁美洲和非洲盟友。畢竟，在這個二元化的世界裡，要求這些國家忽視與最大貿易夥伴中國的核心經濟利益，並在缺少能與中國抗衡的經濟誘因之下轉向美國宣示政治忠誠，此外交政策想法可謂愚蠢至極。想當然，這樣的想法勢必會引來美國國內保護主義者的群情激憤，而當初川普便是在民粹主義的煽動言論下，善用了這股反對浪潮。一國的國會若是分裂，要安全地越過政治險灘簡直是不可能的任務。儘管如此，引領美國加入全面的跨大西洋和跨太平洋自由貿易協定為目前拜登所面臨的巨大挑戰，而這些協定將與北美自由貿易協定一起在未來建立起一個巨型自由市場。若失敗了，那麼中國的龐大威權資本主義市場的拉力很有可能就會占上風，這也正是習近平所希望的——經濟最終戰勝政治和價值觀，即便這會損害世上許多國家的自由和安全。

正如習近平的政治成功靠的是讓中國人民感到滿意，美國若要推動任何貿易自由化計畫，必須確保美國人民同時也得以有機會享受經濟平等的果實。勞工階級並不會支持任何貿易和投資自由化議程，除非他們看到對自己的好處，如物價降低、工作環境改善、工資提升，且在義務教育、醫療保健和環境標準方面都有大幅改善。在過去數十年、美國坐擁全球霸權地位的光輝歲月裡，雇主和員工之間有著強硬的不成文社會契約。然而，近幾十年來，隨著貧窮勞動人口大增、財富高度集中、社會信任下降、種族分裂惡化，以及對環境的破壞，社會契約逐漸瓦解。這些也正在撕裂支撐美國政治體系的社會結構。因此，要有效推動戰略以維持美國在二十一世紀之國力，不僅需要修復國內經濟實力之基礎，也需要修復社會契約。不過，這些同樣都需要時間。

管控的戰略競爭和美國外交政策利益

針對中國的行動，究竟美國會在全球及區域層級採取何種回應最終還是取決於經濟實力，尤其是美國政府是否願意面對其在經濟政策上的挑戰，雖說如此，外交政策的參與仍十分重要。美國外交政策主要的戰略核心原則為讓美國的朋友、夥伴和盟友清楚地認知到，身處在一個日趨二元化的世界會有什麼樣的後果。出於經濟及安全政策方面的考量，多數國家不願在華府和北京之間做出選擇，更遑論是被迫公開這麼做。從許多方面來說，非洲已經做出支持中國的戰略選擇。不過歐洲、東亞、東南亞、多數南亞區域、中東和拉丁美洲也面臨同樣壓力。若說管控的戰略競爭框架可以成功降低二〇二〇年代美中關係在地緣政治上的衝突，加上又少了川普政府的分化，那麼美國很有可能再創一個對雙邊和多邊外交及再交流更有利的環境。

管控的戰略競爭框架不會阻礙四方安全對話在印太區域作為外交和安全政策協調手段之未來發展，亦不會阻撓四方安全對話在未來進一步擴張，將南韓或甚至是印尼納入其中。它也不會妨礙美國為了將中國納入北大西洋公約組織和歐盟之正式外交及安全政策所做出的努力。確實，中國在近幾年藉其努力成功做到這一點。網路攻擊、人權議題、造成東西歐國家漸行漸遠，以及對澳洲的貿易限制等等，這些事件不只引起單一國家的不滿，而是造成整個國際社會對北京的反感。因此，各國也開始重新檢視與華府的利益平衡，以確保未來在面對中國經濟脅迫時，能握有更多籌碼。除此之外，管控的戰略競爭也不會阻礙民主十國聯盟（D10）的崛起（自七大工業國組織演變而來，由十大民主國家所組成）。印度、南韓、澳洲和南非的加入（若印尼和墨西哥也加入，將擴大為民主十二國聯盟）將使該組織變得比原來的七大工業國組織更加全球化。當然，中國必定會利用其全球外交力量，試圖往相反的方向前進，設法分化這些組織。不過，在管控的戰略競爭的整體概念中，外交政策在影響力上的競爭為重要的一環。

拜登政府自然希望讓美國重回多邊體系談判桌，為此，該政府已經開始實施全新戰略，希望重振多邊參與的傳統模式。這一切並不會因對管控的戰略競爭的承諾而受到絲毫影響，相反地，透過管控的戰略競爭框架的推動，中美之間因為二元安全政策導致的緊張關係得以緩解，也因而更有可能達到美國的目的。美國不僅會重新再次參與聯合國，也會參與世界銀行、國際貨幣基金組織、世界貿易組織、亞太經濟合作、東亞高峰會，以及二十國集團（俄國是中國在該集團唯一的盟友，不過阿根廷、巴西和土耳其為中國在特定領域的潛在盟友）。對此發展，世上多數人都會展開雙臂歡迎，特別是在川普政府之後，不論在人權、永續發展、核安全、貿易還是氣候領域，都還留有外交殘局的背景之下。在整個國際社會看來，美國的國際形象在川普執政期間可以說是受到重創，在這四年內，美國破壞了其過去費盡心思建立的多邊機構，而這些機構當初建立的目的，正是為了要穩定戰後的國際秩序。

如先前所述，修復需要時間，無法在一夕間完成。此外，也需要有智慧且謙遜的領導階層，而這樣的領導人在過去並不多見。改革世貿組織的爭端解決機制；重新加入《巴黎協定》；以及進一步資本化世界銀行和國際貨幣基金組織，以作為發展中經濟體在亞洲基礎設施投資銀行及一帶一路以外，可尋求的替代機制，這些都成了當務之急。同樣地，重新金援聯合國的主要機構也至關重要，畢竟，中國現已成為這些機構的第二大資金來源。至於美國一手創建的二十國集團，與其任其如別的組織一樣不受重視，美國可以善用其力量加深與其他國家的合作，打破長期以來造成多邊治理官方機構無法發揮作用的政治及政策僵局。這些不僅僅是美國（或中國）在軟實力方面的工具，也可能成為美國的談判籌碼，而這些談判將深遠地影響美國未來的硬實力，例如，在北韓、伊朗、核擴散、自主武器系統（autonomous weapons systems）和其他軍備控制領域的實力。除非美國願意挺身而出，為多邊體系的未來負起責任，否則考量中國的經濟、勞動人口，以及其可透過動員七十七國集團取得的絕對投票權，聯合國只會日漸成為中國管轄的組織。因此，必須再次重申，華府和北京之間的管控的戰略競爭框架不僅適用於美國對多邊主義的新承諾，也能更積極地將之付諸實行。

爭奪人心之戰

本質上來說，管控的戰略競爭也是一場思想及體系的根本競爭。在這場競爭當中，兩個相互衝突的世界觀彼此互相較量：一個以自由民主資本主義的原則及制度為基礎，並以美國的地緣政治力量為其終極核心；另一個則是根基於威權治理、馬克思列寧主義的意識型態，以及中國民族主義背後的驅動力。自由資本主義以及以其為代表的美國主導秩序向世界宣揚了普世人類自由的概念，這一概念也在聯合國於一九四八年提出的《世界人權宣言》中得到大力彰顯。而中國在習近平的領導之下，則是向世界宣傳另一種截然不同的發展模式，在此模式之下，由於經濟成長及政治安全為社會的集體目標，壓迫政治自由成為一種正當手段。在北京看來，由於中國在過去四十年來取得了令人望之稱羨的經濟成績，因此，其所採取的發展模式在國際間已得到認同。中美的觀點彼此相左，這也成為中國和由美國領導的自由民主世界之間、意識型態之爭的核心，習近平曾多次就中國爭取國際秩序的核心地位及全球治理的未來發表聲明，也恰恰證明了這一點。

自二〇一七年中共第十九次全國代表大會以來，中國遍布全球的政治宣傳機構便積極地投入了這場全球在意識型態上的爭辯。然而，在這場爭辯中，美國及其自由民主陣線的盟友卻顯得姍姍來遲。雖說如此，管控的戰略競爭框架的優勢就在於，若其能成功降低美中軍事衝突的直接強度，那麼這場全球意識型態競爭就有可能以相對和平的方式展開，也就是說，意識型態鬥爭不會爆發為武裝衝突，也不會發生我們在漫長美蘇冷戰中所看到的、會破壞穩定的代理人戰爭。確實，這場思想上的競爭若要分出高下，最終還是要根據其根本優劣、各自所交出的成績，以及其受全球人民支持的程度來決定，若真是如此，那麼願最好的制度勝出。事實上，自由民主資本主義世界應有萬分信心能獲得勝利。而習近平，想當然也對他的制度展現了相同信心。

全球視野——中美持續戰略合作的優勢

以管控的戰略競爭作為美中關係框架的巨大優勢在於，若情況符合兩國的國家利益，則能讓美中得以在國際層級持續合作。然而，若現在的情勢已經發展到新一場冷戰的等級，這一切都是天方夜譚。事實上，若是要阻止、甚或是全面防範冷戰爆發，積極提倡特定合作領域的雙邊框架或許是最好的方法。

就美國和中國而言，確實有諸多領域，是這兩個國家及整個國際社會皆有興趣共同合作的，不論是在雙邊關係，還是多邊政策及監管機構的參與皆是如此，例如，美國聯邦儲備委員會、美國財政部及中國人民銀行之間的合作對於全球貨幣、債券及股票市場的平穩運作至關重要。美中龐大的金融市場、目前的互動規模（即便過去幾年曾爆發政治衝突），以及彼此在對方司法管轄區持續成長的前景，這些都在在意味著雙方的監管機構對密切合作有高度興趣。在未來，美中關係很有可能在政治上變得更為棘手，若真如此，那麼如此層級的合作將更顯重要，尤其是考量到目前的情況，又更是如此了，美國和中國已經對彼此國家的指定個人、機構和公司實施了針對性的金融制裁，這樣的手段甚至成為雙方一系列正式法律條文的根基，且法條皆已生效，包括美國出口管制的詳細實體清單及中國的《反外國制裁法》。

此外，鑑於中美在穩定全球未來債券市場方面具有共同利益，且皆希望避免因為公債及公司債違約而造成另一場金融危機，透過二十國集團財長、金融穩定委員會，及巴塞爾委員會（Basel Committee）來推動多邊金融合作在日後將愈顯重要。因此，在全球金融方面，華府和北京可說是存在唇亡齒寒的關係，且彼此的依賴程度日益加深，也因為如此，要將兩國合計高達五兆美元的金融資本完全拆開，不僅極其困難，也存在潛在危險。由於這些原因，無論未來因為什麼原因造成美中全球商品供應鏈脫鉤，凡是連帶影響到兩國的金融服務業，使其也同步脫鉤，都將造成更嚴重的問題。

美中在氣候變遷上的合作也符合兩國的國家利益。習近平政權及拜登政府都意識到，未來不論是在國內政治、環境還是經濟方面，全球溫室氣體減排都是重要議題，他們也都深知，若雙方都未能大幅減排，全球氣溫將在本世紀升高到危險且可能無法逆轉的地步。由於這些原因，中美兩國別無選擇，非得在未來就氣候問題進行合作，因為他們直到二〇三〇年，都會是全球最大的排碳國。對華府來說，若其能善用與北京在氣候問題上的雙邊交流，以使中國在國內更大幅地降低排放，同時在國際上減少對燃煤的支持；並且能透過聯合國氣候變遷綱要公約與中國合作，以向其他主要排碳國（如印度）施壓，以更進一步減排，則其將有所受惠，而管控的戰略競爭框架便為這樣的合作帶來可能性。

因此，金融市場穩定及氣候變遷聯合行動可說是美中持續戰略合作的兩大重要領域，此合作不只可促進美中雙方的國家利益，也能為國際社會帶來共同利益。在美中雙邊關係中，還有許多像這樣的領域，包括：雙邊核武控制、防止核擴散、人工智慧系統在戰爭中的部署、反恐、毒品、未來流行病防疫管控、檢疫、貿易法的基本要素及民用航空。事實上，在未來，美國如果不能在前述及其他諸多領域與中國合作，可能會損及其利益。正因為和中國在諸多關鍵領域上合作能為美國帶來潛在好處，若未來的美中關係戰略框架無法意識、甚至接受這一事實，將是不智之舉。此外，在不同地緣政治的環境下，一些目前為了維持雙方於某些特定領域合作而推動的框架及相關決定，有可能成為未來重建雙邊政治及外交資本的關鍵墊腳石。

結語

在一些人看來，管控的戰略競爭這個概念的背後邏輯可能顯得相互矛盾，原因在於，此管控的戰略競爭框架不僅可以得到美中雙方認可，甚至能協助這兩個國家實現各自的區域及全球目標。然而，這才是真正的關鍵，若想透過框架的推動，有效降低兩國間因激烈戰略競爭而導致的武裝衝突風險，則此框架勢必得在某程度上，獲得兩國認可，或至少得到承認。否則，一個巴掌拍不響，對穩定整體關係將無法發揮實質戰略作用。因此，要實現核心目標，管控的戰略競爭必須是個平衡的框架，不能過於偏向雙方中的任何一方，若真的有所偏頗，就不可能受到採納或承認，以作為共同方法，那麼，這個框架也只會流於另一個單邊公約，雙方關係最終也會走向災難。

至於我在此所提出的管控的戰略競爭框架，來自中國的批評聲浪認為，其仍過於偏袒美國的利益，尤其是在維持台灣現狀方面，而這和中國的根本信仰教條互相牴觸。然而，戰略現實是，除了維持台灣穩定，任何其他決定都會立即引發美國及台灣的強烈反彈。另一方面，來自美國的批評則是認為管控的戰略競爭框架過於天真，竟假設中國會自動遵守雙方達成一致共識的規則，但以歷史為鑑，中國一九四九年後的國際關係在在顯示中共並不認為與西方的協議對其有任何約束力。然而，同樣地，就目前的戰略現實來說，在管控的戰略競爭框架之下，幾乎所有事情皆可被監控和查核，因此，信任不是先決條件。

管控的戰略競爭之核心邏輯在於，允許在外交政策、經濟及安全關係上，無所限制地進行最大程度的競爭；然而，在政治上的競爭應設下護欄，以盡可能減少危機、衝突和戰爭的風險。因此，為了讓此框架及其內容能為雙方接受並順利推行，任一方皆必須有一定程度的信心，相信其可在此框架之下保有競爭力，並持續茁壯。當然，在此框架協議的範圍內，美中雙方得以透過競爭為自身增加多少利益，將完全取決於其政策所發揮的效果，包括經濟成功、政治韌性、外交技巧、科技進步，以及雙方各自提出的意識型態框架是否禁得起考驗，以及在國際上是否受歡迎。

這一方法距完美尚有很大的進步空間，但對於那些反對者，我再次重申：若要批評，則應擔起責任提出更加可行的方法。提出單方面的方法很容易，亦即，為任一方提出可戰勝對方的軍事建議，要給出這樣的建議一點都不困難。然而，若要為未來制定一個既能維護和平、又不損害彼此基本國家利益的聯合框架，則要艱難得多。現實情況是，在中美戰略競爭的新時代，從邏輯上講，只有兩種選擇：管控的競爭和無管控的競爭，前者為競爭設下基本規則，並有望維護和平；後者則是沒有任何戰略護欄，也因而伴隨日益漸增的危機、衝突及戰爭風險。

後記

之所以著手撰寫此書，正是因為中美一戰雖然並非無可避免，卻也不無可能。原因之一為兩國的經濟、軍事和科技力量瞬息萬變，無法相互制衡。另外，早在二〇一四年，習近平已將中國的大戰略從原本的防禦姿態轉化為更加積極的政策，希冀於亞洲和世界各地提升中國的利益和價值。另一方面，美國自二〇一七年以來，為對付中國的崛起和政策上的十足自信，採取全新的對華戰略。川普和拜登政府都將其稱為「戰略競爭的新時代」。中國和美國在未來十年內的衝突有可能因上述三個因素一觸即發。當然，還有許多其他因素會影響美中關係，如歷史、種族、文化、身分和意識型態等。除了上述組合，一個悠久的「慣例」也是原因之一。一位中國前外交部副部長曾對我說，美國與中國對彼此的誤解稱得上是個根深柢固的傳統。

綜合以上因素和各方勢力，人們正處於美中關係轉變的關鍵時刻。愈來愈多中美兩國的軍事分析評論家都認為，某種形式的危機、衝突甚至戰爭無可避免。抱持著這種想法很危險。細究外交史的優勢在於了解自己嚇自己也能成為危機的導火線。斬釘截鐵的話語會帶來深刻的影響；國家相互妖魔化；公共政策也悄悄地從「預防戰爭」轉為「備戰狀態」。一九一四年歐洲國家迷迷糊糊地步入了戰爭。一戰應是對世人避免重蹈覆轍的一記警鐘。

這也是我將此書命名為《可避免的戰爭》（*The Avoidable War*）的原因，且本書的主要受眾以美國人居多。我撰寫此書有三個目的：第一，向他們解釋現今中美兩國主導的世界觀會如何將兩國推向戰爭；第二，戰爭如何一觸即發、戰爭發生後又會是怎樣的一番景象，以及它可能會帶來哪些意想不到的後果；第三，我們該做些什麼來防止這種情況發生。

許多只會紙上談兵的戰略家可曾想過多少中國、美國和台灣的軍人和平民將家破人亡？他們或許沒有想到中共會為生存在戰爭中奮戰到什麼程度；也沒有料到若中方節節敗退，或許將會使用大規模殺傷性武器。在中美兩國為那所謂「無可避免的戰爭」爭辯時，這些現實世界的考量應作為討論的依據。事實上，一位退休的美國三星上將近期告訴我，在與蘇聯的冷戰緊張局勢達到頂峰時，描述核爆後世界末日的澳洲小說

《世界就是這樣結束的》（*On the Beach*，後來拍成電影）對做出關鍵軍事決策的盟軍戰地指揮官影響深刻。我想，或許現在正需要這樣影響深遠的一本書或一部電影的出現，描述美國與中國之間逐漸升溫的衝突。我們絕不能抱持著「戰爭無可避免」的態度。如此一來，人人便會集體陷入一種無助的消極心態。

誰也無法保證任何戰事不會一發不可收拾，在危機存亡之際，各國都想先發制人或迅速鞏固政策和軍事力量。此類衝突會影響的範圍、強度和持續的時間皆難以評估。因政治因素，中美雙方都承受不了戰敗。中共一貫的政治理念就是責任必須歸咎於負責的人，所以若無法取得軍事勝利，習近平很可能會下台。如果軍事計畫全面失敗，人民對該政權將失望透頂，政權的政治合法性將因為戰敗而分崩離析。特別是考慮到公眾對中國勝利的期望（由十多年來鼓吹中國軍事力量的民族主義宣傳所養成）與被冷酷的戰場現實觸及痛處的差距。若政權垮台，也無法預測什麼樣的政權將取而代之、無法預見它是好是壞。不過若是美國敗北，可能就意味著美國四分之三個世紀以來軍事主導地位的終結。中國終將把東亞納入其戰略軌道中。在該情況下，在亞太地區之外，權力的角力只會發生於中國、俄羅斯、歐洲、印度和孱弱的美國之間，不過中國終究會稱霸、占據全球領導的地位。

換言之，中美之間任何區域戰爭都為世界上的地緣政治帶來驟變。正因戰爭後果將會帶來極大的不確定性，所有政治領導人應停下來，並反思《孫子兵法．始計篇》的智慧：「兵者，國之大事，死生之地，存亡之道，不可不察也。」

仔細分析如何避免戰爭是首要任務。不過，從某個角度來看，慮及此情勢涉及的複雜變因，這似乎是一個無解的難題。然而，從另一層面來思考，向前邁進的方式可能相對簡單：只要有個雙方皆同意的戰略框架，就能避免戰爭、同時堅守原則並維持和平；不過該框架也要足夠強大、為雙方未來十年的政治及軍事提供明確的戰略方針。此戰略框架也需要夠靈活，才能應對多種突發事件，這是「管控的戰略競爭」的基本戰略原理。

正如前文所言，這種方法非常現實。此方式考慮到目前的戰略現實，而非假裝它們不存在。它不冀望戰略性行為會因為人們良善本質、良好溝通或對戰略目標的完美理解而神奇地改善。因此，我描述的「管控的戰略競爭」並不仰賴任何程度的策略性互信。反之，它設定一個最低限度的規則架構，有明確的指導方向、監測、報告和驗證過程。

然而，管控的戰略競爭也有另一種可能性：隨著時間的推移，如果它能提供所求的戰略穩定性，兩國間可能會因經驗而建構雙邊的信任，隨時間流逝也可能發展對於彼此的新思維模式。全球共同面對的挑戰，例如應對氣候變遷方面的議題，對各國而言，這或許比國家之間的競爭更為重要。在整體政治優先事項中，傳統的國家競爭正在消退，而新一代、更加全球化的政治領導階級更偏好此思維，他們將承擔起未來的領導職責，引領我們進入危機重重的二〇二〇年代，以及之後的數十年。然而，想見證後面那幾十年，就得先挺過眼下的危機。

謝辭

本書可說是我這半生以來、與無數人對話下來的結晶。事實上，這本書最初的靈感來自於我母親遞給我的一份澳洲報紙標題，上面寫著「中華人民共和國加入聯合國」，當時是一九七一年十月，我還僅是個生活在澳洲鄉村的十四歲男孩。正是這個契機，以及我母親的鼓勵讓我對中國（尤其是中國和美國之間的關係）燃起長達一生的熱忱，而後我也在美國生活及工作多年，即便這個國家有諸多缺點，我仍為它著迷。

不過，確實是一直到了二〇一四年，我從澳洲總理第二任期卸任之後，並於哈佛大學任職期間，這本書的想法才真正開始扎根生長。在哈佛期間，我有機會和格雷厄姆．艾利森這樣的同事兼好友合作，當時，格雷厄姆正忙於撰寫其開創性著作《注定一戰？中美能否避免修昔底德陷阱？》（*Can America and China Escape Thucydides's Trap?*），這也讓我開始思考我過去幾十年來位於政治前線的所學所聞，包括先是擔任澳洲駐北京外交官，到後來成為澳洲總理及外交部長。從許多層面來說，這本書是以我在哈佛第二年所寫的論文《習近平治下的美中關係：以建設性的現實主義，來實現中美共同使命》為基礎——相較之下，這個標題沒那麼響亮。

除了格雷厄姆之外，我也要感謝許多哈佛的現任及前任同事，包括 Tony Saich、Joseph Nye、Nicholas Burns、Iain Johnston、Robert Zoellick、Lawrence Summers 及 Mark Elliott，感謝他們提供的想法與建議，以及我們曾有過的討論，這些都共同成就了這本書，此外，也由衷感謝兩位已離世的哈佛漢學大師——傅高義（Ezra Vogel）及馬若德（Rod MacFarquhar）。

在美中關係的世界裡，亨利．季辛吉的地位仍舊舉足輕重，在過去這半個世紀以來，說到對美中關係的影響力，幾乎沒有任何一個人能與亨利相提並論，或許只有毛澤東、鄧小平跟習近平能超越他，但原因截然不同。我衷心感激亨利對這本書的協助，在過去好幾年來，我們有過多次定期討論，此外，他也積極鼓勵我以創意的思維，來探討如何以更好的方式處理美中這兩大未來強權之間的關係，對此，我誠摯感謝。我也要特別向芮納．米德（Rana Mitter）及艾爾文（Paul Irwin-Crookes）致謝，他們兩位是我牛津大學博士論文的指導教授，我的博論探討的正是習近平的世界觀，那段時間的努力也造就了這本書的出版。我的博士論文研究了習近平任內的刊物、演講及決策，因此也為這本書提供了學術佐證，希望有助加深分析，以支持我所提出的結論——也就是我稱之為美中管控的戰略競爭的未來概念。

除此之外，我其他好友包括 Geremie Barmé、Linda Jaivin、Barclay Shoemaker，以及亞洲協會的同事 Orville Schell 也協助了本書初稿的審閱並提供相關建議，對此我感激不盡。再者，我也要特別感謝一些朋友的支持，包括 Ray Dalio、Steve Schwarzman、Joe Tsai、James Stavridis 及 Rick Niu。

此外，也由衷感謝許多人這一路以來的鼓勵和建議，包括澳洲前外交官 Dick Woolcott、Dennis Richardson 跟 David Irvine，以及漢學大師李克曼（Pierre Ryckmanns），他同時也是我在澳洲國立大學上課時的講師（澳洲大學也是我學習中文的起點）。過去幾年來，亞洲協會政策研究院的同仁和我齊心為這本書辛勤付出，尤其是我孜孜不倦的中國事務顧問 Nathan Levine 及從哈佛開始就互相扶持的資深顧問 Qian Jing，還有我的幕僚長 Thom Woodroofe 跟澳洲辦公室的 Jared Owens。我也要特別感謝亞洲協會政策研究院的資深同事 Danny Russel 和 Wendy Cutler，他們兩位都是相當傑出的美國前高官，並始終以嚴謹的態度對待世事，此外，Debra Eisenman 也為此書的出版給予大力協助。我也要向亞洲協會政策研究院的研究助理致上誠摯謝意，他們或多或少都為這本書的完成貢獻了一己之力，並協助將亞洲協會政策研究院打造為全球數一數二頂尖的美國外交政策智庫，尤其是針對中國相關議題，包括 Yifan Zhang、Danny Li、Betty Wang、Mike Pilger、Joshua Gottesman、Virgilio Bisio、Chris Vassallo、Karson Elmgren、Harrison Wang、Chen Wang、Gavin Xu、Ben Guggenheim 及 Joshua Park 在內，他們的研究論文皆對本書有很大的貢獻。

沒有優秀的出版團隊，再好的書都不可能成功。為此，我誠摯地感謝 Inkwell Management 公司的出版經紀人 Michael Carlisle、Geoffrey Shandler、Thomas Dunne 及 PublicAffairs 出版社的 Clive Priddle 跟整個編輯和設計團隊。如本書的主題一樣，這本書的出版相當具挑戰，因此，對於出版團隊的付出及其所提供的寶貴見解，我仍舊報以最深的感謝。

最後，我要感謝我的家人，尤其是與我結髮四十年的妻子 Thérèse、我們的三個孩子 Jessica、Nick 和 Marcus，還有我們的小孫子 Josie、Mackie 和 Scarlett。家庭是公眾生活不可或缺的一部分，在我生涯的每一步，他們一直陪伴著我，包括我到中國及美國的定期外派及走訪，我欠他們太多太多。希望這本書的出版，有助於我們和平度過二十一世紀複雜的政治淺灘，我也誠心祈禱，願我的孫子能與我中國及美國同事的孫子和睦共處，且他們彼此也能成為親密好友。

陸克文 敬筆

社會人文BGB537

可避免的戰爭

美國與習近平治理下的中國

THE AVOIDABLE WAR:
The Dangers of a Catastrophic Conflict between the US and Xi Jinping's China

陸克文（Kevin Rudd）── 著
江威儀、黃富琪 ── 譯
高希均、黃奎博 ── 審定

可避免的戰爭：美國與習近平治理下的中國 / 陸克文 (Kevin Rudd) 著；江威儀，黃富琪譯．-- 第一版．-- 台北市：遠見天下文化出版股份有限公司，2022.10
面；　公分．--（社會人文；BGB537）
譯自：The avoidable war : the dangers of a catastrophic conflict between the US and Xi Jinping's China

ISBN 978-986-525-760-6（平裝）

1.CST: 中美關係　2.CST: 地緣政治
3.CST: 國家安全

574.1852　111012737

總編輯 ── 吳佩穎
責任編輯 ── 郭昕詠
校對 ── 魏秋綢、張立雯、張彤華
封面設計 ── 莊謹銘
內頁排版 ── 簡單瑛設

出版者 ── 遠見天下文化出版股份有限公司
創辦人 ── 高希均、王力行
遠見・天下文化 事業群董事長 ── 高希均
事業群發行人／CEO ── 王力行
天下文化社長 ── 林天來
天下文化總經理 ── 林芳燕
國際事務開發部兼版權中心總監 ── 潘欣
法律顧問 ── 理律法律事務所陳長文律師
著作權顧問 ── 魏啟翔律師
社址 ── 台北市104松江路93巷1號2樓

讀者服務專線 ── 02-2662-0012｜傳真 ── 02-2662-0007；02-2662-0009
電子郵件信箱 ── cwpc@cwgv.com.tw
直接郵撥帳號 ── 1326703-6號　遠見天下文化出版股份有限公司

製版廠 ── 中原造像股份有限公司
印刷廠 ── 中原造像股份有限公司
裝訂廠 ── 中原造像股份有限公司
登記證 ── 局版台業字第2517號
總經銷 ── 大和書報圖書股份有限公司｜電話 ── 02-8990-2588
出版日期 ── 2022年10月14日第一版第1次印行
2023年 3 月24日第一版第3次印行

定價 ── NT600元
ISBN ── 9789865257606
書號 ── BGB537
天下文化官網 ── bookzone.cwgv.com.tw